W0061941

Frank Peschanel

LINKSHÄNDER SIND BESSER

Frank Peschanel

LINKS-HÄNDER SIND BESSER???

Selbstfindung durch geplantes Denken

Universitas

Bildnachweis: Die Abbildungen 1.7–1, 1.8–1, 1.8–2 und 1.9–1 stammen
aus Michael S. Gazzaniga: The Social Brain. Discovering
the Networks of the mind.
Abbildung 2–1 stammt aus Hardy Wagner: Strukto-
gramm-Analyse, GABAL Bd. 11
Abbildung 2–2 mit freundlicher Genehmigung der
Reuters/Bettmann Newsphotos, New York

© 1990 by Universitas Verlag in
F. A. Herbig Verlagsbuchhandlung GmbH, München
Alle Rechte vorbehalten
Schutzumschlag: Christel Aumann, München
Satz: Fotosatz Völkl, Germering
Druck: Jos. C. Huber KG, Dießen
Binden: R. Oldenbourg, München
Printed in Germany
ISBN 3-8004-1213-6

Inhalt

Vorwort 11

Teil 1   Grundlagenwissen

1.   Wie alles begann 17
1.1   Das vielfältige Wissen 17
1.2   Wie denken Sie? 18
1.3   Die Hirnforschung fing in der Steinzeit an 21
1.4   Was ist überhaupt »Denken«? 22
1.5   Warum soviel Aufhebens über das neue Wissen über
       das Hirn? 24
1.6   Das Entstehen des neuen Wissens 25
1.7   Die grundlegenden Experimente 29
1.8   Die erste Generation der Experimente zur linken/
       rechten Hirnhälfte 34
1.9   Die zweite Generation der Experimente zur linken/
       rechten Hirnhälfte 38
2.   Das dreigeteilte Gehirn nach McLean 42
3.   Der Wettstreit der Gehirnmodelle 47
4.   Multimind, der vielfältige Geist – die dritte
       Generation von Forschungsergebnissen 49
5.   Denken und Fühlen 52
5.1   Neuronen und Drüsen 52
5.2   Links fühlt anders als rechts 53
6.   Der Begriff der Dominanz 57

Teil 2   Von der Hirnforschung zur Anwendung

Vorwort zu Teil 2 61
7.   Von Sperry zur Anwendung 62
8.   Rechtshälftiges Denken versus linkshälftiges Denken . 67
8.0   Übersicht 67
8.1   Intellektuell versus intuitiv 67
8.2   Erinnern an Gesichter – Erinnern an Namen 68
8.3   Verbale Erläuterungen versus visuelle und
       symbolische Erläuterungen 69

8.4	Systematisch kontrolliertes Experimentieren versus Experimentieren mit mehr Freiheitsgraden	70
8.5	Das Teil und das Ganze	71
8.6	Subjektives versus objektives Urteil	73
8.7	Pläne und Strukturen versus spontan und fließend	74
8.8	Sichere versus unsichere Information	76
8.9	Die verschiedenen Arten zu lesen	77
8.10	Worterinnern – Bilderinnern	78
8.11	Lieber mit reden erklären – lieber zeichnen, zeigen und vormachen	78
8.12	Multiple-choice versus offene Fragen	79
8.13	Verschiedene Arten von wissenschaftlicher Arbeit und Studien	79
8.14	Hierarchie versus Partizipation	80
8.15	Kontrollierte Gefühle versus offener Umgang mit Gefühlen	80
8.16	Auditives versus Kinästhetisches	81
8.17	Körpersprache verstehen	81
8.18	Endogene versus exogene Stimulation	81
8.19	Wortbilder	82
8.20	Logik und Intuition	82
8.21	Monovariable versus multivariable Forschung	82
9.	Kreativität	84
10.	Musik und Gefühle	86
11.	Linkshänder	88
11.1.	Sind Linkshänder link?	88
11.2	Was man heute weiß	88
11.3	Sind Linkshänder anders?	90
12.	Religion, Dogma, Spiritualität	92

Teil 3 Von der Psychobiologie in die Sozialwissenschaften

Vorwort zu Teil 3		97
13.	Von der klinischen Untersuchung zum Fragebogen	98
13.1	Jeden in der Klinik testen?	98
13.2	Was ein Instrument leisten sollte	100
13.3	Von der Statistik zum Vier-Quadranten-Modell	101

Teil 4 Das Herrmann-Dominanz-Modell

Vorwort zu Teil 4 107
14.   Das Hirn-Dominanz-Instrument 108
14.1   Der Aufbau der vier Quadranten und ihre Attribute . . 108
14.2   Die Entstehung der Profiltypen 112
14.3   Die Denkstile A, B, C, D im Profil 114
14.3.0 Übersicht 115
14.3.1 A-Quadrant-Denken 115
14.3.2 B-Quadrant-Denken 117
14.3.3 C-Quadrant-Denken 118
14.3.4 D-Quadrant-Denken 119
14.3.5 Und Ihr Profil? 120
14.3.6 »Linkshälftiges« A-B-Quadranten-Denken 121
14.3.7 »Rechtshälftiges« C-D-Quadranten-Denken 122
14.3.8 A-D-»Kopf-Denken« 123
14.3.9 B$^+$-C$^+$-Denken 124
14.3.10 A-B-C-D-Rundum-Denken (Ganzhirn-Denken) . . . 125
14.4   Der Umgang mit Wespen – ein Beispiel für ver-
        schiedene Aktionen der Quadranten 127
14.5   Präferenz und Kompetenz 128
14.6   Die zukünftige Entwicklung des Instruments 130
15.   Die professionelle Interpretation und Nutzung von
        HDI-Profilen 131

Teil 5 Anwendungen

16.   Sind Profile lebenslänglich? – Kann man Profile
        ändern? 135
17.   Mann und Frau 136
18.   Berufe und Profile 139
18.1   Beispiele für Berufe und Profile 139
18.2   Der Radiologe 140
18.3   Der Manager im Ingenieurwesen 141
18.4   Der Leiter im Finanzwesen 142
18.5   Der Verwalter 142
18.6   Die Sekretärin 143
18.7   Die Krankenschwester 143
18.8   Der strategische Planer 143

18.9	Der Unternehmer, der New-Age-Unternehmer und New Age	144
18.10	Der Künstler	146
18.11	Der Psychologe	146
18.12	Der Physiker	146
18.13	Topmanagement	146
19.	Profile und Kommunikation	147
19.1	Stehpartys und verfeindete Profilstämme	147
19.2	Die Quadranten und ihre Sprachen	149
19.3	Die Quadranten als Kommunikationshilfe	152
20.	Kreativität, Hochproduktivität, Genie	154
20.1	Kreativität nur für Künstler?	154
20.2	Der kreative Denkprozeß	154
20.3	Die Kreativität der Rechtshälfter	157
20.4	Superprogramming – die produktivsten Software-Entwickler	158
20.5	Genialität	161
21.	Berufswahl	163
21.1	Was soll ich tun?	163
21.2	Die Wahl der Ausbildung	164
21.2.1	Die Berufswahl eines Maschinenbauers	165
21.2.2	Die Arbeitslose	167
21.3	Der Unterschied zwischen Ausbildungsberufen und ausgeübten Berufen	168
21.4	Berufszufriedenheit und Profile	171
21.5	Profile – ein Mittel zur Bewerberauswahl?	172
21.6	Jobsuche und Karriereberatung	174
22.	Profile, Schule, Lernen – Bildungspolitik	178
23.	Gruppenprofile	180
23.1	Gruppenprofile – Aufstellung und Nutzung am Beispiel eines Unternehmensvorstandes	180
23.2	Kommunikation in Gruppen	183
24.	Paare und Familien als Gruppe	185
24.1	Mann-Frau-Paare	185
24.2	Das schwarze Schaf in der Familie – was kann man tun?	188
24.3	Familientherapie	190
25.	Unternehmenskultur	191

26.   Team-Management in Projekten 195
27.   Ganzheitliche Unternehmensführung 198
27.1   Systemisches Management und Ganzheitlichkeit 198
27.2   Unternehmensberatung und Training 200
28.   Ganzheitlichkeit und situationelle Flexibilität 204
28.1   Die verschiedenen Formen ganzheitlichen Denkens .. 204
28.2   Die Bedeutung situationeller Flexibilität 205
29.   Drogenprobleme 207
30.   Das Schulproblem Legasthenie 211
31.   Sport und Profile 214
32.   Profile und Entwicklungsländer 216
33.   Profile ändern? 218
33.1   Was im Hirn des Kleinkindes geschieht 218
33.2   Wieso Profile ändern? 219
33.3   Der Schritt ins Selbstmanagement 220
34.   Persönliches Wachstum 225
35.   Wie man Profile ändert 227
36.   Der Mensch als Programmierer seines Hirns und
        seines Geistes 232

Teil 6 Das Selbst und sein Hirn

37.   Wer denkt? 239
37.1   Ich oder Imagination? 239
37.2   Der kleine Roboter 239
38.   Der beschränkte Geist 243
39.   Experimente und Erlebnisse zu neuen Konzepten des
        Selbst.................................. 245
39.1   Versuche zum Selbst 245
39.2   Modelle des Selbst 248

Anhang 251
Literaturverzeichnis 261

Vorwort

Wenn wir uns heute für menschliches Verhalten interessieren, warum sollen wir nicht beim Kopf anfangen, oder besser beim Hirn, von dem doch alle Impulse unseres Verhaltens in den Körper fließen?

Mit diesem Buch möchte ich an erster Stelle heute verfügbares Wissen über unser Hirn, unser Denken, Fühlen und Handeln für die Anwendung in praktischen Situationen verfügbar machen.

Natürlich enthält das Thema »Gehirn, Denken, Fühlen, Handeln« auch die Frage nach dem Selbst, dem »Handelnden«, nach dem Bewußtsein, das der Handlung der Person zuschaut. Ich werde den Fragen dieses zweiten Themenbereiches nicht ausweichen, aber ich werde sie auch nicht in den Vordergrund stellen.

Wie wohl die meisten Bücher, auch wenn sie sich als Sachbücher auffassen, hat dieses Buch eine persönliche Vorgeschichte. Im Jahr 1983 hörte ich an der Hochschule der Bundeswehr einen Vortrag von Roland Spinola, damals Ausbildungsmanager bei der IBM Deutschland, vor einem Kreis von Studenten und Professoren des Informatikbereichs. Er sprach über die linke/rechte Gehirnhälfte und das damals in Deutschland noch gänzlich unbekannte Herrmann-Dominanz-Instrument. Ich hatte zu diesem Zeitpunkt an einer von der Industrie bezahlten Studie über »Human Abilities in Software Technology« (»Menschliche Fähigkeiten in der Software-Technologie«) gearbeitet. Wir hatten höchstproduktive Software-Entwickler untersucht und dabei festgestellt, daß diese Personen, die Höchstproduktiven in dem komplexesten Bereich der Hochtechnologie, alle Eigenschaften zeigten, die die Literatur über Kreative beschreibt.

Wir waren über diese Feststellung sehr, sehr erstaunt. Programmieren war für uns damals der Inbegriff des Rationalen – und nun sollten die besten der Zunft »Hochkreative«, also »Künstler«, sein?

Dann also der Vortrag von Roland Spinola. Für mich eine Kette von Aha-Erlebnissen. Als ich nach Hause ging, hatte ich ein Modell – die verschiedensten Teilaspekte aus unseren Interviews, eigene Erfahrung aus meiner Zeit als Software-Entwickler und andere Erfahrungen, z. B. aus der Meditation, fügten sich innerhalb von Tagen zu *einem Bild*. Ich habe dann ganz schnell begonnen, das Wissensgebiet um die linke/rechte Hirnhälfte, das Herrmann-Dominanz-Instrument und einiges weitere in diesen Bereich Gehörige zu integrieren. Endlich hatte ich ein Modell gefunden, das mir als wertvolles Werkzeug erlaubte, Fakten und Zusammenhänge zu verstehen, die ich vorher nicht in einen einheitlichen Zusammenhang hatte bringen können.

Ich nehme an, daß Sie als Leser dieses Buches schon mehrfach auf das Thema linke/rechte Hirnhälfte gestoßen sind. Auch das Fernsehen brachte in der letzten Zeit einige Sendungen. Als 1976 in der »Harvard Business Review« (der weltweit wohl angesehensten wirtschaftswissenschaftlichen Zeitschrift) von dem Wirtschaftsprofessor Mintzberg der Artikel: »Planen mit der linken Hirnhälfte, führen mit der rechten Hirnhälfte« erschien, war das Thema völlig neu. Mintzberg bezog sich auf die Forschungsergebnisse von Roger Sperry, die diesem dann 1981 den Nobelpreis für Medizin einbrachten. Seit damals, als das so wichtige Grundwissen über die unterschiedlichen Arbeitsweisen auf den Markt kam, sind viele neue, weiter gehende Forschungsergebnisse im Bereich Hirnwissenschaft hinzugekommen.

Man kann gewiß sagen, daß auch das neue Wissen über die Hirnfunktionen und deren Auswirkungen auf unser Denken, Fühlen und Handeln inzwischen schon wieder Jahresringe bekommen hat. Es gibt also traditionelles Wissen und neue Entwicklungen. Und natürlich sind inzwischen unterschiedliche Lehrmeinungen und Schulen entstanden. Darüber hinaus reizt das Thema zu ideologischen und persönlichen Antihaltungen. Als Ergebnis finden wir eine oft polemisch und laut geführte Diskussion, die aber niemanden sonderlich erschrecken oder gar abschrecken sollte. Wo neues Denken auftaucht, muß immer alles in Frage gestellt werden – und das geht selten geräuschlos vor sich ... Betrachten Sie also, das ist mein Rat, hitzige Angriffe in diesem Themenkreis eher mit der Fragestellung: »Was macht den Angreifer so wütend – wenn es nur um Fakten ginge, könnte er doch nicht so laut schimpfen ...«

Ohne zuviel Gewicht auf die Auseinandersetzungen der echten und der selbsternannten Fachleute zu legen, werde ich mich bemühen, Ihnen einen Überblick über die wichtigsten Zusammenhänge und die nützlichsten Anwendungen zu geben – so neutral es mir möglich ist.

Ich habe festgestellt, daß es eine Vielzahl von Anwendungen des neuen Wissens um die Hirnfunktionen gibt. Sowohl im Persönlich-Privaten als auch in der Familie und im Beruf. Ich habe den Titel »Selbsterkenntnis, Management und Selbstmanagement« gewählt, weil darin das Aktiv-Gestaltende im Vordergrund steht, sowohl in der persönlichen Welt wie in der Welt der Arbeit. Dies ist vielleicht am deutlichsten das Anliegen in diesem Buch:

Sie anzuregen zu neuem, eigenem Nachdenken, zur neuartigen Betrachtung Ihres Denkens, Fühlens und Handelns. Ich habe im Laufe der letzten Jahre von vielen Menschen, die Vorträge von mir hörten oder in anderer Form mit mir zu tun hatten, die Rückmeldung bekommen, sie hätten aus dem von mir vermittelten Wissen neue Anregungen und wichtige Impulse gezogen. Dies hat mich auch in dem Gedanken bestätigt, ein detailhaltiges Buch zu diesem Thema zu schreiben.

Ich bitte Sie, während der Lektüre dieses Buches einen Stift zum Schreiben bereitzuhalten. Ich habe einige Fragen und Übungen in den Text gestellt, aus denen Sie viel lernen können. Bitte machen Sie diese Übungen mit!

Der Untertitel »Anleitung für Hirnbenutzer« stammt leider ursprünglich nicht von mir, sondern von Vera F. Birkenbihl. Sie benutzt das Wortspiel »Vom Hirnbesitzer zum Hirnbenutzer« (1), für dessen Erfindung ich sie bewundere.

Ohne viele Anregungen von anderen hätte ich nie die Erlebnisse und Lernerfahrungen gehabt, die mich zu diesem Buch gebracht haben. Ich möchte einige von ihnen besonders nennen. Da ist einmal als wichtiger und besonders wahrnehmender Gesprächspartner der letzten Jahre die junge Psychologin Dorlina Ampenberger, die ebenfalls lizenzierte Auswerterin des Herrmann-Dominanz-Instruments ist. Dann an wichtigster Stelle Ned Herrmann selbst, der durch das von ihm entwickelte Instrument und durch seine persönliche Unterrichtung meinen Horizont erweitert hat. Und natürlich auch Roland Spinola, der mir den ersten Anstoß zur Befassung mit Hirndominanzen gegeben hat und mit dem zusammen ich schon vor zwei Jahren ein kleines Büchlein (2) geschrieben habe. Wichtig für die Hinführung zu diesem Thema waren auch der Informatiker Peter Molzberger von der Hochschule der Bundeswehr, mit dem gemeinsam ich die für meine Entwicklung so wichtige Studie über

Hochproduktivität/Hochkreativität durchführte, und Manfred Gahr, der mithalf, die Denkprozesse Hochproduktiver zu analysieren und besser zu verstehen. Und nicht zuletzt geht mein Dank an Paul Twitchell, dessen Schriften aus den sechziger Jahren (3, 4) mich Anfang der siebziger Jahre schon lehrten, was mentale Modelle sind; zu einem Zeitpunkt, als dieser Begriff noch fast unbekannt war. Zum Schluß möchte ich ganz besonders Andrea Giannitelli danken für die Mühe bei der Erstellung des Manuskripts und dessen Überarbeitung.

TEIL 1

Grundlagenwissen

1. Wie alles begann

1.1 Das vielfältige Wissen

Im Vorwort hatte ich schon darauf hingewiesen, daß sich zum Thema »Hirnfunktionen« immer mehr neues Wissen ansammelt. Und daß es dabei inzwischen Jahresringe gibt. Viele ganz neue Fragestellungen basieren auf Erkenntnissen, die erst vor 20 Jahren experimentell gewonnen wurden. Andere Fragestellungen verknüpfen sinnvoll erscheinende, zum Teil jahrhundertealte Vorstellungen mit neuen Untersuchungsmethoden. Wenn ein neuer Jahresring wächst, ist der vorige Jahresring auch in der Wissenschaft oft der Schnee von gestern. Das gibt dann öfter hitzige Diskussionen über die »Gestrigen«, die noch Erkenntnisse aus dem alten Jahresring benutzen, obwohl man doch schon viel weiter sei. Ich mache es mir in diesem Zusammenhang einfach. Ich versuche Ihnen wichtige Teile eines weiterwachsenden Baums der Erkenntnis zu zeigen, um Ihnen Überblick und praktische Verständnishilfe zu geben.

Die Spannungen beim Auftauchen neuer Erkenntnisse sind ein vertrautes Problem. Ein neuer Test kommt auf den Markt. In kurzer Zeit wird er, wenn er Mode macht, kopiert und herumgereicht. Und natürlich auch angewandt. Stammt der Test aus der Transaktionsanalyse (TA), um ein Beispiel zu geben, so wird ganz schnell die Menschheit in drei Typen eingeteilt: *Kinder, Eltern, Erwachsene.* Aber: wer von den Anwendern hat sich durch eigenes Lesen und Lernen den Hintergrund erarbeitet, um ein TA-Testergebnis mit Verständnis lesen zu können? Viele gute »Tests«, die wichtige Hilfen für Selbsterkenntnis und Situationsverständnis sein können, geraten so in der Praxis unter die Räder. Psychologen reagieren daher meist sehr empfindlich auf die Verwendung von Tests und zugehörigen Modellen, wenn sie ohne tieferes Verständnis des Hintergrunds einfach mechanisch eingesetzt werden.

Ich werde im dritten und vierten Teil dieses Buches selber sehr stark auf ein verhaltenswissenschaftliches Instrument und seine zugehörigen Denkmodelle und Begriffe eingehen und es Ihnen auch als ein für viele Situationen nützliches Hilfsmittel empfehlen (das Herrmann-Dominanz-Instrument). Aber ich möchte, daß Sie vorher das

Umfeld dieses Instruments kennenlernen, so daß Sie besser verstehen, was wirklich gemeint ist, wenn ich z. B. von »linkshälftigem Denken« sprechen werde. Daher dieser Teil 1. Ich werde Sie durch die Jahrhunderte, durch etliche wichtige Experimente und einige Denkmodelle führen, als Vorbereitung auf die praktischen Anwendungsteile.

1.2 Wie denken Sie?

Ich möchte Sie fragen: Was wissen Sie, als Leser, aus eigener Beobachtung darüber, wie Sie denken? Ich meine jetzt nicht, daß Sie sich z. B. erinnern, gelesen oder gelernt zu haben, daß Sie eine Langzeit- und eine Kurzzeit-Gedächtnisfunktion haben. Die Frage heißt: *Was* wissen Sie aus *eigener Beobachtung* über Ihr Denken?

Die schon mehrfach zitierte Vera F. Birkenbihl macht mit ihrem Wortspiel »vom Hirnbesitzer zum Hirnbenutzer« darauf aufmerksam, daß die meisten Menschen sehr wenig über ihr eigenes Denken wissen. Ich möchte Ihnen vorab in diesem Abschnitt für Ihr Lernen zwei Aufgaben geben mit der Bitte, daß Sie diese beiden Aufgaben ernsthaft bearbeiten. Ich benutze die Aufgaben bei vielen meiner Vorträge und Seminare, weil sie bei den Zuhörern zu persönlicher Erfahrung führen. Sie werden dadurch viel lernen und selbst ein wenig zum »Denkforscher« werden.

Die erste Aufgabe:

Bitte beschreiben Sie für sich und dann für zwei andere Personen, *wie* sie denken. Bitte tragen Sie die Ergebnisse in den folgenden freigelassenen Platz ein! Wählen Sie bevorzugt eine Person aus Ihrer Familie und eine Person aus Ihrem beruflichen Bereich!

Wie ich denke:

_____

_____

_____

_____

_____

_____

_____

_____

Wie .... (erste andere Person) denkt:

_____

_____

_____

_____

_____

_____

_____

Wie .... (zweite andere Person) denkt:

_____

_____

_____

_____

_____

_____

_____

19

Danke, daß Sie sich die Mühe gemacht haben! Falls nicht: Ich gebe Ihnen nicht auf den nächsten Seiten eine Erläuterung zu den vielleicht erwarteten Antworten. Ich werde vielmehr, verteilt über den gesamten Text, an verschiedenen Stellen verschiedene Aspekte aus dieser Aufgabe aufgreifen. (Das gilt auch für die folgende zweite Aufgabe.) Also: Bearbeiten Sie doch die Aufgaben ...

Die zweite Aufgabe:

Bitte sorgen Sie für einige ungestörte Minuten. Lesen Sie dann bitte, ohne Stift in der Hand und ohne etwas aufzuschreiben, *langsam* die erste Frage. Beantworten Sie sich, z. B. durch Kopfnicken, die Zusatzfrage. Gehen Sie langsam und gemütlich durch die folgende Frageliste. Es sind keine hintersinnigen Tricks in den Fragen, auch wenn sie für einen Erwachsenen vielleicht als »zu einfach« erscheinen mögen.

1. Bitte rechnen Sie: $7 \times 3 = ?$
   Zusatzfrage: ? Sie haben das Ergebnis ?
2. Bitte rechnen Sie: $9 \times 8 = ?$
   Zusatzfrage: ? Sie haben das Ergebnis ?
3. Bitte rechnen Sie: $9 \times 9 = ?$
   Zusatzfrage: ? Sie haben das Ergebnis ?
4. Bitte rechnen Sie: $5 \times 7 = ?$
   Zusatzfrage: ? Sie haben das Ergebnis ?

Nun springen Sie bitte zu dem Anhang 1 am Ende des Buches. Den guten Grund für diesen Sprung, der auch mit einer Struktur des menschlichen Denkens zu tun hat, erkläre ich Ihnen später. Gehen Sie also nun zu Anhang 1 in den Abschnitt »1.Teil«, bearbeiten Sie ihn, und kommen Sie dann wieder zu dieser Textstelle zurück.
Nachdem Sie nun eine Erfahrung gemacht haben, setzen Sie bitte das Experiment fort und fragen Sie mindestens fünf, besser noch zehn Personen dieselben obigen Fragen 1–4. Bitte schreiben Sie die Antworten in Anhang 1 bei der entsprechenden Stelle in »2. Teil« auf.
Wenn Sie Ihre fünf bis zehn Personen befragt haben und Ihre eigene persönliche Erfahrung hinzunehmen, ist Ihnen wahrscheinlich ein bestimmtes Muster aufgefallen. Haben Sie mehrere Typen von Ant-

worten gefunden? Bitte gehen Sie dann zum letzten Mal zu Anhang 1 und tragen dort die verschiedenen Typen von Antworten ein. Versuchen Sie, diese Typen so allgemein wie möglich zu beschreiben! Zum Schluß noch, was man auf oberbayrisch ein »Schmankerl«, eine Delikatesse, nennt. Wenn Sie unter den Befragten einige Japaner haben, werden Sie garantiert einen Typ mehr finden, als wenn Sie nur Europäer befragen ...

Wenn Sie diese Aufgaben wirklich ernsthaft bearbeiten, wird dieses Kapitel vielleicht das wichtigste des ganzen Buches sein, da Sie dann anfangen, Ihre persönliche Erfahrung mit einzubringen.

1.3 Die Hirnforschung fing in der Steinzeit an

Wir wissen aus archäologischen Funden, daß Steinzeitmenschen schon »trepaniert« haben. Mit Feuersteinwerkzeugen wurde damals schon bei Menschen die Schädeldecke durch Ausschneiden eines Schädelknochensegments geöffnet. Wozu? Die Forschung nimmt an, zur Durchführung von Hirnoperationen – vor 5000–25 000 Jahren. Eine Frage ist hier für uns besonders interessant: Woher wußten die damaligen Mediziner, an welcher Stelle sie den Schädel zu öffnen hatten, wahrscheinlich, um einen Tumor zu entfernen? Die damaligen Hirnoperationen müssen erfolgreich gewesen sein, denn die von den Archäologen gefundenen Schädel zeigen völlig verheilte Knochensubstanz an der Operationsstelle. Wenn man den Schädel an der richtigen Stelle öffnete, ohne Röntgen- oder andere Aufnahmen zur Lokalisierung der erkrankten Stelle, könnte es sein, daß man damals schon wußte, daß Defekte in bestimmten Hirnbereichen zu Ausfällen in bestimmten Körperbereichen, Denkfunktionen oder Körperfunktionen führen?

Selbst wenn es damals nicht um eigentliche Hirnoperationen mit, um es modern auszudrücken, medizinischer Indikation ging, sondern, wie es andere Interpretationen dieser Operationen sagen, um das schamanistische Herauslassen eines bösen Geistes – so saß dann doch damals schon der (böse) Geist im Kopf ...

Wie wenig selbstverständlich es war, den Geist des Menschen in seinem Kopf zu vermuten, zeigt ein anderes Beispiel. In der viel späteren griechischen Antike nahm man noch in einer der damaligen konkurrierenden Lehrmeinungen an, das Hirn sei ein Organ zur Kühlung des Körpers. Bei griechischen Sommertemperaturen, einem von körperlicher Arbeit heißen Kopf und herablaufendem Schweiß ist dies sicher eine korrekte physikalisch-medizinische Beobachtung, obwohl wir heutzutage über diese Ansicht lächeln mögen. Aber: Wie stellt man denn den Zusammenhang her zwischen Denkorgan und Denkfunktion?

Es ist, auch wenn uns das heute so erscheint, überhaupt keine Selbstverständlichkeit, daß menschlicher Geist und menschliches »geistverursachtes Handeln« mit den drei Pfund grauer Hirnmasse verknüpft sind. »Geistverursachte« Hirnfunktion kann nur beobachtet werden, wenn wir die Auswirkung von im Hirn ablaufenden Vorgängen in der Außenwelt registrieren können. Wir müssen, das ist der Ansatz wissenschaftlichen Vorgehens, im besten Fall gleichzeitig zwei Vorgänge beobachten können: die Abläufe innerhalb des Gehirns – und die im Zusammenhang damit stehenden Abläufe in der menschlichen Außenwelt.

Wir können ziemlich sicher sein, daß solches wissenschaftliche Denken schon bei den trepanierenden Steinzeitmenschen vorlag, lange vor Beginn irgendeiner schriftlichen Überlieferung.

1.4 Was ist überhaupt »Denken«?

Niemand hat bisher »Denken« beobachtet.

Was natürlich geschehen kann, ist, daß wir einen Menschen z. B. während des Zeitungslesens beobachten und selbst denken, daß er denkt. Wenn wir diese Annahme einer anderen Person mitteilen wollen oder sie für uns notieren wollen: »Zum ersten Mal erlebe ich es, Herr X scheint tatsächlich zu denken!«, dann brauchen wir das Wort »denken«. Ohne das Wort *denken* gibt es kein Nachdenken über *denken* ... Versuchen Sie es einmal, ohne in Worten zu denken, über nachdenken nachzudenken.

Martin Luther sagte einmal: »Die Sprache ist die Scheide, darin das Schwert des Geistes steckt.« In diesem Satz steckt viel von der heute weitverbreiteten Grundannahme, daß Sprache und Geist aufs engste miteinander verwandt seien. Intellektualität, trennscharfe Sprache und Menschsein werden heute als engste Verwandte angesehen.

Wir haben in den letzten Jahrhunderten in unserem gesamten westlichen Kulturkreis die Neigung, Sprachfähigkeit als die Form des Denkens an sich aufzufassen. Solange Wortgewalt, sprachliche Logik und Rhetorik die Charakteristika des geistigen Menschen, des Predigers, des Dichters und des Philosophen waren, gab es wenig Interesse daran, zu prüfen, ob das denn wirklich so sei. Kant (5) und Nietzsche waren sich anderer Formen des Denkens sehr bewußt und haben darüber geschrieben. Aber gerade diese Teile ihrer Schriften haben im Umfeld eines vorherrschenden Verbal-Positivismus keine Chance gehabt, diesbezüglich auch nur diskutiert zu werden.

Ich möchte Ihnen jetzt als Kontrast zu verbalem Denken einen Text vorstellen, der von Nicola Tesla, dem wohl berühmtesten Erfinder der Neuzeit, stammt. Tesla hat die höchste Zahl von Patenten angemeldet, die je ein Mensch ersonnen hat; er hat u. a. noch im vorigen Jahrhundert die Hochfrequenztechnik erfunden und war damit seiner Zeit um Jahrzehnte voraus. Er arbeitete auf einem weiten Spektrum von Fachgebieten. Über seine Art zu denken schreibt er:

»Es ist für mich absolut ohne Bedeutung, ob ich meine (in Entwicklung befindliche) Turbine in Gedanken teste oder in meiner Werkstatt. Ich bemerke sogar, ob sie unrund läuft. Auf diese Weise kann ich sehr schnell einen neuen Entwurf entwickeln und perfektionieren, ohne irgend etwas anfassen zu müssen. Wenn ich dann soweit bin und alle nur möglichen Verbesserungen in die Erfindung hineingebracht habe, dann bringe ich schließlich das endgültig fertige Produkt meines Gehirns in materielle Form. Unfehlbar arbeitet die von mir entwickelte Maschine genau so, wie ich es mir vorgestellt habe, und das Experiment kommt genau so heraus, wie ich es geplant habe. In 20 Jahren hat es da keine einzige Ausnahme gegeben.«

Kein Zweifel, daß dies eine andere Art des Denkens ist als die wortbezogene. Tesla sah seine Schöpfung dreidimensional wie real vor seinem inneren Auge. Er konnte sie von jedem gewünschten Blickpunkt aus ansehen. Er nahm als selbstverständlich an, daß alle Menschen diese Fähigkeit hätten. Nehmen wir aus diesem Beispiel zunächst mit, daß es offenbar nichtverbale Denkformen mit hoher Leistungsfähigkeit und ebenso hohem praktischen Wert gibt.

Wir werden genauer »hinsehen« müssen, was alles sich hinter dem Wort »denken« verbirgt.

1.5 Warum soviel Aufhebens über das neue Wissen über das Hirn?

Wieso hat ein Psychobiologe 1981 den Medizin-Nobelpreis für die Ergebnisse von Nachuntersuchungen an hirnoperierten Epileptikern bekommen?

Wir finden leicht eine Antwort, wenn wir beobachten, wie das von Sperry aufgedeckte neue Wissen in immer sich erweiterndem Umfang inzwischen dabei ist, unsere Gesellschaft zu verändern. Längst sind die Anfang der sechziger Jahre in der Forschungsgruppe um den Nobelpreisträger Sperry gefundenen »psychobiologischen« Einsichten dabei, kulturelles Gemeingut zu werden. Weltweit zeichnet sich als Folge u. a. eine Revolution des Schulwesens ab mit ersten Konsequenzen seitens des Gesetzgebers. Die Legasthenietherapie (siehe Kapitel 30) geht neue Wege, Trainingsgruppen in Managementseminaren werden nach neuen Gesichtspunkten zusammengestellt, Familientherapeuten benutzen die abgeleiteten Erkenntnisse in der Diagnosephase, Karriereberater setzen dieses Wissen ein ... Insgesamt werden die von Sperry stammenden Einsichten und Anregungen inzwischen auf Hunderte von unterschiedlichen Weisen genutzt und umgesetzt.

Was geschehen ist: Ursprünglich zur Physiologie und Psychobiologie gehörende Erkenntnisse eines engen Forschungsgebiets haben sich weit über die Grenzen der anfangs beteiligten Wissenschaft hinausbewegt. Ähnlich ist es in diesem Jahrhundert wohl nur den ursprünglich physikalischen Ergebnissen der Nobelpreisträger Albert Einstein und Werner Heisenberg gegangen. Was bei Einstein zunächst ein imaginatives theoretisches Experiment mit Lichtstrahlen war, hat inzwischen unsere gesamte Kultur und Zivilisation beeinflußt. Die Vorstellung von Raum und Zeit, das gesamte Bild des Universums wurde durch die Formeln Einsteins beeinflußt. Die Atombombe wurde als Folgeidee entwickelt. Neue Präzisionsinstrumente entstanden. Längst ist die Idee der Relativität nicht mehr »Besitz« der Physiker. Dasselbe gilt für die Unschärferelation der Quantenmechanik. Diese physikalischen Entdeckungen beeinflussen (in ihren Konsequenzen) genauso die Politik, die Philosophie und die Wirtschaft.

Roger Sperry, der seinen Nobelpreis erst 1981 erhielt, hatte schon Mitte der sechziger Jahre geahnt, welche Konsequenzen seine Entdeckung der unterschiedlichen Funktionen der linken und der rechten Hirnhälfte haben würde. Er sprach von der bevorstehenden Revolution unseres Erziehungswesens und unserer gesamten Wissenschaft.

Die Neurophysiologen und Psychobiologen, die heute Sperrys Arbeiten experimentell weiterführen, sind in keiner beneidenswerten Situation. Neben ihrer Grundlagenarbeit finden sie längst verselbständigte Ideen, die in anderen Wissenschaftsgebieten weiterentwickelt werden und – das ist für mich ein wichtiger Aspekt – dort viele praktische Erfolge zeitigen.

1.6 Das Entstehen des neuen Wissens

Vor etwa 30 Jahren begann Roger Sperry mit seinen Untersuchungen an Epilepsiepatienten, denen die Verbindung zwischen linker und rechter Großhirnhälfte durchgetrennt wurde. Dieses Durchschneiden von etwa 200 Millionen Nervenfasern mit nachfolgenden Untersuchungen wurde zu einer der erfolgreichsten Entdeckungen dieses Jahrhunderts.

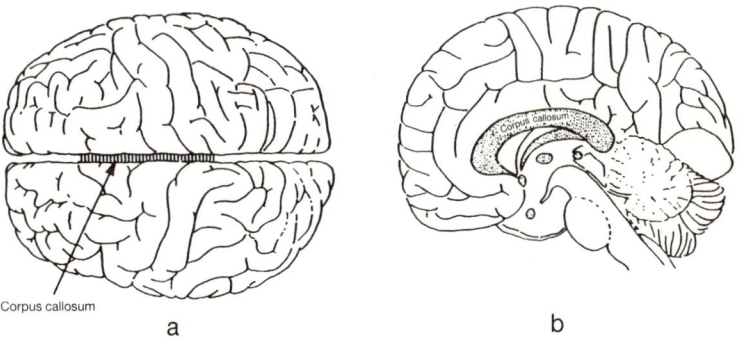

Corpus callosum

a   b

Abb. 1.6–1: Großhirnhemisphären und Corpus callosum
(nach Blakeslee)

Abb. 1.6–1 zeigt links mit Blick von oben die »Walnuß« der beiden Großhirnhälften, die linke und die rechte Cortex bzw. die linke und die rechte Hemisphäre. Zwischen beiden ist das Corpus callosum (deutsch: der Balken) eingezeichnet, die »Datenleitung« zwischen linker und rechter Hemisphäre. Das rechte Bild in Abb. 1.6–1 zeigt einen Längsschnitt, der die beiden Hirnseiten voneinander trennt. In zentraler Lage, unter dem »Dach« des Großhirns, ist wiederum das Corpus callosum eingezeichnet.

Sperry war nicht der erste, der Hirnfunktionen experimentell untersuchte. Aber er hatte einen großen »technischen« Vorteil: Er arbeitete zu einer Zeit, als die Hirnchirurgie so weit entwickelt war, daß immer mehr Patienten nach schweren und schwersten Schädelverletzungen überlebten und anschließend zu wissenschaftlichen Nachuntersuchungen verfügbar waren.

Lange vor Sperry war von anderen Forschern schon festgestellt worden, daß bestimmte Bereiche des Großhirns mit bestimmten geistigen Funktionen verknüpft sind. An dieser Stelle verweist die Literatur auf die beiden Forscher Broca und Wernicke, die etwa 1850 und 1872 in der linken Großhirnhälfte (linke Cortex) die beiden nach ihnen benannten Sprachzentren entdeckten. Ist das Broca- Zentrum gestört, zeigt sich als Folge mühsames, oft sehr wortarmes und telegrammartiges Sprechen mit gleichzeitiger Schwäche, den Sinngehalt gesprochener Worte zu verstehen. Bei Störung des Wernicke-Zentrums sprechen die Patienten flüssig und grammatikalisch korrekt – aber der Sinnzusammenhang geht oft völlig verloren, obwohl alles »gut klingt«. Analog stellte man im rechten Großhirn Bereiche fest, deren Schädigung dazu führt, daß Bilder zwar noch gesehen, aber nicht mehr erkannt werden.

Wichtig an dieser Forschung ist, daß eine geistige Funktion, bei Broca und Wernicke das Sprechen, im Hirn lokalisiert wurde. Mit anderen Worten, schon im vorigen Jahrhundert entstand das Modell, daß »ein kleiner Sprachcomputer«, der bestimmte Informationen in Sprachform aufnimmt bzw. abgibt, in unserem Hirn installiert ist. Noch ein wichtiger Hinweis. Bei fast allen Rechtshändern befindet sich das Sprachzentrum links, ebenso wie bei fast allen Linkshändern das Sprachzentrum rechts liegt. Es gibt aber auch vereinzelt Personen, bei denen die Sprachfunktionen entweder über beide Hirnhälften verteilt sind oder in beiden Hirnhälften – zumindest zu einem Teil – doppelt ausgeprägt sind. Es gibt außerdem anteilsmäßig wenige Personen, die als Linkshänder ihr Sprachzentrum links bzw. als Rechtshänder ihr Sprachzentrum rechts haben.

Ein noch älteres Modell stammt von dem deutschen Arzt F. J. Gall (1758–1828). Gall übersetzt »psychologische« Eigenschaften (Elternliebe, Fleiß, Eßlust, Demut etc.) in dafür zuständige Hirnbereiche. Gall hatte damals kaum irgendwelche Beweise für die Art seiner Anordnung, aber er ging davon aus, daß wichtige psychologische Funktionen ihren Ort im Gehirn haben müßten. Um seine Darstellung modern zu beschreiben: Er setzt die Funktion des Gesamthirns aus »einzelnen Teilcomputern« zusammen, die als Hardware-Zonen im Hirn liegen und miteinander verbunden sind. Gall wurde der Vater der sogenannten Lokalisationstheorie. Damit hat Gall aber auch schon das heute moderne Konzept der Multimind auf seine Weise beschrieben.

Betrachten wir die Forschungsansätze von Broca und Wernicke, so führen sie uns sofort auf etwas für die biologische Forschung Charakteristisches. Broca und Wernicke untersuchten kranke Menschen mit Fehlfunktionen des Gehirns, ebenso wie viele andere Forscher. So werden z. B. in der Literatur zur Erläuterung von bestimmten lokalisierten Hirnfunktionen folgende Fälle berichtet. Es gibt Schädigungen der rechten Cortex, bei denen die Betroffenen nicht mehr mit dem emotionalen Gehalt von Sprache umgehen können, sowohl beim Hören wie beim Sprechen. Es wird dazu der Fall einer Lehrerin berichtet, die nicht mehr durch ihren Tonfall ihre Stimmungslage ausdrücken konnte. Ein zweiter weithin bekannter Krankheitsfall ist der des Komponisten Maurice Ravel. Er litt unter einer schweren Störung der linken Hemisphäre mit Sprachschädigung. Er konnte keine Noten mehr schreiben und auch nicht mehr Klavier spielen. Aber: Wenn ihm seine Kompositionen vorgespielt wurden, erkannte er selbst kleine Fehler – also vermutlich nicht mit der sprachgestörten linken Hemisphäre, sondern mit anderen Hirnbereichen. (Wie wir heute wissen, in der rechten Hirnhälfte.)

Die Biologen haben, so schreibt Gazzaniga, aus ihren positiven Erfahrungen bei der Untersuchung von gestörten (kranken) Systemen/Zuständen ein Axiom ihrer Forschungstätigkeit abgeleitet: »Untersuche gestörte Systeme, dann bist du schneller mit deinen Erkenntnissen!«

Wir bekommen in der Öffentlichkeit, wenn wir z. B. über Untersuchungen an Split-Brain-Patienten sprechen und die zum Teil von den Zuhörern ungeliebten Ergebnisse auf gesunde Menschen übertragen, immer wieder den Vorwurf zu hören: »Aber das sind doch Kranke gewesen! Wie soll man denn das auf Gesunde übertragen können?« Die Antwort: Biologische Systeme sind meist so komplex, daß erst die Abweichungen vom Normalverhalten auffällig werden und dann gezielt untersucht werden können. Die Arbeit an gestörten Systemen der Biologie (und auch der Ökologie) ist also eine Forschungstechnik und keine unzulässige Übertragung. Soweit dieser Exkurs.

Durch viele Untersuchungen wie die oben genannten, und dabei oft an »gestörten Zuständen«, war im Laufe der Jahrzehnte ein Mosaik von Wissen über Art und Lokalisation von Hirnfunktionen entstanden.

Sperrys Forschung an seinen Split-Brain-Patienten (Spalthirn-Patienten), bei denen er verschiedene Funktionen der linken und der rechten Cortex untersuchte, stehen also eigentlich in einer langen Tradition. Trotzdem entsteht bei Sperry radikal Neues. Worin dies besteht, werde ich später schrittweise erläutern.

Sperry untersuchte Anfang der sechziger Jahre Split-Brain-Patienten, die der Chirurg Joe Bogen operiert hatte. Er entwickelte, insbesondere zusammen mit seinem Schüler Gazzaniga, neue Beobachtungsverfahren und -geräte.

1940 hatte van Wagenen schon 26 Epilepsiepatienten das Corpus callosum durchtrennt, allerdings ohne viel Erfolg. Nachuntersuchungen der Patienten durch Andrew Akelaitis hatten außerdem keinerlei Besonderheiten des Verhaltens bei diesen ersten sogenannten Split-Brain-Patienten gezeigt.

Die Operationen von Bogen und die Nachuntersuchungen durch Sperry und Gazzaniga waren also ein zweiter Anlauf. Was diesmal den Erfolg und den Durchbruch brachte, waren neue und scharfsinnige Versuchsaufbauten und möglicherweise auch präziser durchgeführte Split-Brain-Operationen.

1.7 Die grundlegenden Experimente

Sie haben wahrscheinlich schon häufiger von den Experimenten gehört – und natürlich auch schon in den vorstehenden Kapiteln gelesen –, die beweisen sollen, daß wir Menschen in unseren beiden Großhirnhälften zwei »Ichs« tragen. Wie oft gesagt wird: ein »rationales« und ein »intuitives«. Da schon viele Bücher erschienen sind, in denen darüber berichtet wird, werde ich mich kurz fassen. Als Literaturhinweise nenne ich Ihnen Springer/Deutsch (6), Popper/Eccles (7) und M. Gazzaniga (8). Die authentischsten Beschreibungen finden Sie sicher bei Gazzaniga, der als Mitarbeiter Sperrys wesentlich an den Experimenten beteiligt war. Ich halte mich im folgenden oft eng an Berichte Gazzanigas über die wichtigsten Experimente.
Ehe ich in verbale Beschreibungen übergehe, betrachten Sie bitte noch einmal Abbildung 1.6–1.
Auf der linken Bildseite sehen Sie, mit Blick von oben, die beiden Hälften des Großhirns (= Cortex). Zwischen den beiden Hirnhemisphären sehen Sie, mit kurzen Strichen ein wenig symbolisch dargestellt, aber in richtiger Größenrelation, das berühmte Corpus callosum, auch »Balken« genannt, auf der rechten Bildseite einen Längsschnitt durch das gesamte Gehirn. Ziemlich im Zentrum, etwas dunkler dargestellt, wiederum das Corpus callosum. Wie schon erwähnt, das Corpus callosum besteht aus über 200 Millionen Nervenfasern, die die linke und die rechte Großhirnhälfte miteinander verbinden. Die Funktion: eine »Datenleitung« mit sehr großer Kapazität zum Transport von Informationen von einer Hirnhälfte in die andere. Behalten Sie bei den weiteren verbalen Ausführungen dieses Bild vor Augen.
Ich muß Ihnen noch eine zweite »technische« Information geben, die Ihnen vielleicht auch schon bekannt ist. Betrachten Sie dazu Abbildung 1.7–1.
Hier ist, mit Blick von oben, ein Mensch dargestellt, der auf ein vor ihm liegendes Blatt Papier sieht. Auf dem Papier ist in der Mitte ein schwarzer Punkt aufgemalt. Schaut nun der Mensch auf den schwarzen Punkt, so wird alle Bildinformation links von der Bildmittellinie (senkrecht schraffiert) zur Verarbeitung in die rechte Hirnhälfte transportiert. Und alle Bildinformation aus der rechten Bildhälfte wird in die linke Hirnhälfte geliefert. Man nennt das die »Über-

Kreuz-Organisation« der Sinneswahrnehmung/Sinneswahrneh-
mungs-Verarbeitung. Besser bekannt ist Ihnen wahrscheinlich der
analoge Zusammenhang bei der körperlichen Motorik. Personen
mit einer rechtshälftigen Körperlähmung nach einem Schlaganfall
sind häufig auch sprachgestört – ein Hinweis darauf, daß die Läh-
mung der rechten Körperhälfte ihren Ausgang in der linken Hirnhälfte nimmt, daß also die Körpersteuerung über Kreuz geht: linke
Cortex steuert rechte Körperhälfte ...

Zum Verständnis der Experimente von Sperry müssen Sie also mit-
nehmen, daß Bildinformationen, die bei Fixierung des schwarzen
Punktes kurz auf die linke Bildseite eingeblitzt werden, zur Verarbeitung in die rechte Hirnhälfte gehen. Genauso bringt man auf die
rechte Bildseite geblitzte Informationen in die linke Hirnhälfte.
Man kann also bei solchen Experimenten

a) der linken Hemisphäre z. B. das Bild A zeigen (rechtes Bildfeld)
    und der rechten Hemisphäre nichts;

b) der rechten Hemisphäre das Bild B, und der linken nichts;

c) gleichzeitig der linken Hälfte das Bild A und der rechten Hälfte
    das Bild B.

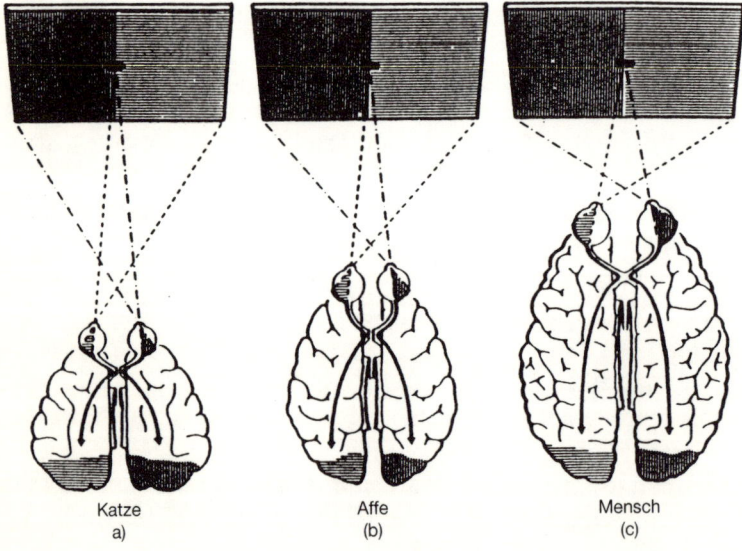

Katze	Affe	Mensch
a)	(b)	(c)

Abb.1.7–1:   Über-Kreuz-Leitung der visuellen Information

30

Nach dem Einblitzen solcher Informationen kann man dann die Versuchspersonen auf recht unterschiedliche Weisen danach befragen, was sie wahrgenommen haben. Das ist der experimentelle Grundaufbau, auf den sich die nächsten Experiment-Beschreibungen beziehen.

Ehe Sperry Anfang der sechziger Jahre mit Split-Brain-Patienten arbeitete, hatte er schon in den frühen fünfziger Jahren mit seinen Mitarbeitern Tierexperimente durchgeführt. Sie durchtrennten dabei das Corpus callosum von Affen und Katzen (und zusätzlich zwei weitere Verbindungen, das Chiasma opticum und die Commissura anterior).

Gazzaniga berichtet darüber: »... Sie entdeckten, daß nach Durchtrennung ... die visuellen Wahrnehmungen der einen Gehirnhälfte der anderen nicht mehr zugeleitet wurden ... Die von der rechten Gehirnhälfte aufgenommenen Informationen wurden nicht mehr in die linke übertragen (und umgekehrt). Unzählige Untersuchungen ergaben immer wieder, daß Tiere, bei denen die neuralen Verbindungen zwischen den beiden Hemisphären durchtrennt waren, sich so verhielten, als hätten sie *zwei separate* Gehirne. So entstand der Begriff Split-Brain.«

Das heißt, diese Operation sorgt dafür, daß die linke Hemisphäre der rechten »nicht mehr sagen kann, was sie sieht« und umgekehrt. Das »Datenkabel« zwischen den beiden Hemisphären ist eben durchschnitten.

Die Konsequenz dieses Versuchsergebnisses heißt offenbar: Wenn ich der *linken* Hirnhälfte ein Bild A zeige – und wegen durchschnittener Kommunikation zwischen linker und rechter Hirnhälfte die beiden Hälften »sich nicht mehr miteinander austauschen und darüber reden können, was sie sehen« –, dann erhalte ich als Reaktion auf Bild A die Reaktion der *linken* Hirnhälfte. Und natürlich gilt Analoges für die rechte Hirnhälfte, der ich dasselbe Bild A zeigen kann – mit der Forschungsfrage, ob sie dieselbe Reaktion auf A zeigen wird wie die linke. Hier ist also die Möglichkeit, sozusagen im Reagenzglas, das isolierte Verhalten von linken und rechten Hirnhälften zu vergleichen. Allerdings: Katzen und Affen können nicht so leicht über das sprechen, was sie sehen und dabei denken ... da wären Menschen schon ergiebigere Quellen ...

Es ist klar, daß der nächste Schritt der Forschung nun die Übertragung dieser Experimente auf den Menschen sein mußte. Anfang der sechziger Jahre sorgte dann der Hirnchirurg Joe Bogen für Versuchspersonen, da er das 1940 einmal von einem anderen Chirurgen versuchte Durchführen der Split-Brain-Operationen bei schwersten Epilepsiefällen als letztes Mittel wiederaufnahm. Sperry und Gazzaniga bekamen nun die Versuchspersonen, nach denen sie suchten.

Gazzaniga schreibt über den ersten Patienten W. J., den er untersuchen konnte. Er zeigte ihm, in nicht vorhersehbarer Folge, einfache geometrische Figuren. Und zwar – mittels der Fixierpunktmethode – so, daß die Bilder nicht vorhersehbar in die linke oder rechte Hirnhälfte »eingeblitzt« wurden. Erinnern Sie sich beim folgenden noch daran, daß die wichtigsten Sprachzentren (Broca, Wernicke) bei den meisten Menschen in der linken Hirnhälfte liegen, daß also Sprache »links lokalisiert« ist.

Gazzaniga berichtet: »... W. J. konnte die visuellen Reize (= Bilder), denen sein rechtes Gesichtsfeld ausgesetzt wurde und die dann in die linke sprachbetonte Hemisphäre geleitet wurden, leicht benennen ... Wurden diese visuellen Reize jedoch in das linke Gesichtsfeld, also in die rechte Hirnhälfte, projiziert, so blieb W. J. danach stumm. Sprach man ihn darauf an, ob er etwas gesehen habe, so verneinte er. Die rechte Hirnhälfte, die ja nun von der linken (sprechenden) isoliert war, hatte keine Möglichkeiten, die von ihr aufgenommene Information in die linke Hälfte zu übertragen, so daß diese dazu eine sprachliche Reaktion hätte bringen können.«

Das Experiment zeigte also, daß visuelle Eingangsinformation (aus dem rechten Gesichtsfeld) in der linken Hirnhälfte erfolgreich bearbeitet wurde. Da die rechte Hirnhälfte sich nicht sprachlich ausdrücken konnte, gab es zunächst keine Mitteilungen darüber, ob oder was sie aus dem linken Gesichtsfeld sah bzw. was sie mit dem Gesehenen anfing. Was also geschieht in der rechten Hirnhälfte?

Es wurde ein neues Experiment ersonnen. Statt der visuellen Eingangsinformation wurde es nun mit der taktilen Wahrnehmung beim Anfassen/Betasten von Objekten versucht. Man ließ W. J. die Augen schließen und gab ihm dann verschiedene Objekte in die linke bzw. in die rechte Hand:

– Hielt W. J. die Objekte in der rechten Hand, so konnte er sie leicht benennen.

– Hielt W. J. die Objekte in der linken Hand, so konnte er sie nicht benennen.

Taktile Wahrnehmung wurde also genauso behandelt wie visuelle. Die stumme rechte Häfte konnte wiederum keine Auskünfte über ihre Wahrnehmung geben.

Es war klar, daß sich die Forschung darauf konzentrieren mußte, jetzt aus der stummen rechten Hälfte herauszulocken, was diese nicht in Worten sagen konnte. Im Laufe dieser Versuche tauchten immer weitere interessante Einsichten auf, und die Versuchsanordnungen wurden verbessert.

Gazzaniga berichtet dann über das zeitlich spätere Pin-up-Girl-Experiment. Er mischte zwischen die Bilder von Löffeln, Äpfeln etc., die er der rechten Hälfte präsentierte, ein Pin-up-Girl-Photo. »Normale« männliche Versuchspersonen würden auf das Zeigen eines hübschen, wenig bekleideten Mädchens mit einer emotionalen Reaktion antworten. W. J. zeigte keine Reaktion. Später mischte Gazzaniga das Pin-up-Girl unter die Bildfolge, die er der linken Hirnhälfte zeigte. Wiederum zeigte W. J. keinerlei Emotion, obwohl das Pin-up-Girl nun von seiner linken Hirnhälfte gesehen wurde und er daher auch dazu Kommentare machen konnte. Und dann, mit etwas Zeitverzögerung, fragte W. J. – immer noch ohne Anzeichen von Emotion –: »Sag', sind das die Studentinnen, die ihr am Caltech (= California Institute of Technology) habt?« Diese Reaktion liefert ein interessantes Ergebnis. W. J. verglich in seiner linken Hälfte die ihm bekannten Bilder junger Frauen. Vermutlich entdeckte seine linke Hirnhälfte dabei auch, daß wenig bekleidete, hübsche junge Frauen nicht typisch für das Bild »Studentin« sind. Er ging also intelligent-schlußfolgernd-erinnernd mit dem Zusammenhang um, daß Gazzaniga, mit dem er schon viele Versuche durchlebt hatte, von der Caltech-Universität kam und ihm das Bild einer jungen Frau zeigte. Aber seine linke Hälfte zeigte dabei keine typisch männliche emotionale Reaktion.

Über die vielen weiteren Experimente schrieb Gazzaniga: »... Bei Durchtrennen der Verbindungen zwischen den beiden Hemisphären entstanden zwei separate mentale Systeme, die beide die Fähigkeit besaßen, zu lernen, sich zu erinnern sowie Emotionen und Verhaltensweisen zu zeigen. *Die Vorstellung, daß der Mensch ein einziges unteilbares, bewußt handelndes Wesen sei, wurde damit fragwürdig.*«

In diesem Satz zeigt sich die ideologische Sprengwirkung, die in den neuen Erkenntnissen enthalten war. Denn die gesamte abendländische Religion, die Psychologie und die Philosophie gingen davon aus, daß ganz selbstverständlich *ein* Geist in uns sei. Hatten Sperry und seine Schüler recht, so würden zentrale Teile in Religion, Philosophie, Psychologie und Wissenschaft neu zu schreiben sein. Zumindest, wenn man Geist und Hirnfunktionen miteinander identifiziert.

Nachdem die weit über die Psychobiologie hinausreichende Bedeutung und Konsequenz dieser Fragestellung von Sperry und seiner Umgebung erfaßt war, mußte das Forschungsziel heißen: Wenn schon zwei Geister in unserem Kopf sind, wer sind sie, wo sitzen sie, was tun sie?

1.8 Die erste Generation der Experimente zur linken/rechten Hirnhälfte

Auch in diesem Kapitel folge ich in der Zusammenfassung Gazzaniga (8), der eine der authentischsten möglichen Quellen ist, da er einen Großteil der Experimente durchführte und auch viele Versuche selbst oder mit Sperry und seinen Kollegen entwickelte.

Gazzaniga beschreibt den folgenden Versuch, wiederum an dem Patienten W. J.: »Wir zeigten W. J. das Bild eines Würfels und baten ihn, es nachzuzeichnen. Seine linke Hand (gesteuert von der rechten Hirnhälfte) führte die Aufgabe problemlos aus; seine rechte Hand war dazu jedoch völlig außerstande.« Gazzaniga gibt dazu die in Abbildung 1.8–1 gezeigte Darstellung der Zeichenergebnisse von W. J. Beachten Sie dabei bitte, daß auch noch nach der Operation W. J. mit seiner rechten Hand geradere, glattere Linien zeichnet als mit der linken. Die »Übung« des Rechtshänders beim Stricheziehen ist im Vergleich zu den eher krakeligen Strichen der zeichnenden linken Hand noch deutlich zu sehen. Trotzdem stellt die rechte Hirnhälfte mit der linken Hand das dreidimensional-perspektivische Bild des Würfels richtig dar – die rechte Hand nicht.

Dieses Experiment wurde später mit anderen Split-Brain-Patienten durchgeführt. Abbildung 1.8–1 zeigt die Zeichenergebnisse des Patienten P. S.

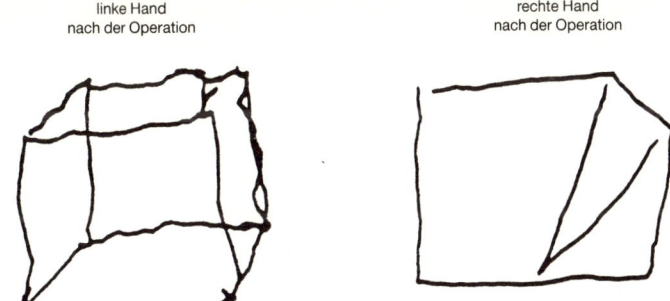

Abb. 1.8–1: Die linke Hand kann perspektivisch einen Würfel zeichnen – Patient W. J.

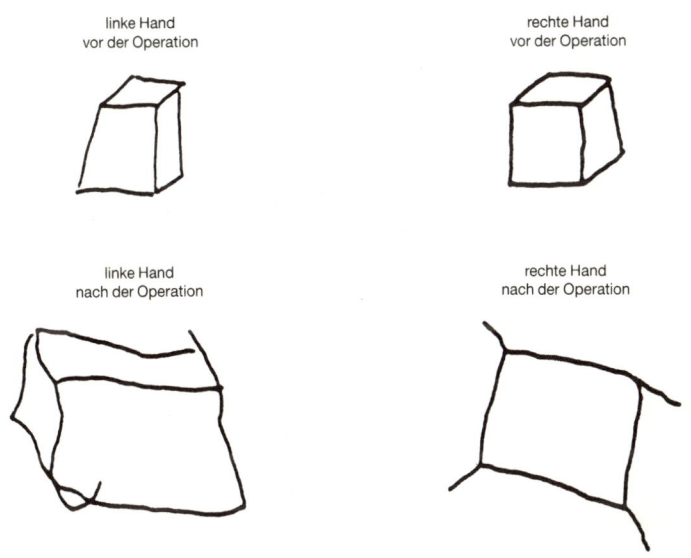

Abb. 1.8–2: Die linke Hand kann perspektivisch einen Würfel zeichnen – Patient P. S.

Wiederum können Sie zwar erkennen, daß die rechte Hand zeichengeübter ist, daß aber nach der Operation die linke Hirnhälfte ohne Mitwirkung der rechten nicht mehr in der Lage ist, Dreidimensionales darzustellen.

35

Diese Experimente lehrten, daß die rechte Hirnhälfte darauf spezialisiert ist, visuell-räumliche Dinge zu bearbeiten. So wie meist die linke Hemisphäre asymmetrisch mit Sprache ausgestattet ist, ist die rechte Hemisphäre asymmetrisch mit qualifizierter Bildverarbeitung ausgestattet.

Zum selben Thema wurden dann Versuche mit dem bei uns in handwerklichen Eignungstests benutzten Mosaiktest nach Kohs (34) durchgeführt. Vor der Versuchsperson liegen rote und weiße Würfel, die in Form eines als Bild gezeigten Musters auszulegen sind. Gazzaniga schreibt: »W. J.s rechte Hand versagte ... die linke nicht. So wie beim Umgang mit dreidimensional dargestellten Objekten war die rechte Hirnhälfte also auch beim Umgang mit Mustern von Objekten asymmetrisch qualifiziert.«

Damit hatten Sperry und seine Mitarbeiter gezeigt, daß nicht nur die Sprachfunktion, sondern auch andere Funktionen in einer Hirnhälfte vorhanden und in der anderen nicht vorhanden sind. Dies nennt man Lateralisation. Gleichzeitig ging die Grobbeschreibung in die Welt: »Die linke Hirnhälfte bearbeitet Sprache, die rechte Hirnhälfte bearbeitet Bildinformationen.«

Wie sehr jede der beiden asymmetrisch mit verschiedenen Fähigkeiten ausgestatteten Hirnhälften »ihren« Geist hat, zeigt ein weiteres Experiment von Gazzaniga, das er beim ersten Durchführen schon auf Film nehmen konnte. Wiederum führte W. J. das Mosaikexperiment durch. Gazzaniga beobachtete, als W. J. an der Aufgabe arbeitete, mit der rechten Hand die grünen und roten Würfel in das vorgezeigte Muster zu legen, wie die linke Hand mehrfach ungeduldig versuchte, der beauftragten rechten Hand zu Hilfe zu kommen. Daraufhin entwickelte Gazzaniga das wichtige neue Experiment. Er gab W. J. nach Zeigen eines neuen Musters den Auftrag, nun nach Belieben beide Hände gleichzeitig einzusetzen. Darüber schreibt er: »... So beobachtete ich erstmalig, daß die beiden mentalen Systeme in einen heftigen Kampf geraten können. Die linke Hand (rechte Hirnhälfte) machte Fortschritte beim Lösen der Aufgabe, woraufhin die rechte Hand (linke Hirnhälfte) sich einmischte und das von der linken Hand Erreichte zunichte machte. Es war so, als würden sie ein Duell austragen ...«

Hier tritt ein neues Element von zentraler Wichtigkeit auf: der Streit darüber, welche Hirnhälfte bei der Lösung einer Aufgabe dominant ist – sich gegen die andere durchsetzen darf –, welche »ihre Lösung« als Verhalten in die Außenwelt bringen darf. Das Stichwort hier ist *Brain dominance – Hirndominanz*. Die Frage drängt sich auf: Gibt es auch bei normalen Menschen mit intaktem Corpus callosum diesen Streit zwischen linker und rechter Hemisphäre, welche Hälfte »ihre Lösung« durchsetzen bzw. zu welchem Anteil durchsetzen kann? Offenbar ist die Antwort ein klares *Ja* – aber darüber später mehr.

Die Bearbeitung der Konsequenzen dieser Einsichten führte übrigens zur Trennung von Sperry und Gazzaniga, die sich nicht mehr auf eine gemeinsame Interpretation weiterführender Experimente einigen konnten.

Es gab zahlreiche weitere Experimente, die Indizien für die Spezialisierung der beiden Hirnhälften lieferten (z. B. 10, 11). Gazzaniga kam zu der Meinung, daß die rechte Hirnhälfte nur beim Übersetzen von visuellen Denkergebnissen in motorische Leistung (z. B. zeichnen, beim Fühlen erkennen) besser sei als die linke, daß ansonsten keine Unterschiede bestünden. Sperry und andere blieben schließlich trotz dieser Diskussion bei der entstandenen Meinung, die rechte Hirnhälfte sei im wesentlichen auf »ganzheitliche Prozesse« spezialisiert, während die linke die »analytischen Aufgaben« durchführe.

Ich möchte auf diesen Streit nicht weiter eingehen, sondern Ihnen weitere wichtige Experimentalergebnisse präsentieren.

Ich nehme ins nächste Kapitel nun folgende zentrale Einsichten mit:

1) Linke und rechte Hirnhälfte sind in ihren Kompetenzen bei vielen Menschen sehr asymmetrisch.
2) Bei der Mehrheit der Menschen hat
   - die linke Hirnhälfte viel mehr Kompetenz im Sprachlichen als die rechte,
   - die rechte Hirnhälfte viel mehr Kompetenz beim Umgang mit der Verarbeitung von visuell-räumlicher Information.
3) Linke und rechte Hirnhälfte können sich Duelle darüber liefern, welche von beiden sich mit ihren Ansichten/Lösungen/Beiträgen vollständig oder teilweise durchsetzt.
4) Die Annahme, daß unser Hirn als ein biochemisch-elektrisches System als Verursacher eines an sich »einheitlichen Geistes« zu betrachten sei, ist eine Fiktion.

Zur Zeit der Auseinandersetzung Sperry/Gazzaniga hatte sich die von Sperry vertretene Ansicht »Sprache und Rationales links – Visuelles und Ganzheitliches rechts« als Botschaft in die interessierte Fach- und Laienwelt verteilt. Die Botschaft »Zwei Geister sind in unserem Kopf« mit der klassischen Teilung »rational/intuitiv« war geboren und verbreitete sich schnell.

1.9 Die zweite Generation der Experimente zur linken/rechten Hirnhälfte

Anfang der siebziger Jahre hatte Gazzaniga die Gelegenheit, seine Split-Brain-Forschung an Menschen wiederaufzunehmen. Dabei stieß er auf drei »Fälle« mit ungewöhnlichen und für seine Forschung sehr ergiebigen Eigenschaften. Alle diese Patienten zeigten Sprachfähigkeiten auch in der rechten Hirnhälfte und gehörten damit zu einer statistisch kleinen Gruppe von Menschen mit links/rechts-verteiltem Sprachzentrum. Bei Menschen dieser Gruppe kann man nicht klar zuordnen: Sprachzentrum links (oder rechts) und Rechtshänder (bzw. Linkshänder).

Gazzaniga stellte sich eine spezielle Frage bezüglich der Links-/Rechts-Asymmetrie. Ich zitiere ihn: »... Stellen Sie sich das Alltagsleben eines Split-Brain-Patienten vor. Die dominante linke Hemisphäre regelt den Umgang mit der Welt, stellt Fragen, plant Aktivitäten, ist für das Körperempfinden verantwortlich und so weiter. Plötzlich beschließt die rechte Hirnhälfte, daß sie mit dem Patienten einen Spaziergang machen möchte. Was tut dann die linke Gehirnhälfte? Was denkt Sie? ...«

Das Modell für seine Fragestellung, das Gazzaniga hier gebraucht, sagt:
- Die linke Hälfte plant,
- regelt mit Hilfe der Sprache den Umgang mit der Welt, kennt die dafür notwendigen Fakten

und ist im Verhalten *dominant* – d. h. die linke Hälfte bestimmt (bevorzugt) das Verhalten des Menschen. Aber aus seinen Experimenten weiß Gazzaniga, daß die rechte Hälfte ihre Wünsche und Verhaltensweisen auch in das äußerlich sichtbare Verhalten einbringt – erinnern Sie sich an das Duell der Hände, das ich im letzten Kapitel beschrieben habe. Was macht nun die linke Hälfte, wenn die rechte

Hälfte – auf welche Weise auch immer – eine Aktivität gestartet hat und die linke Hälfte diese Aktivität bemerkt?

Gazzaniga beschreibt den Versuchsaufbau und das Experiment. Dazu Abbildung 1.9–1.

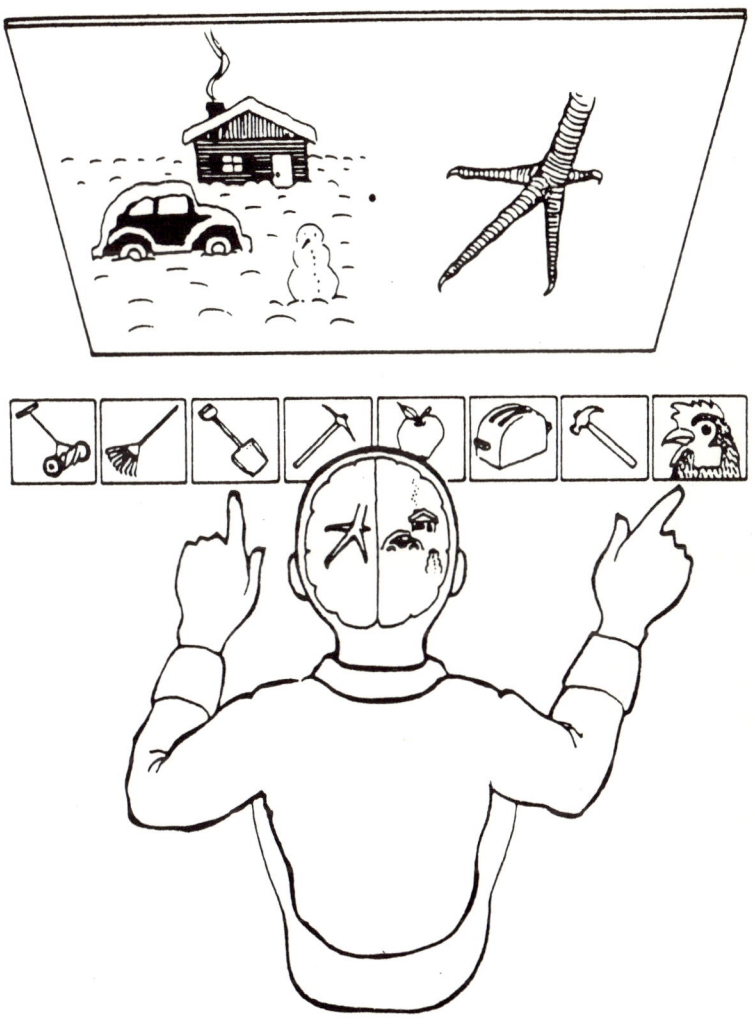

Abb.1.9–1:   Experiment zur Untersuchung des erklärenden Verhaltens der linken Hirnhälfte

Die linke Hemisphäre sieht den Hühnerfuß, die rechte Haus und Auto im Schnee. Vor der Versuchsperson liegen acht Bildkarten; die Versuchsperson weiß, daß jede der ihr gut bekannten Karten eine mögliche Antwort auf die Frage enthält: »Welches Kartenbild steht in Beziehung zu dem projizierten Bild?« In Abbildung 1.9–1 nimmt die linke Hirnhälfte den Hühnerfuß wahr. Sinngemäß würde die Karte mit dem Hühnerkopf dazugehören. Und die rechte Hälfte nimmt das eingeschneite Auto wahr – dazu würde die Schaufel zum Ausgraben gehören. Der Patient, dem beide Bilder gleichzeitig eingeblitzt werden, zeigt mit der linken Hand auf die Schaufel, mit der rechten auf das Huhn. So weit gut.

Nun fragte Gazzaniga: »Warum zeigen Sie auf diese beiden?« und erhielt als Antwort verbal aus der linken Hirnhälfte: »Der Hühnerfuß gehört zum Huhn, und man braucht eine Schaufel, um den Hühnerstall auszumisten.« Es ist aus allen Experimenten klar, daß nur die linke Hälfte von dem Hühnerfuß wußte. Was die rechte gesehen hatte, war wegen des durchtrennten Corpus callosum für die linke Hälfte nicht wahrnehmbar. Aber die linke Hirnhälfte hatte zusätzlich gesehen, daß die rechte Hirnhälfte mittels der linken Hand auf die Schaufel gezeigt hatte. Warum? Das kognitive System der linken Hirnhälfte mußte eine Erklärung für das Verhalten des Körpers inklusive der linken Hand liefern – und fand auch sogleich eine Begründung: »Die Schaufel ist zum Ausmisten da ...«

Um das noch einmal ganz deutlich zu sagen: *Die linke Hirnhälfte wußte nicht, wieso die linke Hand auf die Schaufel zeigte. Aber sie lieferte trotzdem sofort eine erklärende Theorie, die sich »logisch« anhörte.*

Gazzaniga schreibt dazu, daß Experimente dieser Art Hunderte Male wiederholt wurden – immer mit dem gleichen Ergebnis. *Selbst bei totalem Unwissen produziert die linke Hirnhälfte erklärende Theorien.*

Wahrscheinlich erinnern Sie sich jetzt an Menschen, die für alles eine Erklärung bei der Hand haben – auch wenn sie öfters sicher sind, daß die Erklärung nur scheinlogisch, frei erfunden oder sogar falsch ist.

In diesen Fällen »hat die linke Hirnhälfte gesprochen« – obwohl beim Gesunden die linke und die rechte Hirnhälfte sich über das Corpus callosum austauschen können.

Diese Experimente zeigen radikal, daß die linke Hälfte Theorien (und sogenannte Fakten) erfindet – nur um eine Begründung zu haben. Und ist einmal eine Theorie da, dann kann man Ursache-Wirkung-Ketten aufstellen und auch z. B. durch logische Schlüsse aus den angenommenen Fakten Sicherheit über die Zukunft gewinnen ...

Wenn heute weitverbreitet über »linke Hälfte *contra* rechte Hälfte« gesprochen wird, dann steht sicher die Denkform »der falschen Theorienbildung und Theoriensucht« im Vordergrund der Schuldvorwürfe. Leider gibt die linke Hälfte Anlaß dazu ... Und weiter mögen Intellektuelle und Wissenschaftler, die gern auf dem linkshälftigen Altar der Theorienbildung und Erklärungssucht opfern, das gar nicht gerne hören. Aber hier sind wir dann bei sozialpsychologischen Aspekten der Wissenschaftstheorie.

Wenn ich Ihnen im folgenden noch eine kurze Aufstellung der typisch linkshälftigen/rechtshälftigen Denkformen gebe, werden Sie, so hoffe ich, ein besseres Verständnis für den Hintergrund haben, auch wenn ich mir keine Zeit für die Erläuterung der rechtshälftigen Attribute genommen habe.

LINKS	RECHTS
logisch	ganzheitlich
linear	Gefühl
kausal	intuitiv
Ordnung	visuell
verbal	imaginativ
rational	

2. Das dreigeteilte Gehirn nach McLean

Die Kapitel 1.2 bis 1.9 waren dem zweigeteilten Großhirn gewidmet. Es gibt auch andere Betrachtungsweisen.

Paul D. McLean betrachtet nicht die beiden Cortex-Hemisphären und deren Unterschiedlichkeiten (12, 13), sondern einen Längsschnitt durch das Gehirn, wie es schon in Abbildung 1.6−1 dargestellt wurde. Abbildung 2−1 zeigt die drei von McLean unterschiedenen Hirnbereiche: das »Reptilienhirn« oder Stammhirn, das »limbische System« oder Zwischenhirn und »die Neocortex« oder das Großhirn.

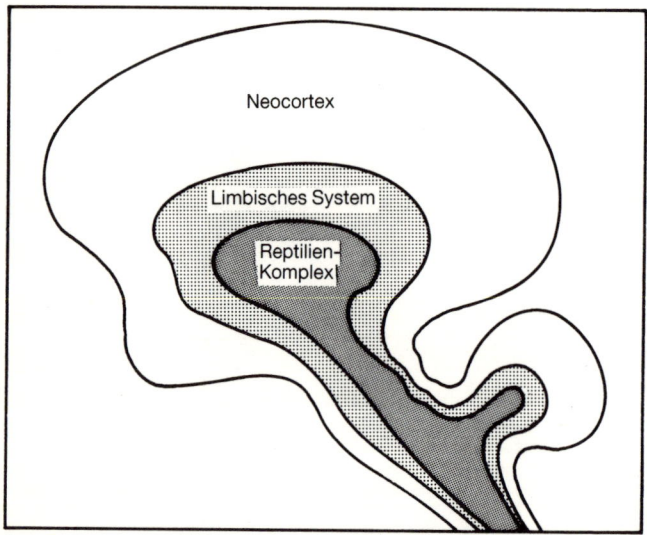

Abb.2−1:   Dreigeteiltes Hirn nach McLean

Das Stammhirn

Das Stammhirn des Menschen ist der evolutionsgeschichtlich älteste Hirnbereich, der strukturell immer noch starke Ähnlichkeit mit dem Gehirn der heutigen Reptilien zeigt. Im Stammhirn liegen alle dem normalen Bewußtsein entzogenen Programme, die für Atmung, Kreislauf, Temperaturregulierung und die Steuerung biochemischer Vorgänge zuständig sind. Ebenso die Programme, die der Erhaltung von Individium und Art dienen: Fortpflanzung, elementare Formen der Brutpflege, Nahrungsaufnahme im Zusammenhang mit Freßtrieb, Territoriumsbesitz. Das Stammhirn enthält Grundprogramme, die allgemeine und über lange Zeiträume von vielen Tausenden Jahren wenig veränderte Funktionen bestimmen; keine Programme, die für die Bearbeitung von schnell wechselnden Situationen gestaltet sind. Diese Eigenschaften zeigen sich z. B. daran, daß das Reptilienhirn heute noch, nach vielen Millionen Jahren langsamer Entwicklung, bei Reptilien das wesentliche Hirn ist und daß dieselbe Struktur auch beim Menschen noch heute dieselben Grundfunktionen erfüllt.

Wir müssen uns als Menschen darüber im klaren sein, daß wir im normalen Bewußtseinszustand so gut wie keinen Einfluß auf die Aktivität dieses Hirnteils ausüben können. (Es gibt allerdings Wege, mittels spezieller Yogatechniken und Mentaltechniken auch auf diese Hirnfunktionen einzuwirken.)

Das Zwischenhirn oder limbische System

Das Zwischenhirn überdeckt das Reptilienhirn. Es wird angenommen, daß dieser Hirnbereich vor etwa 80 Millionen Jahren seine Entwicklung begann; vermutlich, weil die Umweltbedingungen sich damals so stark veränderten, daß das Reptilienhirn nicht mehr schnell genug durch Wachstum und Modifikation die Anpassung leisten konnte, so daß ein zusätzliches, anders aufgebautes Hirn begann, die neuen Aufgaben zu übernehmen. Das limbische System erlaubt Anpassung an schnell wechselnde Situationen des Augenblicks. Angst und Aggression einerseits und Liebe und Geborgenheit andererseits sind mit allen Schattierungen zwischen diesen beiden Polen charakteristisch für dieses »Säugetier-Gehirn«. In Zusammenhang mit Angst, Flucht, Aggression und Liebe entstehen mit dem sich entwickelnden Zwischenhirn immer umfangreichere Gefühlsdimensionen. Das Zwischenhirn bringt Lernfähigkeit nach dem Prinzip der Beibehaltung erfolgreichen Verhaltens.

Das Großhirn

Das Großhirn, über das ich schon so viel in den vergangenen Kapiteln geschrieben habe, überdeckt wiederum mit seinen beiden walnußartigen Hälften das Zwischenhirn. Es ist der Träger des »nichtemotionalen« Denkens. Es steuert den Gebrauch unserer Glieder als Werkzeuge. Es ist zuständig für das, was wir als »Denken« bezeichnen, und es enthält die Funktionen, die wir mit »Selbst«, »Ich« und »Bewußtsein« in Verbindung bringen.

Ich möchte an dieser Stelle daran erinnern, daß auch Säugetiere eine Neocortex haben, an der man Split-Brain-Operationen durchführen kann, mit ganz analogen Folgen wie beim Menschen. Von der dreigeteilten Hirnstruktur nach McLean und von der zweigeteilten Struktur der Neocortex her, ist das Säugetierhirn strukturell ganz nahe mit unserem Hirn verwandt. Wir müssen also bei Tieren strukturell ganz ähnliches Denken erwarten wie beim Menschen!

Das Großhirn des Menschen kann mit Konzepten wie Gegenwart, Zukunft und Vergangenheit umgehen. Es kann planen, in Worten und in Bildern denken, rational und intuitiv sein.

McLeans Konzept der Dreiheit in der Einheit

Ganz analog zu der Unterschiedlichkeit der rechten und der linken Großhirnhälfte sind die drei Hirnbereiche McLeans auch drei in der materiellen und neuralen Struktur unterschiedliche, durch Nervenbahnbündel vernetzte Teilgehirne. Entsprechend spricht McLean von der »Dreiheit in der Einheit«, also von »drei Ichs in meinem Kopf«. Auch McLean kennt den Begriff des *dominanten Gehirnbereichs*. Ist z. B. das Großhirn gegenüber den beiden anderen stark dominant, so zeigt die Person »Großhirn-Ich-Verhalten«. Hardy Wagner (12) zählt hierzu u. a.: 1) Interesse an neuen und verfeinerten Methoden. 2) Umgang mit Prioritäten. 3) Systematische Zeit- und Ressourcenplanung. 4) Selbstzweifel/Skrupel. 5) Systematisches Vorgehen.

Auf der Basis der Arbeiten von McLean entwickelte Schirm (12) das sogenannte Struktogramm. Dies ist ein in Deutschland recht bekanntes und oft eingesetztes Verfahren, bei dem aufgrund eines Fragebogens 36 Punkte auf die drei Hirnbereiche vergeben werden. Die Kombination 12/12/12 gehört zu einer allseits in ihrem Denken/Verhalten ausgeglichenen Person. Dagegen wäre 22/7/7 ein ausgesprochen »verkopfter« Typ.

Das Struktogramm hat vielen Menschen Hinweise zu mehr Selbsterkenntnis gegeben, obwohl es wegen seiner Struktur an dem gesamten Bereich der Erkenntnisse über die linke/rechte Hirnhälfte vorbeigeht und in seinem Detaillierungsgrad recht beschränkt ist.

Ich möchte Ihnen im folgenden noch zwei Bilder zur Erläuterung des limbischen Systems (Zwischenhirn) zeigen. Wie wirkt der Mensch in Abbildung 2–2 auf Sie? Denken Sie kurz nach und suchen Sie geeignete Worte zur Beschreibung.

Abb. 2–2:   West-Beirut: Ein linksgerichteter Milizionär läuft nach Abfeuern einer Granate um Deckung. Versuch der Linken, schiitische Moslems aus einer strategisch wichtigen Stellung zu vertreiben. Khalil Chaini/Reuters

Die meisten Menschen, die Abbildung 2–2 sehen, fühlen sich an einen Neandertaler oder einen Affen erinnert. Was dahinter steht: Unter dem schweren Streß eines Straßenkämpfers findet Regression in frühere Verhaltensweisen statt – hier auf eine entwicklungsge-

45

schichtlich ältere Denkform. Nehmen Sie also Abbildung 2–2 als einen Ausdruck des limbischen Systems, das gerade voll mit Angst/Flucht/Überleben befaßt ist.

Als zweiten »limbischen Ausdruck« zeige ich Ihnen Abbildung 2–3. Woran fühlen Sie sich erinnert? Nehmen Sie sich etwas Zeit, Ihre Gefühle in Worte zu bringen.

Abb. 2–3:   Familienverhalten und Eltern-Kind-Liebe

Sie erkennen die gefühlsmäßige Ähnlichkeit zu einem Bild »Mutter und Kind auf dem Weg zum Einkaufen«. Wir sehen, wie ähnlich die entsprechenden Gefühlsbereiche/Verhaltensformen bei Mensch und Tier sich darstellen und vom Menschen auch so empfunden werden. (Wir können wohl davon ausgehen, daß die Inhalte des gefühlsbezogenen limbischen Denkens bei Mensch und Tier ähnlicher sind als die des Denkens in der Neocortex.)

3. Der Wettstreit der Gehirnmodelle

In den letzten Kapiteln habe ich Ihnen zwei verschiedene Gehirnmodelle vorgestellt. In Abb. 1.6.–1 zeigte ich Ihnen das *links/rechts*geteilte Großhirn. In Abb. 2–1 sahen Sie den evolutionsgeschichtlichen Aufbau nach McLean, mit den drei Schichten des Stammhirns, des Zwischenhirns und des Großhirns.

Welches Modell ist besser oder richtiger? Das des zweigeteilten (L/R-)Gehirns oder das des dreigeteilten (Triune-)Gehirns? Keines. Beide Modelle sind unterschiedlich in dem, was sie beschreiben. Das Modell des dreigeteilten Gehirns kann das Wissen von den unterschiedlichen linken und rechten Großhirnhälften nicht verwerten, denn es kennt nur ein ungeteiltes Großhirn. Das Modell der linken/rechten Hirnhälfte kann nichts über den Unterschied zwischen Großhirn, Zwischenhirn und Stammhirn aussagen. Was liegt also näher, wenn wir ein leistungsfähigeres Hirnmodell suchen, als die beiden Modelle zu kombinieren?

Beachten wir nun, daß das limbische System (Zwischenhirn) genauso in eine linke/rechte Hälfte geteilt ist wie das Großhirn, so können wir z. B. zum »fünfgeteilten Gehirn« kommen.

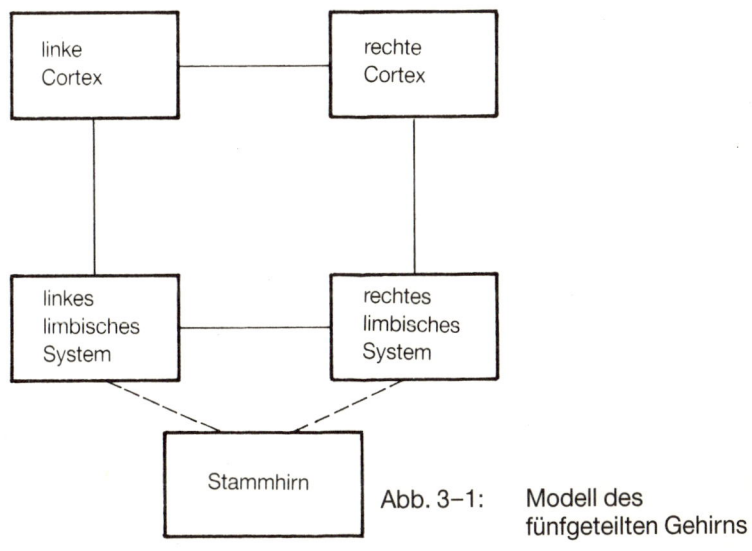

Abb. 3–1: Modell des fünfgeteilten Gehirns

Mit diesem Modell können wir gleichzeitig beschreiben, daß fünf verschiedene Computer miteinander in Wechselwirkung stehen. Und wir können das Modell des dominanten Gehirnteils ausdehnen in:

links versus rechts
oben versus Mitte versus unten.

Wir könnten dann z. B. versuchen, in diesem Modell zu beschreiben, was in einem Menschen vorgeht, der in einer schweren Risikosituation in Streß gerät und bezogen auf die Hirnfunktionen seinen Schwerpunkt der Aktivitäten in den limbischen Hirnbereich verlegt.

Reicht uns das Modell eines fünfgeteilten Gehirns aus? Je nachdem, was wir von unserem Gehirnmodell erwarten ... Wenn wir in der Landkarte des Gehirns weiter ins Detail gehen, dann können wir allein in den Großhirnhälften je 5, 10, 20, 100 oder 1000 verschiedene Bezirke feststellen, die als »kleinere Spezialcomputer« ihre Aufgabe tun, wie z. B. die beiden Sprachzentren nach Wernicke und Broca. Es hängt von der Art der Fragen ab, die wir an das Modell stellen wollen. Sind wir daran interessiert, zu beschreiben, wie ein gesprochener Satz zu Verständnis für das Gesagte und gleichzeitig zu einem Gefühl für die Stimmung/Person des Sprechers führt? Oder wollen wir wissen, ob eine Person mehr »intellektuell« oder gefühlsbezogen denkt?

Wollen wir, daß das Modell nur von Fachgelehrten nach sechsmonatiger Einarbeitung benutzt werden kann? Oder möchten wir ein Modell, das so einfach ist, daß wir z. B. im Kreis der Familie praktischen Nutzen daraus ziehen können, ohne Medizin/Psychologie/Biologie studiert zu haben?

Es gibt hier kein »richtiges« oder »falsches« Modell; es gibt nur für verschiedene Zwecke geeignete bzw. weniger geeignete oder untaugliche Modelle. Dem Praktiker bzw. Anwender sind oft die Modelle der Fachwissenschaftler zu komplex, dem Fachwissenschaftler sind meist die Modelle der Praktiker zu primitiv ...

4. Multimind, der vielfältige Geist – die dritte Generation von Forschungsergebnissen

Wenn Sie aufrecht stehen und einen Arm ausgestreckt schräg nach unten halten – und nun diesen Arm mit der ausgestreckten Hand auf mein Kommando etwa zehn Zentimeter anheben sollen, dann setzen Sie zumindest einige Millionen Neuronen in mehreren Dutzenden von kleineren Hirnbereichen in Aktion. Interessieren wir uns dafür, welche Hirnbereiche in welcher möglicherweise alternativen Form des Zusammenwirkens ihre Hand um zehn Zentimeter heben, dann ist es, im Vergleich zu den Modellen von Sperry und McLean, als ob wir mit einem Mikroskop in das Hirn schauen. Dieses Mikroskop unseres Interesses ist zwar noch immer nicht fein genug, um uns die etwa 12 bis 20 Millionen Neuronen in unserer Cortex einzeln zu zeigen, aber doch fein genug, um Hirnbereiche in der Größenordnung von etwa 1000 bis 10 000 Neuronen als »Denkmaschinchen« sichtbar werden zu lassen. Hirnmodelle auf dieser Ebene stellen dann das Zusammenwirken und die Vernetzung dieser auch anatomisch isolierbaren Bereiche dar.

Was sich auf der anatomisch-neuralen Ebene als ein »vernetztes System von kleinen Denkcomputern« darstellt, wird auf der Ebene des menschlichen Verhaltens zu einem komplexen (psychologisch-physiologischen) Modell. Bei uns ist jetzt die Übersetzung eines sehr interessanten Buches erschienen, Robert Ornstein: »Multimind – ein neues Modell des menschlichen Geistes« (14). Es stellt dar, wie menschliches Verhalten bei genauerer Analyse zu vielen »kleinen Geistern« bzw. »Talenten« führt. Ornstein geht dabei auf viel detailliertere (nicht weniger interessante) Fragen ein, die mit den immerhin nobelpreiswürdigen Arbeiten von Sperry und denen von McLean nicht abzudecken sind.

Natürlich ist z. B. die Frage nach dem Teil des Gehirns, der die anderen kontrolliert (ein einziges »Ich« herbeiführt), also die Verhaltensweisen der anderen Teile des Gehirns kontrolliert und koordiniert, in den Grundmodellen von Sperry und McLean nur auf einer gröberen Ebene enthalten. Sperrys und Gazzanigas Arbeiten beweisen, daß die linke und die rechte Cortex je ein eigenes »Ich« enthalten und daß, statt eine Einheit des Geistes zu bilden, zwei Ichs in unserem Körper in ein Duell geraten können, das sie mit den von ihnen kontrollierten Körperteilen gegeneinander austragen. Die Modelle von Sperry, Gazzaniga und McLean können auch noch etwas mehr über die Eigenschaften dieses Ichs sagen – aber viel weiter, als daß es zwei (oder bei McLean drei) sehr unterschiedliche Ichs in unserem Kopf gibt, reichen diese Modelle und die dahinterstehenden Experimente nicht. Sie können z. B. nicht auf Funktionen des Selbst in Verbindung mit den Frontallappen des Gehirns eingehen.

Die Ebene der Multimind-Untersuchungen geht da viel weiter. So berichtet Ornstein über diesen Aspekt des Selbst, den ich als Beispiel ausgewählt habe: »Einige Funktionen unseres Selbst beruhen offensichtlich vor allem auf den Frontallappen des Gehirns. Diese Lappen liegen an den Schnittpunkten der Nervenbahnen, die die Informationen über (gerade wahrgenommene) andere Menschen aus dem hinteren Teil der Cortex sowie Informationen über uns (unser Befinden) aus dem limbischen System übertragen ... Eine Beschädigung bestimmter Teile der Frontallappen führt dazu, daß wir unfähig sind, ... Pläne und Absichten zu realisieren. In manchen Fällen führt Beschädigung ... auch dazu, daß Menschen vergessen, wer sie eigentlich sind.«

Solche Untersuchungen, die komplexes Zusammenwirken von verschiedenen Hirnbereichen und Verhalten verknüpfen, sind, wie schon gesagt, nur mit Multimind-Konzepten möglich. Mit solchen Modellen können und wollen die Modelle der zwei-, drei-, viergeteilten Gehirne nicht im Detaillierungsgrad der Aussagen konkurrieren. Das Wissen von Multimind ist aber auch nicht notwendig, wenn z. B. ein Familientherapeut eine Schnellanalyse machen will. Oder wenn es in einer Familie um die Wahl der Ausbildung für das Kind geht. Dann werden einfachere und in der vorliegenden Situation praktisch umsetzbare Aussagen benötigt.

Ich möchte noch darauf hinweisen, daß für theoretisch und/oder praktisch Interessierte mit NLP (Neuro-Linguistischer Programmierung) ein faszinierendes Modell zur aktiven Arbeit mit dem menschlichen Multimind zur Verfügung steht. NLP interessiert sich nicht dafür, wo im Hirn welche Funktionen ablaufen, arbeitet aber mit der Analyse und (Um-)Gestaltung von Hirnfunktionen, wie sie auch von Multimind behandelt werden.

Ich werde im folgenden das Multimind-Modell kaum mehr benutzen und mich auf die für viele praktische Zwecke sehr leistungsfähigen Modelle auf der Basis von Sperry und McLean beziehen. Dies ist bei mir keine Absage an Multimind, aber in diesem Buch ein Votum für Praxisnähe.

5. Denken und Fühlen

5.1 Neuronen und Drüsen

Wußten Sie, daß angeblich 20 % der Informationen aus dem Auge in eine Drüse geleitet werden, nämlich in die Zirbeldrüse? Daß also ein Teil der uns als »objektive Wahrnehmung« zufließenden Information in innere Sekretion umgewandelt wird? Und daß diese innere Sekretion dann das »geistige Klima« bestimmt, in dem wir denken – in dem wir z. B. mit Müdigkeit kämpfen und einschlafen wollen, statt brav objektiv Information zu verarbeiten?

Je nachdem, ob Menschen mehr limbisch oder cerebral sind (um dies im McLeanschen Modell auszudrücken), werden sie entweder von einem Primat des Denkens über das Fühlen ausgehen oder das Fühlen gegenüber dem Denken als wichtiger ansehen.

Wir haben die Neigung, Denken und Fühlen als zwei verschiedene Dinge anzusehen. Darf ich Sie fragen: Wie nehmen Sie z. B. Angst oder die Vorahnung eines unguten Problems wahr? Bitte nehmen Sie sich etwas Zeit für diese Frage! Erinnern Sie sich an ein starkes unangenehmes Gefühl, das Sie in einer unschönen Situation hatten! Bitte beschreiben Sie dieses Gefühl:

_____

_____

_____

Vielleicht haben Sie sich jetzt mit der Hand an den Bauch gegriffen? Oder ein seltsames Gefühl in der Sitzfläche wahrgenommen? Dies ist typisch für Gefühle. Wir nehmen Gefühle meist im Körper wahr (»Das schlägt mir auf den Magen«, »Das hat mir den Hals zugeschnürt«), als würde aktuell etwas an einer bestimmten Körperstelle geschehen. Dennoch: Gefühle laufen in unserem Gehirn ab. Genauso in Nervenzellen wie unsere Gedanken beim Hören und Sehen, allerdings zusätzlich begleitet von meist verstärkter innerer

52

Sekretion. Sie kennen alle die Situation: Schreck, dann der berühmte Adrenalinstoß, dessen Folgen als Streßerscheinung noch Stunden im Blut bleiben und den Organismus und das Denken beeinflussen. Für unsere eigene Wahrnehmung sind Gefühle eher Erlebnisse. Technisch gesprochen werden sie durch Hirnfunktionen und Sekretion ausgedrückt – und sind dadurch dem eigentlichen »Denken« im Stil des Großhirns weitgehend entzogen.

Menschen, die sehr intellektuell sind, haben es deswegen auch schwer, in ihrer »Denkrealität« die Gefühle unterzubringen. Ich benutze diesen Zusammenhang immer wieder einmal in Seminaren und lasse in bestimmten Gruppen einen Teil der Teilnehmer in einigen Übungen wahrnehmen, daß sie schon begonnen haben, »ihren Körper zu vergessen«. Dieses Vergessen des Körpers geht einher mit Unterdrücken der gefühlsmäßigen Wahrnehmung im Körper. Auf diese Weise sorgt dann das Großhirndenken im Lauf der Zeit dafür, daß Gefühle nicht mehr beim »Denken« stören. Dies scheint auch zu erklären, warum viele Infarktpatienten schwören, sie hätten keinerlei Beschwerden gehabt, ehe es zum Infarkt gekommen ist. Vermutlich hatten diese Patienten aber schon eine so hohe Mauer des Denkens gegen das Fühlen aufgebaut, daß sie die Warnungen des Körpers nicht mehr hörten. Es ist bestimmt kein Zufall, daß der Infarkt auch »Managerkrankheit« heißt, denn viele Manager meinen, auf ihren Körper keine Rücksicht nehmen zu wollen.

Ich möchte noch anfügen, daß trotz gelegentlich aufflammender Diskussion keine Zweifel mehr daran bestehen sollten, daß die rechte Hirnhälfte dominant ist beim Umgang mit Gefühlen (15, 16).

5.2 Links fühlt anders als rechts

Obwohl die rechte Hirnhälfte im Umgang mit Emotion dominant ist, fließen natürlich akustische und visuelle Sinnesreize in beide Hirnhälften und werden dort verarbeitet. Erst »wenn sich die beiden Hirnhälften über das Corpus callosum unterhalten«, kann sich eine der beiden als dominant durchsetzen. Wenn im Regelfall für den Umgang mit Emotionen die rechte Hirnhälfte zuständig ist und damit ihre Emotionen als außen sichtbares Verhalten zeigt – wie sieht es dann mit den Emotionen der linken Hälfte aus?

Es gibt eine Untersuchung an der Universität München (Pöppel, Störig, Sütterlin), bei der die Reaktion auf Bilder betrachtet wird, deren »optischer Bedeutungsschwerpunkt« (also z. B. ein Liebespaar) asymmetrisch links oder rechts liegt. Dies entspricht in vereinfachter Form dem Versuchsaufbau von Gazzaniga, den ich in Kapitel 1.7 beschrieben habe. Die folgende Beschreibung geht von Versuchspersonen aus, die Rechtshänder mit Sprachzentrum in der linken Hälfte sind. Die Versuche zeigten:

o Linkslastige Bilder (der interessante Bildteil liegt in der linken Bildhälfte), die also in der rechten Hirnhälfte bearbeitet werden,
  + wirken aufregender,
  + sind stärker mit negativen Gefühlen wie Zorn, Angst, Trauer verknüpft.
o Rechtslastige Bilder (also zunächst in der linken Hirnhälfte wirkende Bilder) zeigten
  + eher eine beruhigende Wirkung.

Dies weist auf sehr unterschiedliche emotionale Reaktionen links und rechts hin. (Und wir erhalten einen interessanten Hinweis für Liebhaber von Photos und Bildern: Deren Wirkung ist sehr unterschiedlich, in Abhängigkeit davon, wo der Betrachter einseitiger Bilder sein Sprachzentrum hat! Also gibt es auch nicht nur *eine* Ästhetik, sondern zumindest zwei – im selben Menschen und auch für unterschiedliche Betrachter!)

Wittling und Pflüger von der Katholischen Universität Eichstätt haben in dieser Richtung weitergeforscht. Unter dem etwas abschreckenden Titel »Neuroendokrine Hemisphärenasymmetrien: Speichelcortisol-Sekretion während der lateralisierten Wahrnehmung eines emotional aversiven Films« veröffentlichten sie im Sommer 1989 ein hochinteressantes Ergebnis, das die Unterschiede der emotionalen Reaktionen links und rechts weiter ausleuchtet (17). Die strikt völlig rechtshändigen Versuchspersonen sehen einen emotional widerwärtigen Film. Einem Teil der Versuchspersonen wird der Film in die linke Bildhälfte, dem anderen in die rechte Bildhälfte projiziert, nach demselben Prinzip wie bei Gazzaniga. Eine Hälfte sieht den Film mit der rechten Hirnhälfte, die andere mit der linken. Dazu wird vor und nach der Filmvorführung der Gehalt an Cortisol im Speichel gemessen. Cortisol wird vom Körper ausgeschüttet, wenn die Person neue, ungewisse bzw. angsterregende Information

aufnimmt. Werden linke und rechte Hirnhälften sich beim Sehen des Films im Cortisolausstoß gleich verhalten?
Die Reaktionen sind so verschieden, daß ich Ihnen die Meßkurven in Abbildung 5.2–1 zeige.

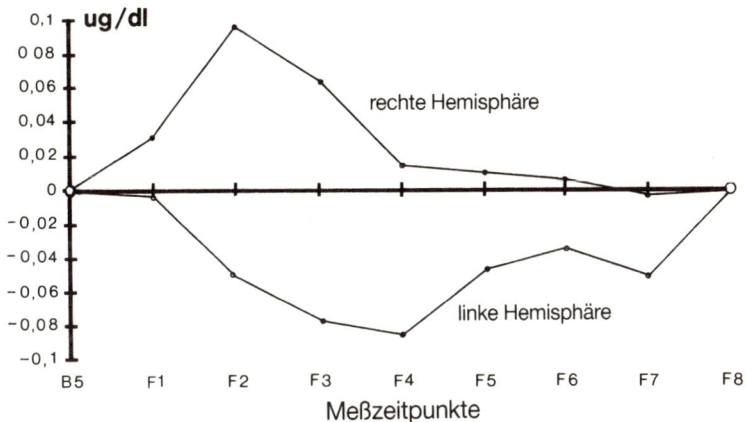

Abb. 5.2–1: Linke und rechte Hälfte zeigen unterschiedliche emotionale Reaktion auf einen Film (nach Wittling und Pflüger).

Das Gesamtergebnis kann vielleicht kurz so beschrieben werden:
– Die rechte Hirnhälfte reagiert durch emotionale Anregung.
– Die linke Hirnhälfte unterdrückt emotionale Anregung.
Diese Ergebnisse stimmen übrigens mit zahlreichen anderen Untersuchungen sinngemäß überein.
Wir können hieraus wohl ableiten, daß
– die rationale linke Hälfte emotional »unterkühlt« reagiert – bzw. sogar mit besonderer »emotionaler Unberührtheit«,
– die intuitive rechte Hälfte über ausgeprägte Gefühle in das Verhalten eingreift.
Dies stimmt mit der klassischen Polarität unterkühlte versus warme Persönlichkeit überein.
Ich glaube persönlich, daß hier auch der Schlüssel für die Auswahl von »gefühllos-rohem« Personal liegt, wie es z. B. in den KZs zum Einsatz kam. Es ist auffällig, daß z. B. Funktionäre, die ausführen, was auch immer »von oben« kommt, typisch limbisch-linkshälftige

55

Dominanzen zeigen – jedenfalls nach dem Instrument von Ned Herrmann (siehe Teil 4).
Rechtshälftiges Fühlen bezieht sich demgegenüber auf Körperbewegung, Tanz, Musik, Zuneigung, Aggression, Liebe, Mitgefühl, Hilfsbereitschaft, Intuition, Ästhetik etc. »Gefühl« ist also für extrem links- bzw. rechtsdominante Personen etwas sehr Unterschiedliches!

6. Der Begriff der Dominanz

In den letzten Kapiteln hatte sich schon der Begriff der dominanten Hirnhälfte eingeschlichen. Um es auf der Basis der Experimente von Gazzaniga zu sagen: Die dominante Hirnhälfte ist diejenige, die sich (öfters bis fast immer) gegen die andere durchsetzt und das gezeigte Verhalten bestimmt bzw. prägt.

In der älteren Literatur, z. B. bei Eccles (7), ist die linke Hirnhälfte ganz eindeutig die »dominante«, die rechte die »subdominante«. Zur Verdeutlichung dieses Standpunkts zitiere ich Eccles: »... tatsächlich zeigt sich, daß die Sprachhemisphäre mit der dominanten Hemisphäre identisch und mit den bewußten Erfahrungen aller Untersuchungspersonen assoziiert ist, sowohl im Hinblick auf das Empfangen von der Welt als auch auf das Handeln. Es gibt somit deutliche Hinweise darauf, daß wir die dominante, d. h. Sprachhemisphäre, mit der erstaunlichen Eigenschaft zu assoziieren haben, bewußte Erfahrungen bei der Wahrnehmung entstehen lassen zu können ...«

Dem ist nicht so, wie wir inzwischen wissen. Experimente wie das Duell der Hände unterstützen diese heute noch oft geglaubte These von Eccles nicht. Auch wenn es für sprachbetont-intellektuelle Menschen sicher attraktiv ist, das »Selbst« zentral mit dem (eigenen) Sprachvermögen zu assoziieren. Aber auch der Eccles wohl nicht bekannte bewußte Umgang mit visuellem Denken, wie ich es Ihnen am Beispiel des Erfinders Tesla vorgestellt habe, spricht gegen das Konzept von Eccles, das »linkshälftig« Sprache und Bewußtsein engstens verknüpft. Wir müssen viel eher davon ausgehen, daß Dominanz im Prinzip zwischen links und rechts wechseln kann – wobei manche Personen in ihrem Hirn die Wahl treffen, bevorzugt linksdominant bzw. rechtsdominant zu sein.

Im Multimind-Modell werden ununterbrochen viele Teilbereiche des Hirns (je nach Aufgabe wechselnd) herangezogen, damit das »Selbst« seine Hirnarbeit leisten kann. Im Modell des zweigeteilten Gehirns gibt es nur zwei solche Hirnbereiche.

Das »Selbst« kann sich also in den Modellen nach Sperry und McLean nicht wie im Multimind-Modell durch eine fast unendliche Zahl von unterschiedlichen Kombinationen von Funktionen der

Hirnbereiche darstellen, sondern nur (graduell) zwischen zwei Funktionstypen wählen. Zur Veranschaulichung Abbildung 6–1.

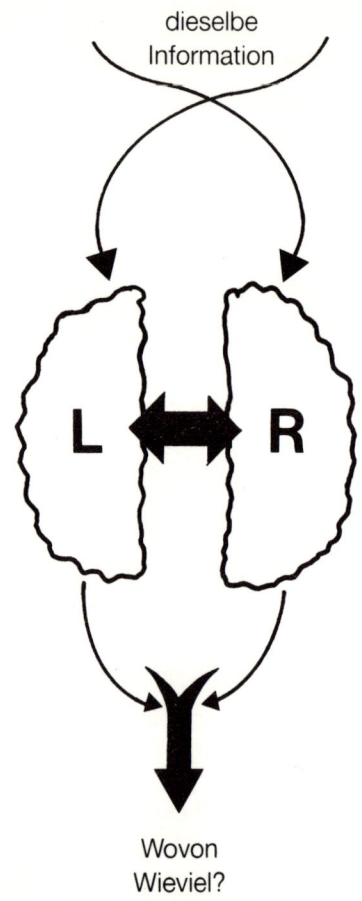

Frage:
Welcher »Computer« hat seinen Beitrag wie stark in eine gemeinsame Lösung eingebracht bzw. sich gegen den anderen mit seiner Lösung durchgesetzt?

Abb. 6–1:   Ein Modell für Hemisphärendominanz

TEIL 2

Von der Hirnforschung zur Anwendung

Vorwort zu Teil 2

Teil 1 stellte die grundlegenden Experimente und deren Interpretation im Rahmen der psychobiologischen Forschung dar.

Teil 2 befaßt sich mit dem Phänomen, daß das ursprünglich psychobiologische Wissen so schnell in die Verhaltenspsychologie und in viele Anwendungsbereiche hineinwuchs. »Linkshälftig« und »rechtshälftig« werden in diesem Kapitel als Denkstile und Lebensformen beschrieben. Ich bemühe mich, den üblich gewordenen erweiterten Begriff der Links-/Rechtshälftigkeit in seinen Inhalten verständlich zu machen.

7. Von Sperry zur Anwendung

Die ersten Schritte, die das Wissen um die Unterschiedlichkeiten der linken und rechten Hirnhälfte populär machten, erfolgten – wie Sie gelesen haben – schon Anfang der sechziger Jahre. Damals entstanden, auf Sperrys Arbeiten und auf zahlreichen Einsichten aus anderen Quellen aufbauend, die ersten Gegenüberstellungen der Verhaltensweisen aus der rechten und der linken Hirnhälfte. Es ist interessant, daß von Anfang an in diesen Darstellungen die Denk- und Arbeitsstile der beiden Hemisphären einander dual gegenübergestellt wurden, und zwar meist als Gegensatzpaare. Offensichtlich wurde von Anfang an der Unterschied in den Denkstilen der beiden Hirnhälften hauptsächlich als gegensätzlich empfunden – und damit war natürlich die Diskussion »links gegen rechts« und »rechts gegen links« vorgezeichnet.

Ich gebe Ihnen im folgenden eine Übersetzung einer englischsprachigen Aufstellung, deren Herkunft ich leider nicht mehr zurückverfolgen kann. Sie ist sehr typisch für die Zuordnung links/rechts, die in den Jahren 1960 bis etwa 1975 entstand:

Nr.	LINKS	RECHTS
1	Intellektuell	Intuitiv
2	Erinnert sich an Gesichter	Erinnert sich an Namen
3	Bevorzugt verbale Anweisungen und Erläuterungen	Bevorzugt Vorführungen, illustrierte oder symbolische Formen
4	Experimentiertechniken sind systematisch und kontrolliert	Experimentiertechniken sind offener für Zufälle und nicht so stark eingegrenzt
5	Bevorzugt Problemlösungen mittels Zerlegung in Teilprobleme mit anschließendem Versuch, die Teilprobleme eines nach dem anderen zu lösen und dabei Logik zu benutzen	Bevorzugt Problemlösungen durch Blick auf das ganze und auf die Konfiguration der Teile. Anschließend Ansatz über Muster, dabei Gebrauch von intuitiven Hinweisen

Nr.	LINKS	RECHTS
6	Bevorzugt »objektive« Beurteilung mit Kriterien außerhalb der eigenen Person; schaut auf die Andersartigkeit des/der anderen	Bevorzugt »subjektive« Beurteilung mit Kriterien, die aus der eigenen Person stammen; schaut auf die Gleichartigkeit, das Gemeinsame
7	Geplant und strukturiert	Fließend und spontan
8	Bevorzugt feststehende, sichere Information	Bevorzugt schwer faßbare, unsichere Information
9	Analytischer Leser	Die ganze Situation vor sich aufbauender Leser
10	Verläßt sich beim Denken und Erinnern primär auf die Sprache	Verläßt sich beim Denken und Erinnern primär auf Bilder
11	Bevorzugt, zu reden und zu schreiben	Bevorzugt, zu zeichnen und zu malen bzw. Objekte zu gestalten
12	Bevorzugt Multiple-choice-Tests	Bevorzugt offene Frage-Antwort-Folgen
13	Bevorzugt Arbeiten und wissenschaftliche Studien in sorgfältig geplanter Form	Bevorzugt Arbeit und Studien mit offenem Ausgang
14	Bevorzugt Strukturen mit hierarchisch gestufter Autorität	Bevorzugt kollegiale und partizipative Leistungsformen
15	Kontrollierte Gefühle	Freierer Umgang mit Gefühlen
16	Akustische und visuelle Reize	Kinesthetische Reize (Körpergefühl, Bewegungsgefühl)
17	Tut sich schwer, Körpersprache zu verstehen	Gut im Verstehen von Körpersprache
18	Reagiert auf Ereignisse in der Außenwelt	Im wesentlichen aus sich heraus handelnd
19	Benutzt selten Wortbilder und Analogien	Benutzt oft Wortbilder und Analogien
20	Logische Problemlösungen	Intuitive Problemlösungen
21	Monovariable Forschung	Multivariable Forschung

Tab. 7–1:   Duale Paare von Denkstilen/Verhaltensformen

Neurophysiologische und psychobiologische Forscher sagen mit Recht: All diese Dinge können wir *so* nicht messen, aber etwas Wahres ist schon daran ... Oder sie stimmen wie Sperry sogar im wesentlichen dieser Sichtweise zu.

Wir stehen hier an der Schwelle des Übergangs von streng kontrollierter Forschung an zum Teil schwer oder noch gar nicht zugänglichen Hirnfunktionen zur Erforschung jedermann einsichtiger und wohlbekannter Verhaltensweisen. Wenn Sperry von der großen Bedeutung seiner Entdeckungen für die bevorstehende Umstrukturierung von Wissenschaft und Ausbildung sprach, dann brauchen wir uns nur die Punkte 3, 4, 5, 6, 7, 8, 10, 11, 12, 13, 20 und 21 in Tabelle 7–1 anzusehen, um zu verstehen, worauf er sich wohl bezogen hat. Wenn Gazzaniga davon berichtet, daß die linke Hirnhälfte ohne Faktenbasis Theorien erfindet, nur um dann aus dieser Theorie heraus »abgesichert« denken zu können, dann verstehe ich, daß Hirnforschungslaien dieses Verhalten trotz ihres Laienstatus an vielen Nicht-Split-Brain-Patienten aus ihrer Alltagswelt wiedererkennen. Daß solche belesenen Laien dann manche Professoren, Experten, Technokraten, Formalisten und Positivisten kurz als Linkshälfter bezeichnen, erscheint aus diesem Blickwinkel also recht verständlich.

Gazzaniga hat zwar recht, daß die beiden Hirnhälften bei gesunden Menschen mit über 200 Millionen »Drähten« miteinander in Austausch stehen und daß damit technisch beste Kommunikationsmöglichkeiten bestehen. Aber es ist damit eben noch keineswegs gesagt,
– daß die Kommunikation links/rechts tatsächlich optimal durchgeführt wird,
– daß die linke Hälfte annimmt und ausspricht, was ihr die rechte zuträgt (und analog vice versa).
Ich erinnere hierzu nochmals an Gazzanigas Experiment, als er über das Duell der Hände/Hirnhälften berichtete, das überzeugend darauf hinweist, daß die beiden Hirnhälften um Dominanz streiten. Technische Kommunikationsmöglichkeit zwischen den Hirnhälften allein besagt noch nicht, daß in einem kooperativen Zusammenhang wirklich Kommunikation stattfindet.

Wenn Sie die vorstehende Tabelle 7–1 betrachten – da bin ich sehr sicher –, werden Sie in Ihrer Umgebung Menschen finden, die mehr zu »links« passen, und solche, die mehr zu »rechts« passen.

Bitte machen Sie sich die Mühe und wählen Sie fünf Personen aus, die Ihnen »sehr links« bzw. »sehr rechts« erscheinen, und schreiben Sie diese Personen namentlich auf:

Name: links?   rechts?

_____   _____   _____

_____   _____   _____

_____   _____   _____

_____   _____   _____

_____   _____   _____

Gehen Sie bitte jetzt noch weiter, und geben Sie jeder Person eine Aufteilung in Prozent, z. B.: »Josef Müller 80 % links, 20 % rechts.« Dann stellen Sie bitte die fünf Namen in einer Reihenfolge in die folgende Liste, so daß die Person mit dem höchsten Links-Prozentsatz oben steht, die mit dem zweithöchsten darunter etc.:

Name   % links   % rechts

1. _____   _____   _____

2. _____   _____   _____

3. _____   _____   _____

4. _____   _____   _____

4. _____   _____   _____

5. _____   _____   _____

Tab. 7–2:   Nach Links-/Rechts-Dominanz geordnete Personen

Ich glaube, daß Sie nach dieser Arbeit verstanden haben, um was es heute im Alltagsgebrauch der Sprache bei der Rede von Links-/Rechtshälftigkeit im Grunde geht.
Ich hatte Ihnen das dreigeteilte Gehirn nach McLean vorgestellt.

Hier wurde der Übergang von McLeans Einsichten in das anwendungsbezogene Schirmsche Struktogramm auf der Basis viel weniger detaillierter Forschungsarbeit gemacht als bei den L/R-Unterschieden. Beachten Sie, daß auch McLean und Schirm davon ausgehen, daß bei den drei Gehirnen »dominantes« Verhalten der einzelnen Gehirnbereiche gegenüber anderen als selbstverständlich angenommen wird. Sie könnten also bei Schirm als Beispiel 60 %, 25 %, 15 % angeben für oben/Mitte/unten.

8. Rechtshälftiges Denken versus linkshälftiges Denken

8.0 Übersicht

Die Tabelle 7–1 bildet einen guten Schlüssel zum näheren Verständnis der LINKS-/RECHTS-Diskussion. Ich möchte sie nun Punkt für Punkt mit Kommentaren durch diese Liste führen. Ich halte mich dabei an die in der Literatur weitverbreitete Diktion.

8.1 Intellektuell versus intuitiv

Personen, die auf ihre Intellektualität stolz sind, schauen oft mit einem gewissen Mitleid auf die Intuitiven oder gar auf die »mit dem Bauch Denkenden«. Intuitiv zu sein, für Meinungen keine Begründungen zu haben, auf einen Instinkt oder gar ein Gefühl zu verweisen, sind für den Intellektuellen Anzeichen von geistiger Verirrung. Schlimm, wenn jemand »mit dem Bauch denkt«, also nicht mit dem Kopf argumentativ, sondern mit den Gefühlen, die man bekanntlich besonders im Bauch wahrnimmt.

Dem Intuitiven wiederum ist es oft so selbstverständlich, auf seine Eingebungen und gefühlsmäßigen Hinweise zu achten, daß er mitunter Fakten als überflüssigen Aufwand und formales Überlegen als vertane Zeit ansieht.

Intellektualität wird aus dieser Sicht dann u. a. zum Kennzeichen des Geistes, der Probleme korrekt löst, die keiner wirklich hat – das ist ein boshafter Kommentar von »rechts« ...

Für Intellektuelle ist es oft geradezu unverständlich, wie hochgradig Intuitive trotzdem, und oft sogar gut, überleben können. Intuitive verstehen oft nicht, wieso man sich mit so vielen Fakten belasten muß, die doch nur vom Wesentlichen ablenken.

Ich möchte darauf hinweisen, daß es Menschen gibt, die beide Denkformen glücklich miteinander verbinden können, und solche, die sich situativ für beschränkte Zeit nach der einen oder anderen Seite verlagern können.

Nun analysieren Sie bitte bei sich selbst, ob Sie mehr intellektuell oder mehr intuitiv sind. Sammeln Sie bitte in der folgenden Liste links Eigenschaften/Argumente, die dafür sprechen, daß Sie »intellektuell« sind. Schreiben Sie rechts entsprechende Hinweise dafür auf, daß Sie »intuitiv« sind. Sie können dazu auch Beispiele aus Ihrem Leben verwenden.

Eigenschaften/Argumente
für

intellektuell   intuitiv

_____   _____

_____   _____

_____   _____

Tab. 8.1–1:   Bin ich intellektuell oder intuitiv?

Trauen Sie es sich jetzt zu, festzustellen, ich bin z. B. X % intuitiv – Y % intellektuell? – Dann tun Sie es!

8.2 Erinnern an Gesichter – Erinnern an Namen

Diese Dichotomie bezieht sich darauf, daß das verbale System links die Namen parat hält, das visuelle System rechts dagegen Bildvergleiche durchführt und mit den Ergebnissen bildhaft weiterdenkt.
Wären beide Seiten gleich gut im Umgang mit verbalen bzw. visuellen Erinnerungen und mittels Informationsaustausch über das Corpus callosum in bester Kooperation, so sollte eigentlich Bilderinnern und Worterinnern gleichmäßig miteinander einhergehen. Aber wir wissen, daß A sich z. B. genau erinnern kann, daß auf einer Besprechung vor einem Jahr ein Herr Dr. Steinmüller die Firma Elektrosoft vertreten hat, wie es ja auch im Protokoll steht, aber er würde ihn am Bahnhof nie wiedererkennen. Und ich hörte von dem Fall des Herrn aus Süddeutschland, der in Brüssel am Flughafen einen ihm irgendwie bekannten Herrn im Warteraum trifft. Schließlich fragt er ihn auf englisch, er kenne ihn irgendwoher; es stellt sich heraus, daß es der Münchner Oberbürgermeister ist ...

Stellen Sie sich jetzt selbst die Frage: Erinnern Sie sich besser an Namen oder an Gesichter?

8.3. Verbale Erläuterungen versus visuelle und symbolische Erläuterungen

Viele von uns kennen inzwischen aus der beruflichen Erwachsenenbildung das Wort: »Ein Bild sagt mehr als 1000 Worte.« In unserer Wirtschaft wird in den letzten 15 Jahren zunehmend (und mit Recht) gepredigt, mehr visuelle Elemente bei Präsentationen und Vorträgen zu verwenden. Dahinter stehen drei wichtige Dinge.

a) Aus der Anregung, mehr Bildelemente statt nur Worte bei Präsentationen/Erläuterungen/Lehrveranstaltungen zu verwenden als heute üblich, geht hervor, daß unsere Gesellschaft das Wort bevorzugt. (Dies stimmt damit überein, daß unserer Gesellschaft heute oft der Vorwurf gemacht wird, linksdominant zu sein.)

b) Bilder werden in der Welt der Erwachsenen oft als »Spielkram« behandelt. Ich erinnere mich an den Datenverarbeitungsmanager, der früher bei einem weltweiten deutschen Hersteller für die Konkurrenzbeobachtung zuständig war. Wir unterhielten uns über verschiedene Formen des Denkens. Er zog mich dann zu einem damals noch sehr teuren graphisch-farbigen Bildschirm und zeigte mir ein neues Computerspiel, das er mit Faszination spielte. Beim Abschied sagte er dann: »Wissen Sie, den größten beruflichen Fehler meines Lebens habe ich gemacht, als ich auf einer Messe war und dort den ersten Macintosh gesehen habe.« (Zur Erläuterung: Der Macintosh-Personal-Computer benutzte erstmals zur Ablaufsteuerung nicht Worte, Buchstaben und Sonderzeichen, sondern Symbol-Bilder. Statt also, wie in der Datenverarbeitung üblich, z. B. zum »Löschen« einer Information DELETE (= Löschen) einzutippen, benutzte der Macintosh auf dem Bildschirm einen symbolischen Papierkorb.) »Ich habe die Bildchen gesehen und dann in meinem Bericht geschrieben: Spielzeug für Kinder.« Der Macintosh wurde der Stammvater einer neuen Generation benutzerfreundlicher Systeme – auf Jahre von dem betreffenden Unternehmen nicht rechtzeitig bemerkt.

c) Tatsächlich ist es so, daß beide Hirnhälften Bildinformation aufbereiten und erkennen können. Die Bearbeitung visueller Information jedoch, das Wechselspiel von Erkennen und Konstruieren von Bildern sowie die Umsetzung von Bildinformation in Handlung nach außen sind Stärken der rechten Hälfte.

Übertragen wir dies auf den Bereich des Lehrens und Lernens. Stark wortorientierte Lehrer/Vortragende enthalten bildorientierten Schülern/Zuhörern wichtige Informationen vor, die zum erfolgreichen Auffassen und Lernen wichtig wären. Die wortorientierte Unterrichtung, die ganz einseitig die linke Hirnhälfte fordert, ist übrigens auch mit den Ursachen der Legasthenie eng verknüpft. Ähnliches gilt für das oft beobachtete Phänomen, daß junge Schulbesucher, die anfangs begabt zeichneten oder malten, dieses Talent dann irgendwann im Alter zwischen 8 und 14 Jahren verlieren oder vergessen. Die wortbezogene und faktenorientierte Dominanz »linkshälftiger« Erziehung führt so oft zur Zudeckung von »rechtshälftigen« Qualitäten, so daß aufgrund dieser Erkenntnisse inzwischen z. B. der kalifornische Staat durch Schulgesetz für eine ausgewogenere Erziehung eintritt. Ich habe, als Beispiel zu diesen Veränderungen, in den USA bei einem Training die Schulpflegschaftsvorsitzende eines großen Schulkomplexes in Salt Lake City kennengelernt, die gerade damit begann, von der Leitung her die gezielte und engagierte Öffnung für mehr rechtshälftige Lehrformen einzuleiten.

8.4 Systematisch kontrolliertes Experimentieren versus Experimentieren mit mehr Freiheitsgraden

Im vorigen Jahrhundert fuhren Forscher den Kongo hinunter und hofften auf reichhaltige Ergebnisse für den Fall, daß sie mitsamt den eingesammelten Beweisstücken die Reise überleben würden. Ihre Übernahme von persönlichem Risiko war ebenso extrem »rechtshälftig« wie ihre Forschungsmethode. Sie waren sicher, neue Schmetterlinge, Baumarten, Mineralien, Negerstämme und Flüsse zu entdecken – sie waren offen für das, was ihnen entgegenkommen würde. Heute würde man solche Reisen von der Forschungsbürokratie kaum mehr finanzieren. Heute muß im Regelfall eine hochdetaillierte Beschreibung des Forschungsprojekts geliefert und von Kollegen-Experten abgesegnet werden, ehe es Geld gibt. Es fehlt dabei nur noch, daß auch die zu erwartenden Forschungsergebnisse möglichst schon exakt vorherzusagen sind ... das würde man dann als »linkshälftiges Experimentieren« bezeichnen, mit engstens und genauestens festgelegten Experimentierbedingungen und vorher exakt festgelegten Fragestellungen.

Wer ist der bessere Forscher? Der Kongofahrer oder der beamtete Biologe, der zehn Jahre lang die Reizleitung in den Augennerven von Elritzen (kleiner Süßwasserfisch) untersucht und dabei vor allem den Einfluß der Umgebungstemperatur zwischen 0 und 6 Grad Celsius betrachtet? Ich kann es Ihnen nicht beantworten. Aber Sie und ich sind bestimmt sehr sicher, daß es zwei ganz verschiedene Menschentypen sind, die so unterschiedliche Arten wissenschaftlicher Arbeit leisten. Meinen Sie, die beiden würden miteinander tauschen wollen?

Wir sollten festhalten, daß heute linkshälftiges Forschen in beamteter Umgebung stark dominiert. Rechtshälftige Jungforscher brauchen eine gute Portion Glück, um einen Institutschef oder Arbeitgeber zu finden, der sie akzeptiert oder gar fördert. Hier liegt ein schon von Sperry angesprochener Schlüssel zur Reformation des Forschungsbetriebs.

8.5 Das Teil und das Ganze

Es wird als »linkshälftig« bezeichnet, ein komplexes Problem in Teilprobleme zu zerlegen und diese dann eines nach dem anderen zu lösen. Dahinter steckt der heute inzwischen vielfach bezweifelte Grundsatz, daß das Ganze für praktische Zwecke als eine Art Summe seiner Bestandteile zu begreifen sei. Menschen, die extrem nach diesem Denkmuster vorgehen, wirft der Volksmund vor, sie würden den Wald vor lauter Bäumen nicht mehr sehen.

Entsprechend arbeitet extrem rechtshälftige Problemlösung mit der Vision des Ganzen, das sich aus Teilen konfiguriert. Gefühle sagen, ob das Ganze wirklich funktioniert. Hierher gehören typisch die hochkreativen Problemlösungen. Als Beispiel der Chemiker Kékulé, der im vorigen Jahrhundert nach der Struktur des Benzolmoleküls C_6H_6 suchte. Er träumte nach langem Suchen und Nachdenken schließlich von einer Schlange, die sich in den Schwanz biß. Er deutete seinen Traum und erkannte eine Struktur: einen Ring. Die Struktur des Benzolrings war gefunden. Ganzheitlich, als Ganzes, als Muster, visuell.

Beachten Sie aber auch einen alten Psychologenwitz über eine Banane. Ein tiefer Denker hatte im Traum endlich alle Rätsel des Universums gelöst, und er schaffte es, das Wichtigste auf ein Papier zu kritzeln, ehe der Traum verblaßte. Am nächsten Morgen liest er: »Eine Banane ist eine Banane ...«

Ich gebe Ihnen für teilbezogenes und ganzheitliches Denken noch ein Beispiel aus dem Flugzeugbau. Ganz am Anfang des Jet-Zeitalters gab es ein französisches Flugzeug, die Caravelle, und die Boeing 727. Das Verhalten bei Start und Landung war bei beiden Modellen grundverschieden. Die Caravelle, obwohl auch schon mit veränderbaren Tragflächenprofilen ausgerüstet, startete wie die Propellermaschinen: rollen, beschleunigen, abheben und dann langsam immer schneller werden, allmählich immer schneller aufsteigen und stetig Höhe gewinnen. Die Boeing 727 dagegen stieg, wie es heute alle Jets tun, von der Startbahn weg steil auf und gewann schnell Höhe, ohne sehr zu beschleunigen. Dann legte sie sich flach, zog das ausgefahrene Startklappenprofil ein und beschleunigte in den mäßigen Steigflug. Ganz offensichtlich hatten die Amerikaner nach dem Denken von Operations Research den Start in drei Teilphasen zerlegt: 1) anlaufen bis abheben, 2) schnell steil aufsteigen und Höhe gewinnen, 3) flacher Steigflug bis zur vollen Flughöhe. Die Franzosen dagegen waren das Problem wie zu Zeiten der Gebrüder Wright als ungeteiltes Ganzes angegangen. Hier zeigt sich die Überlegenheit der »linkshälftigen« Lösung, die erkennbar auf analytische Teillösungen zurückgeht.

Zum Schluß noch eine Geschichte über Heisenberg. Es wird berichtet, daß er auf der letzten Nobelpreisträgertagung in Lindau vor seinem Tod einen Vortrag über die neueste Theorie der Quarks gehört hatte. Die Quarks als superkleine Teilchen sollten den Zusammenhang von Welt und Materie erklären. Der alte Herr Heisenberg stand dann, Berichten zufolge, auf und sagte: »Ich glaube nicht an die Bedeutung der Quarks. Für mich steht in der Weltordnung die Symmetrie (der mathematischen Formen) über den Partikeln.« Das war rechtshälftig! Er spielte übrigens zu Hause Oboe.

8.6 Subjektives versus objektives Urteil

Betrachten wir einen armen, notleidenden Mitbürger. Wenn er zum Sozialamt geht, muß er eine Fülle von Fragen beantworten. Der Sachbearbeiter prüft dann 1) anhand von beizubringenden Dokumenten den Wahrheitsgehalt der Aussagen des Bedürftigen, 2) berechnet aufgrund der Daten im Antrag und mit einer von der Sozialbehörde erstellten Berechnungsvorschrift, ob und wieviel Sozialhilfe er zur Anweisung bringt. Der Sachbearbeiter handelt nach Kriterien, die so gut wie 100%ig außerhalb seiner Person liegen. Er hat, wie die Ausführungsrichtlinien besagen, »objektiv« zu sein. Solches Handeln nach »objektiven« Kriterien wird als »linkshälftig« bezeichnet.

Wenn demgegenüber ein Bürger an mehreren Bettlern vorbeigeht, dem einen fünf Mark gibt und den anderen nichts, dann hat er vermutlich aus in seiner eigenen Person liegenden Gründen gehandelt. Wir sehen also, daß unser Sozialsystem eine »linkshälftige Version« von praktizierter Nächstenliebe ist. Der vermutlich aus persönlichem Mitgefühl handelnde Bürger, der aus eigenem Antrieb, ohne Verpflichtung und Anspruch, zu dem Urteil »hilfsbedürftig – geschenkberechtigt« kommt, wird als »rechtshälftig Urteilender« bezeichnet.

Heiß wird diese Unterscheidung bei der Betrachtung der Personen des 20. Juli. Die Richter des Dritten Reiches verurteilten die Widerständler nach geltendem Recht zum Tode, bezogen also ihre Kriterien nach geltendem NS-Recht von außen. Für die Richter war dies nach deren eigenen Einlassungen Recht, da Recht ja Recht war und sie nach dem geltenden Recht korrekt und fehlerfrei urteilten. Dies nennt man »linkshälftiges Urteilen«. Stauffenberg und seine Mitverschworenen konnten sich auf keine äußeren Kriterien berufen. Ihnen blieb nur ihr Gewissen vor sich selbst, vor Gott und ihrem Vaterland, auf das sie sich stützen konnten. Wir kennen diese Polarität zwischen Verpflichtung gegenüber »objektivem Recht« und Gebundenheit an »subjektives Recht« seit der Tragödie der Antigone, über den Prinzen von Homburg und den Michael Kohlhaas bis zum heutigen Zerrbild der Auseinandersetzungen zwischen Autonomen und Innenministern mit den von beiden Seiten gebrauchten Argumenten.

Es ist interessant, daß z. B. auch das deutsche Recht, zwar schwächer als das skandinavische, den Schiedsmann kennt, der nicht zur objektiven Befolgung geltenden Rechts gezwungen ist, sondern auf subjektivem Lösungsansatz zu einer Entscheidung kommen kann. Dies wäre also ein »linkshälftiges« allgemeines Rechtssystem mit einer zwar ziemlich bedeutungslosen, aber doch vorhandenen Ausstülpung in das mehr »rechtshälftige«.

Zuletzt möchte ich noch Kant zitieren. Er spricht von »den Sternen über mir und dem Gesetz in mir«. Er kombiniert ein Wortbild (rechtshälftig) mit einem subjektiven (rechtshälftigen) Gesetzeskonzept.

8.7 Pläne und Strukturen versus spontan und fließend

Typisch für linkshälftige Planung sind z. B. alle Abläufe, wie wir sie aus der betrieblichen Produktion und aus behördlicher Arbeit kennen. Diese laufen nach weitgehend festgelegten Strukturen ab. Deswegen gilt »Administration« als klassisch linkshälftig. Linkshälfter in einer ungeplanten, unstrukturierten Situation fühlen sich oft unwohl.

Es gibt Manager, die mittels Zeitplanung ihren Arbeitstag detailliert und fast minutengenau vorherplanen, und das auf Wochen im voraus. Wenn ein Manager in einem weitgehend feststehenden Rahmen seine Arbeit mittels Gesprächen und Berichten abwickelt, kann das ein gutes Skelett für seine Arbeit sein.

Für andere Manager ist diese Art von Zeitmanagement undenkbar. Sie fühlen, daß sie auf alle wichtigen Ereignisse flexibel eingehen müssen. Prioritäten sind gut – aber Prioritäten müssen sich je nach situativer Anforderung verändern lassen. Und es gibt genügend Management-Tätigkeiten, insbesondere bei anspruchsvoller Projektarbeit, die in der Zeitplanung des Managers äußerste Anforderungen an dessen spontane Wahrnehmung und Flexibilität stellen.

Wir haben hier offensichtlich zwei sehr verschiedene Managertypen vor uns – mehr »linkshälftige« und mehr »rechtshälftige«. Und beide haben unterschiedliche Einsatzgebiete. Die Anforderungen an einen abwickelnden Manager sind anders – nicht besser, nicht

Abb. 8.7–1: Planung

schlechter – als an den Projektmanager oder strategischen Gestalter.
In Abb. 8.7–1 zeigte ich Ihnen eine Karikatur, die dieses Thema beschreibt. Es ist sicher kein Zufall, daß diese aus der Mitte der achtzi-
ger Jahre stammende Karikatur aus Polen kommt, einer unter zen-

tralistischer Bürokratie und Funktionärstum leidenden Gesellschaft. Wir können hier sehen, wie die Kultur eines Staates durch eine in ihr bevorzugte Denkstilart beschrieben wird.

8.8 Sichere versus unsichere Information

Dieses Thema hat viel mit Gazzanigas Versuchen zu tun, die aufzeigen, daß die linke Hirnhälfte dazu neigt, Theorien zu erfinden, um einfacher zu Erklärungen zu kommen.
Den für linkshälftiges Denken typischen Umgang mit Information habe ich in der folgenden Abb. 8.8−1 dargestellt.

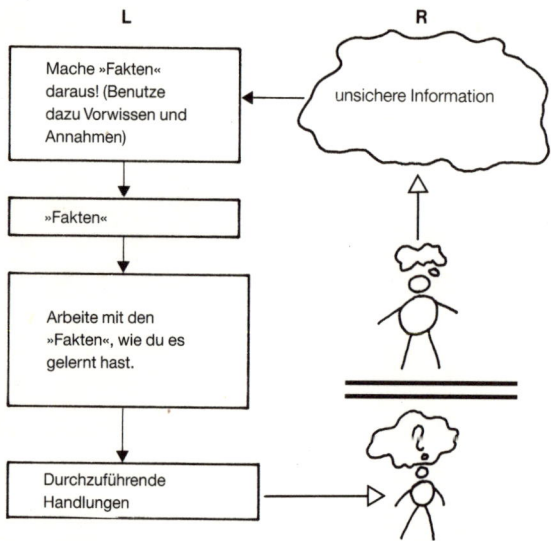

Abb. 8.8−1: Linkshälftiger Umgang mit unsicherer Information

Ich hörte zum Thema Umgang mit unsicherer Information folgendes Beispiel. Vor dem Ersten Weltkrieg plante der deutsche Generalstab den Frankreichfeldzug. Als Annahme für die Planungsarbeiten wurde eingeführt, daß Belgien sich nicht am Krieg beteiligen würde, daß also beim Marsch auf Paris in kürzester Zeit die französische Grenze erreicht würde. Damit war die Planungsgrundlage klar, darauf wurde der Invasionsplan aufgebaut. Belgien jedoch trat in den

Krieg ein – die gesamte Generalstabsplanung war Makulatur, mit schwersten Konsequenzen.

Ich erlebte bei meiner früheren Arbeit im Bereich Software-Entwicklung immer wieder Vergleichbares, wenn es um die meist recht unscharfen Vorstellungen des Bedarfsträgers geht, der sich zum Auftrag für eine maßgeschneiderte Software entschließt und dann ein Produkt bekommt, wie es der an programmierbaren Vorgaben interessierte Analytiker als Anforderung verstanden hat. Ich werde dieses Beispiel später genauer betrachten.

Für manche Menschen dagegen ist unsichere Information attraktiv, z. B. für den Kongofahrer mit spärlichen Landkarten, der die Gelegenheit sieht, über einige neue Wasserfälle zu berichten. Unternehmer leben geradezu vom Umgang mit unsicherer Information. Sie investieren in zukünftige Produkte und Märkte, die sie bestenfalls ahnen, aber nie und durch nichts logisch beweisen können. Künstler und Buchautoren wissen meist nicht, was auf dem anfangs noch leeren Blatt stehen wird.

Bei Rechtshälftern drückt sich die Bevorzugung unsicherer Information oft durch tiefe Langeweile/Frustration aus, wenn sichere Information, wie z. B. die für eine Steuererklärung, sauber nach den Regeln zusammengetragen und ausgewertet werden muß.

Wir erkennen hier den Hinweis, daß es Situationen gibt, die durch sichere Information geprägt sind – und andere Situationen sind durch unsichere Information charakterisiert. Linkshälfter bevorzugen die eine Form, Rechtshälfter die andere. Linkshälfter fordern deswegen oft Berge von Fakten (die sie nie verarbeiten können), Rechtshälfter dagegen ignorieren oft die verfügbaren Fakten (die ihnen helfen könnten).

8.9 Die verschiedenen Arten zu lesen

Analytisches Lesen nimmt die einzelnen Aussagen wahr, die im Text stehen, und merkt diese. Dem gegenüber stehen die Leser, die beim Lesen in eine andere Welt eintauchen und dort mit allen inneren Wahrnehmungen leben und erleben. Wir kennen dies insbesondere bei Kindern, die so in den Text versinken, daß sie nicht mehr ansprechbar sind und wie aus einem Traum aufwachen.

8.10 Worterinnern – Bilderinnern

Am Beispiel mit dem kleinen Einmaleins werden Sie auf Menschen gestoßen sein, die das früher gelernte Rechenergebnis im Inneren »hören«, und auf solche, die es »sehen«. Diese Art von Unterschied ist hier gemeint. (Allerdings spielt es beim kleinen Einmaleins eine wichtige Rolle, ob man es als Erstkläßler gelernt hat, indem die Klasse das Einmaleins immer wieder vor sich hingesprochen hat, oder ob es beim Üben visuell an der Tafel stand bzw. oft abgeschrieben wurde).

Es gibt Menschen mit ungeheurem Bilderinnerungsvermögen, die z. B. eine Person wiedererkennen, die sie vor zehn Jahren einmal für fünf Minuten gesprochen haben – damals mit Haaren auf dem Kopf und ohne Bart, heute mit Bart und Glatze ... Und es gibt Verbalerinnerer, die ellenlange Gedichte noch 50 Jahre nach der Schulzeit aufsagen können. Und Juristen, die Verträge fast wörtlich aus der Erinnerung zusammenbringen. Worterinnern ist linkshälftig, Bilderinnern rechtshälftig.

8.11 Lieber mit reden erklären – lieber zeichnen, zeigen und vormachen

Es gibt Menschen, die stundenlang über komplizierte Dinge reden können, ohne ein einziges Bild zu zeigen oder selbst gar etwas zur Erläuterung zu zeichnen.

Ich kenne den Besprechungsraum einer Wirtschaftsprüfungs- und Treuhandkanzlei. Dort steht natürlich auch ein Flip Chart mit Farbstiften, wie es sich gehört. Aber – wenn man nach sechs Monaten wiederkommt, stehen immer noch dieselben Texte darauf. Keiner nutzt das visuelle Darstellungs- und Erklärungsmittel. Keinem fällt auch nur auf, daß der alte Text dort immer noch steht. Offenbar sind dort alle – wie in diesem Berufsstand üblich – so wortorientiert, daß sie visuelle Darstellungsmöglichkeiten gar nicht wahrnehmen. Klassische Vorträge laufen nach genau diesem rein verbalen Muster ab. Eine verbal-linkshälftige Gesellschaft stellt so sicher, daß Rechtshälfter schnell den Faden verlieren, weil sie den endlosen Wortschlangen nicht folgen können bzw. wollen.

Umgekehrt ist es für Rechtshälfter typisch, Bilder zu benutzen und mit Zeichnungen zu erläutern – auch mit Gestik in der Luft.

8.12 Multiple-choice versus offene Fragen

Ich erinnere mich noch gut, daß ich mein gesamtes Hauptexamen als Physiker so aufgebaut habe, daß ich nur mündliche Prüfungen hatte. Dies gab mir den Raum, den ich brauchte, um auf Fragen einzugehen. Ich bin gut damit gefahren und weiß heute, daß ich damals schon intuitiv für mein Denkstilprofil das Richtige gewählt hatte.

Linkshälfter merken sich, was richtig und was falsch ist – nicht so sehr, was wie in welchem Kontext welche Bedeutung hat. Daher fällt es ihnen leicht, Multiple-choice-Fragen auf Anhieb zu beantworten, während Rechtshälfter ihr Wissen erst einige Male hin und her drehen müssen, ehe sie die zum Ankreuzen richtige Antwort ausgedacht haben. Linkshälftigen Prüfern fällt es natürlich leicht, das Faktenwissen, das für sie wichtig ist, in Multiple-choice-Form zu stellen.

Als Fazit können wir anläßlich der vielen heutzutage üblichen Multiple-choice-Tests feststellen:
- Sie sind von Linkshälftern für Linkshälfter gemacht.
- Sie benachteiligen Rechtshälfter, die selbst bei vollständigem Wissen zusätzliche Zeit benötigen, um ihr Wissen für die Multiple-choice-Antwort aufzubereiten.
- Multiple-choice ist nur bei einer Gruppe linkshälftiger Prüflinge »objektiv« – also in seinem kognitiven Objektivitätsanspruch eine Farce.

8.13 Verschiedene Arten von wissenschaftlicher Arbeit und Studien

Rechtshälftige Wissenschaftler erfinden und entwerfen Modelle und neuartige Versuche. Linkshälftige verifizieren, testen, verbessern, vergleichen und bewerten Modelle; außerdem sammeln sie die Fakten, die sie zur Anwendung der Modelle brauchen.

Eine Untergruppe der Linkshälfter befaßt sich damit, Modelle zu benutzen und Experimente durchzuführen.

Rechtshälfter arbeiten, im Gegensatz zu Linkshälftern, auch mit Modellen, die Gefühle, Motivation, menschliche Werte und menschliches Verhalten betreffen. Sie akzeptieren dabei z. T. auch Modelle, die sich jeder Quantifizierung entziehen. Linkshälfter bevorzugen Modelle und Verfahren, in denen berechnet, optimiert und entschieden werden kann.
Mehr über dieses Thema finden Sie in (18).

8.14 Hierarchie versus Partizipation

Es wird gesagt, daß seit etwa 1970 der hierarchische Führungsstil zunehmend durch den moderneren Führungsstil der Einbeziehung in die Verantwortung und Gestaltung abgelöst wird. Eine spitze Formulierung nennt das auch die Demokratisierung der Wirtschaft. Die hierarchische Führung vertritt das (limbische) Prinzip der Führungskompetenz aufgrund der Position. Wichtigstes Prinzip der hierarchisch-linkshälftigen Führung ist das Aufstellen, Kontrollieren und Durchsetzen von Regeln.
Das dramatische Umkippen von hierarchischem zu partizipativem Stil konnten wir gerade in der DDR erleben. Der Prozeß selber, die Verschiebung von linkshälftigen Prinzipien zu rechtshälftigen, ist jedoch weltweit auf allen Führungsebenen zu beobachten.

8.15 Kontrollierte Gefühle versus offener Umgang mit Gefühlen

Sie kennen die alte Formel: Ein Mann zeigt keine Tränen – Frauen dürfen weinen. Das Linkshälftig-(traditionell-)Männliche verbirgt Gefühle, die rechtshälftigen Frauen demonstrieren Gefühle.
Wenn Sie den Pantomimen Sammy Molcho betrachten, der mittels Körpersprache so vieles verdeutlicht, dann sehen Sie einen sicher sehr rechtshälftigen Meister des Ausdrucks (und einen für deutsche Verhältnisse atypischen Mann). Wenn Sie in der Fernsehserie »Dallas« den stets etwas hölzernen und gefühllosen Mr. Ewing sehen, dann ist er der zugehörige Linkshälfter.

8.16 Auditives versus Kinästhetisches

Körpergefühl, wie es z. B. bei Tanz, Yoga und der Dynamik des Ski-
fahrens benötigt wird, zählt zur rechten Hälfte. Und genauso die
Sensibilität für die Reize, die bei solchen Tätigkeiten auf den Körper
einwirken, ebenso wie die sensorischen Reize bei Massage, Zärt-
lichkeit und Schwimmen in der Brandung. Ebenso Gerüche und Ge-
schmack.
Stark auf Sprache ausgerichtete Personen haben oft Schwierigkeiten
mit einer sensiblen kinästhetischen Wahrnehmung.

8.17 Körpersprache verstehen

Linkshälfter sind nicht nur karg in ihrer Körpersprache (s. Kapitel
8.15). Sie haben es auch schwer, Körpersprache zu verstehen. Ihnen
entgehen daher viele zwischenmenschliche Situationen, die durch
Körpersprache ausgedrückt, aber nicht in Worten gesprochen werden. Dazu zählen auch linkshälftige Vortragende, die nicht bemer-
ken, daß das Publikum längst aufgegeben hat.
Die Fähigkeit, die stummen Signale der Körpersprache zu verstehen,
ist ein wichtiges Element von sozialer Kompetenz, die bei Rechtshälftern häufiger zu finden ist.

8.18 Endogene versus exogene Stimulation

Hinter diesen beiden Werten verbirgt sich die Neigung der Linkshälfter, als Realisten auf die Außenwelt einzugehen, also auf An-
stöße aus der Außenwelt zu reagieren. Rechtshälfter werden dagegen mehr durch innere Motivation angeregt, im Äußeren tätig zu
werden. Rechtshälftern kann es also geschehen, daß sie wichtige An-
stöße verträumen oder übersehen. Demgegenüber gilt im schlim-
men Fall für Linkshälfter, daß sie vor lauter reaktiver Aktivität aus
dem Auge verlieren, was eigentlich insgesamt um sie herum geschieht.

8.19 Wortbilder

Jesus sprach in Bildern und Gleichnissen, also rechtshälftig. Linkshälftige Kritik an dieser Sprachform heißt: »Nun werden Sie doch bitte konkret! Worüber reden Sie eigentlich?«
Zu den Wortbildern zählen auch die Analogien. Haben Sie nicht auch schon erlebt, daß jemand nach einem bildhaften Beispiel genau an der Stelle anfängt zu argumentieren, die zum Sinn des Beispiels gar nichts beiträgt? Analogien sind eine typisch rechtshälftige Form der Verständigung, die von vielen linkshälftig Deutenden nicht angenommen wird.

8.20 Logik und Intuition

Logik ist dann zu verwenden, wenn Fakten bekannt sind und außerdem aus einer Theorie abzuleiten ist, was aus welchen Fakten zu schließen sei. Das Auftreten von Intuition wird meist als »Idee, zusammen mit einem leisen Gefühl« beschrieben. Intuition liefert oft ohne jeden erkennbaren Zusammenhang Ergebnisse.
Rechtshälftige Intuition kommt ohne Theorien und ohne genaue Berücksichtigung von Fakten zu Ergebnissen. Das beste Modell ist wohl ein unbewußter, meist visueller Denkprozeß, der parallel und im Hintergrund abläuft. Hat der entstandene Beitrag der rechten Hälfte die Chance, ins Bewußtsein vorzudringen, so kommt es zur Intuition. Intuitive Wahrnehmung ist trainierbar.
Linkshälfter haben die Schwäche, auch dann logisch arbeiten zu wollen, wenn die Situation dazu nicht taugt, wenn also keine Fakten vorliegen und auch keine klaren Kausalitäten da sind. Rechtshälfter mißachten oft verfügbare und zur Problemlösung wichtige Information, da sie sich auf ihre Intuition verlassen.

8.21 Monovariable versus multivariable Forschung

Viele Variablen machen eine Situation komplex und undurchsichtig. Linkshälfter neigen dazu, durch Annahmen und Reduktion zu möglichst einfachen kausalen Beziehungen zu kommen. Rechtshälfter akzeptieren die Komplexität, auch wenn sie damit nicht zu einfachen »praktikablen« Lösungen kommen.

Der Kampf der Ökologen und systemischen Denker (multivariables Rechtsdenken) mit den »Lineardenkern« ist heute ein aktuelles Beispiel.

9. Kreativität

> Das Dilemma mit der Kreativität: Im Rückblick
> ist jede brauchbare kreative Idee ganz logisch.
>
> Willis Harmon

Ned Herrmann hat in seinen Seminaren vielen hundert Personen die Aufgabe gestellt, zu beschreiben: »Wer ist für Sie die kreativste Person, die Sie kennen – und wieso?« Ich gebe zwei Antworten wieder, die von Ned Herrmann ausgesuchte »linkshälftigste« und die »rechtshälftigste« (19).

> Extrem links: »Ich kann mich nicht erinnern, jemals in meiner beruflichen Laufbahn eine Person gesehen zu haben, die ich für kreativ gehalten hätte. Meine Kenntnis über eine kreative Person wird am besten beschrieben durch das, was ich von einigen Universitätsprofessoren gehört habe.«
>
> Extrem rechts: schreibt ein Gedicht aus acht vierzeiligen Versen, sehr schön, sehr gefühlvoll, sehr poetisch, aber es steht nicht viel darin, das sich auf eine bestimmte kreative Person bezieht ...

Die Wahrnehmung über das, was kreativ ist, hat sehr viel mit der Person zu tun, die sich über Kreativität äußert. Offensichtlich ist Kreativität für verschiedene Personen etwas sehr Verschiedenes. Schauen wir uns das näher an.

Ornstein (14), selbst Universitätsprofessor in Stanford, schreibt zum Thema Intuition, das auf das engste mit Kreativität verknüpft ist: »... es ist in der akademischen Wissenschaft nicht gerade populär, dies (= Intuition) als eine Fähigkeit zu bezeichnen, aber diese Fähigkeit ist in der akademischen Welt auch nicht gerade ausgeprägt ...«

Halten wir uns an das Schema von »linkshälftigem/rechtshälftigem Denken«, so ist die Wissenschaft allgemein, wie auch das Ingenieurwesen und die Betriebe, im wesentlichen als linkshälftig einzustufen. Als linkshälftiger Forscher hat man also wenig persönliche Erfahrung mit Intuition und Kreativität. Also kann man diese wenig bekannten Fähigkeiten bei der eigenen Arbeit kaum nutzen und kann vor allem – mangels »natürlichem Verständnis« – nicht über

Kreativität und Intuition in der gewohnten linkshälftigen Weise forschen. Diese Situation ist ein Grund für die inzwischen vielfach erkannte Problematik der Selbstblockierung in Wissenschaft und Wirtschaft.

Die Beispiele für links-/rechtshälftiges Denken aus Kapitel 8 stammten weitgehend aus der Welt von Wissenschaft, Arbeit und Lernen. Aus der Gruppe der Split-Brain-Forscher befaßte sich nur Bogen mit dem Thema Kreativität, soweit ich weiß. Auch Eccles betrachtete Kreativität eher pauschal als wichtiges Element der Evolutionstheorie denn als einen Gegenstand der Hirnforschung.

Seit Sperrys Zeit wird, wie schon gesagt, Kreativität und Ganzheitlichkeit der rechten Hirnhälfte zugeschrieben. Offensichtlich waren es Verhaltensforscher, die sich mit dem Komplex kreatives Verhalten beschäftigten, mit Träumen und Tagträumen als Lösungshilfen, mit nichtkonstruktiven und nichtanalytischen Lösungstechniken, wie Brainstorming oder der Delphi-Methode, und mit nichtverbalem Denken.

Wir haben hier ein der Wissenschaft inhärentes Problem vor uns. Marilee Zdenek (20), eine in den USA bekannte Autorin, schreibt: »Die rechte Hemisphäre ist die geheimnisvolle, künstlerische Seite unseres Gehirns, die Gleichnisse und Bilder versteht und mit Emotionen umgeht. Dort entstehen Träume und bildhafte Vorstellungen, dort werden Phantasien geboren ...«

Es gibt heute eine Vielzahl von Techniken, um individuelle Kreativität freizusetzen. Alle lassen erkennen, daß sie der Anregung der »rechten Hälfte« dienen bzw. mehr oder weniger trickreich dafür sorgen, daß die linke Hälfte zumindest auf Zeit nicht dominant ist. Kreativität ist um so deutlicher, je »größer« sie ist, und dabei um so rechtshälftiger. Trotzdem: Rechtshälftige Kreativität – die also keine Anregung und auch keine Verifikation aus der linken Hälfte hat – ist kaum mehr als ein zusammenhangloser Traum. Auch Kreativität braucht die Mitwirkung und Unterstützung der linken Hälfte – aber eben keinen »Ideenkiller«.

Wir müssen uns darüber im klaren sein, daß von der ersten Schulklasse an Kinder nicht für kreative Leistungen belohnt werden, sondern für richtige (bzw. richtig wiederholte) Antworten. Fast jede Person ist natürlich kreativ, aber unsere Schul- und Arbeitswelt konditioniert auf korrekt-ordentliches Verhalten hin, nicht zu Kreativität.

10. Musik und Gefühle

Die bisherigen Kapitel haben wenig über Gefühle gebracht, außer den Hinweisen auf die Rolle des Zwischenhirns und der inneren Sekretion bei Angst, Aggression und Familiensinn.

Es gibt interessante Experimente und Beobachtungen an speziellen Hirnverletzten. Haben Personen, die das Sprachzentrum in der linken Hemisphäre haben, in einem speziellen Bereich ihres rechten Großhirns eine schwere Schädigung erlitten, so zeigt ihre Sprache eine besondere Abweichung gegenüber Normalpersonen:

– Die Sprache klingt monoton, ohne gefühlsmäßige Einfärbung. Ansonsten ist das Gesagte völlig korrekt.

– Hören solche Personen einen gesprochenen Text, und sei er vom Klang her noch so emotional aufgeladen, so verstehen sie nur die wörtliche Botschaft – die begleitenden Gefühle entgehen ihnen vollständig.

Experimente an gesunden Menschen mit Hilfe von PET[1] (Position Emittance Tomography) zeigen, daß, wie anzunehmen, das gesprochene Wort vor allem die Sprachzentren der linken Hirnhälfte anregt. Aber der Klang der Stimme führt auch zu einer schwächeren Anregung in bestimmten Bereichen der rechten Seite. Wird nun statt Sprache nur Musik eingespielt, so kommen die Sprachzentren der linken Seite zu Ruhe und metabolischer Inaktivität; dafür zeigen die Zentren auf der rechten Seite eine starke Anregung.

Wie sehr die Hirnhälften bezüglich Sprache und Musik spezialisiert sind, zeigt auch der »dichotische Hörtest«. Bei diesem Test werden der Person auf zwei Kanälen zwei völlig unterschiedliche Informationen zugeführt. Ein Kanal führt zum linken Ohr (rechte Hirnhälfte), der andere zum rechten Ohr (linke Hemisphäre). Die Person nimmt dabei Musik nur über das linke Ohr auf, Sprache nur über das rechte.

Ich möchte Ihnen noch den Fall des musikalischen Wunderkindes

---

[1]PET: radioaktiv markierte Substanz wird in den Blutstrom, der in das Gehirn führt, eingespritzt. Man mißt dann photographisch den Grundumsatz (Glukoseabbau) und ermittelt damit die Gehirnbereiche mit erhöhter Aktivität.

Derek Paravinci, der im Sommer 1989 durch die Presse ging, vorstellen. Derek, neun Jahre alt, ist von Geburt an blind. Seine Sehfähigkeit wurde im Brutkasten durch eine Überdosis von Sauerstoff zerstört. Mit zweieinhalb Jahren fiel seine Begabung für Musik auf, als er auf einer Kinderorgel Lieder nachspielte, die er im Radio gehört hatte. Mit fünf Jahren beherrschte er Klavierkonzerte von Tschaikowsky, ohne je eine einzige Note gesehen zu haben. Wie unterscheidet er die Tasten auf dem Klavier? Die Antwort: »Ich sehe sie in meinem Kopf.« Die eigentliche Sprachform der Musik – der Notencode – spielt für musikalische Begabung und Fähigkeiten keine Rolle. Musikalität ist, in höheren Formen, mit gefühlsmäßigem und visuellem Denken verbunden.

Sie können davon ausgehen – sofern sie ein normaler Rechtshänder sind –, daß Ihre rechte Hirnhälfte mit Gefühl, mit Musik und mit von Musik vermitteltem Gefühl zu tun hat. Tanzen zählen Sie diesbezüglich zu Musik.

Es gibt Studien, die darauf hinweisen, daß Rhythmus in der linken Hirnhälfte bearbeitet wird, Melodie in der rechten. Es sind Fälle untersucht worden, in denen die Sprache durch Hirnschädigung verlorengegangen war, aber die musikalischen Fähigkeiten erhalten geblieben sind. Aus der Beobachtung, daß einige dieser Patienten lernten, Worte zu singen, entstand eine Therapie, bei der die Betroffenen lernen, ihre Kommunikation zu singen.

Musik genießt heute im Zusammenhang mit Lernen und Therapie zunehmende Bedeutung auch außerhalb des Musikgenusses. Ich erinnere an die Beeinflussung des Hirnstrombilds im EEG durch ausgewählte Musik – und die Benutzung dieses Effekts beim Superlearning durch Induktion des sogenannten Alpha-Zustands in den Gehirnwellen. Musik spielt auch zunehmend eine von der technologischen Medizin nicht verstehbare Rolle in neuen Konzepten des Heilens.

Insgesamt entwickelt sich seit etwa zehn Jahren viel Forschung und Literatur über das Thema Hirn und Musik, so daß hier eigentlich schon ein verselbständigtes Wissensgebiet entstanden ist (21, 22, 23, 24).

11. Linkshänder

11.1 Sind Linkshänder »link«?

Beachten Sie, wie viele gute Dinge im Leben mit dem Wort rechts verbunden sind: (1) Mit der rechten Hand wird geschworen, (2) die rechte Hand wird zum Grüßen benutzt, (3) der Richter spricht Recht, (4) nach dem neuen Testament (Matth. 25:31–34, 41, 46) werden die Guten zur rechten Hand Gottes sitzen und die Bösen zur linken. Demgegenüber hat in vielen Kulturen links einen unguten Beigeschmack: (1) »Der ist link«, (2) linkisch = unbeholfen, (3) mancino (italienisch) = links = auf Täuschung aus. In der Magie gibt es den schwarzen (bösen) Weg (= der linke Pfad) und die Weißmagie (den rechten Pfad).

Wir erkennen also, daß die Dualität von links und rechts nicht nur mit den beiden Körperseiten zu tun hat. Wenn wir zum Beispiel betrachten, wie auch heute noch (trotz entsprechender Schulgesetze) linkshändige Kinder von Eltern und auch von Lehrern mit Gewalt zu Rechtshändern gemacht werden sollen – dann muß Rechtshänder schon etwas Gutes sein!

Nun gibt es keine These in dieser Welt ohne Gegenthese. So wurde natürlich bemerkt, daß mancher berühmte Zeitgenosse Linkshänder war: Leonardo da Vinci, Michelangelo, Benjamin Franklin. Sind Linkshänder besser? Die Forschung hat sich dieses Gerüchts angenommen.

11.2 Was man heute weiß

Bei Tieren gibt es keine auffällige asymmetrische Bevorzugung einer Körperseite. 10 % Prozent der Menschen sind Linkshänder. Ältere Theorien nahmen zum Beispiel an, Linkshändigkeit sei durch den Gebrauch von Schwert (rechte Hand) und Schild (linke Hand schützt mit dem Schild das Herz) entstanden. Untersuchungen zeigen jedoch, daß es mit hoher Wahrscheinlichkeit schon zur Cro-Magnon-Zeit (der Höhlengemälde) mindestens 80 % Rechtshänder gab – lange ehe mit Schwert und Schild gekämpft wurde.

Heute geht man davon aus, daß es drei Arten von Linkshändigkeit gibt:

(1) Erzwungene Linkshändigkeit, z. B. wegen Amputation des rechten Arms. In solchen Fällen können hohe linksseitige Fertigkeiten entwickelt werden.

(2) Erworbene Linkshändigkeit durch Schädigung der linken Hirnhemisphäre, die vorgeburtlich, während der Geburt oder nach der Geburt entstanden sein kann. An sich links lokalisierte Funktionen wurden dann nach rechts verlegt, unter Ausnutzung der Flexibilität des Hirns.

(3) Genetisch bedingte Linkshändigkeit, die sich durch viele Generationen als Tendenz nachweisen läßt.

Allerdings: Die genetische Bedingtheit ist nicht durch das klassische Muster der dominant/rezessiven Vererbung erklärbar; der genetische Faktor bezieht sich wohl eher auf Hintergrundbedingungen, die für die Ausbildung von Linkshändigkeit wichtig sind.

Es wurden viele Untersuchungen durchgeführt, die klären sollten, ob die (gemäß Punkt 2) leicht hirngeschädigten Linkshänder in höheren mentalen Funktionen Defizite zeigen. Das trifft für die überwiegende Mehrheit nicht zu. Statt dessen wurde festgestellt, daß auch die »normalen« Rechtshänder in ihren rechten Hirnhälften Schädigungen aufweisen – die dann aber, da sie zur stummen rechten Hirnhälfte gehören, nicht so leicht auffällig werden. Nur, wie schon erwähnt, in der Gruppe der Lernbehinderten werden etwa 20 % Linkshänder gezählt, statt 10 %, wie es der statistische Bevölkerungsanteil wäre.

In Kalifornien sind heute 14 % der Schüler Linkshänder, nicht 10 %, wie der statistische Wert angibt. Der Grund: Kalifornien ist das insgesamt liberalste Land der USA mit dem höchsten Rang der persönlichen Freiheit. Dort findet weniger »Umerziehung« von linkshändigen Kindern statt. Wenn in Kalifornien nur wegen des »freiheitlicheren Klimas« heute schon 40 % mehr Linkshänder da sind, so ist anzunehmen, daß die »De-facto-Linkshändigkeit ohne Umerziehungsversuche« noch wesentlich höher liegt. Z. B. bei echten 20 % statt der jetzt genannten 10 %. Wir müssen also annehmen, daß Linkshändigkeit von der Anlage her eher doppelt so häufig ist, wie die derzeitige Statistik es glauben macht.

Übrigens haben 70 % der Linkshänder das Sprachzentrum genauso links wie auch fast alle Rechtshänder. Nur 30 % der praktizierenden Linkshänder, also etwa 3 % der Gesamtbevölkerung, haben das Sprachzentrum auf der rechten Seite. Diese 3 % sind also völlig spiegelgleich zu den »echten Rechtshändern« angelegt. Dieser Typ von Linkshändern schreibt in normaler Schreibhaltung, nicht »invertiert«, d. h. mit dem Stift zum Körper zeigend. Allerdings gibt es statistisch einen Unterschied: Bei Linkshändern ist insgesamt häufiger feststellbar, daß das Sprachzentrum »verteilt« ist, also, wenn auch in unterschiedlichem Maß, in beiden Hemisphären angelegt ist. Das erweist sich bei Schlaganfällen als vorteilhaft, da die Sprachfähigkeit in solchen Fällen leichter wieder aufzubauen ist.

11.3 Sind Linkshänder anders?

Was die schulische Leistung angeht, sind Linkshänder tatsächlich anders. Die Statistik besagt, daß 44 % in die Gruppe »überdurchschnittlicher« Leistung fallen, 51 % fallen in die Gruppe »unterdurchschnittlicher« Leistung, nur 7 % fallen in die Kategorie »durchschnittliche Leistung«.

Statistisch gesehen sind Linkshänder also schlechtere Schüler. Außerdem sind Linkshänder statistisch gesehen schulisch weniger »durchschnittlich«. Sind Linkshänder deswegen teilweise dümmer, teilweise intelligenter? Eher ist anzunehmen, daß ein Teil der Linkshänder, der gegen die in früheren Jahren und Jahrzehnten noch viel drastischeren Umerziehungsversuche (z. B. die »falsche Hand« auf den Rücken binden) resistent war, sich auf besondere Weise durchzusetzen gelernt hatte und sich mehr zu sich selber bekannte als seine Schulgenossen und als Folge dann leistungsstärker ist.

Für einen anderen Teil der linkshändigen Schüler ist wohl anzunehmen, daß ihnen durch die zum Teil harten Umerziehungsversuche in den ersten Schuljahren die Schule und das Lernen verleidet worden sind. Es ist als sicher anzunehmen, daß gleichzeitiges Schreibenlernen und starker Druck zu einer negativen Konditionierung führen. Dann gibt es noch eine neue Information, die – falls sie richtig ist – auf ein unerfreuliches Kapitel hinweist. Im Sommer 1989 erschien ein Artikel über neuere Forschungsergebnisse zum Lebenslauf von Linkshändern. Das Ergebnis der Studie: Linkshänder sterben früher als Rechtshänder. Angeblich kann kaum ein Linkshänder im Alter von achtzig Jahren gefunden werden. Der Erklärungsversuch: Linkshänder leben in einer von Rechtshändern für Rechtshänder gemachten Welt. Sie werden nicht nur dem Streß der Umerziehungsversuche ausgesetzt, sondern haben tausendfach mit Situationen zu tun, die nicht für ihre Linkshändigkeit gemacht sind.

Der einzige mir bekannte Unterschied, der von der Physiologie her möglicherweise auf ein etwas andersartig strukturiertes Denken bei einem Teil der Linkshänder hinweisen könnte, ist die häufiger als im statistischen Durchschnitt auftretende Ausprägung von Sprachfunktionen in der linken und der rechten Hemisphäre. Aber möglicherweise sind auch diese Daten noch von anderen Einflüssen abhängig ...

Ich fasse also meine Meinung so zusammen: Unser Kulturkreis bevorzugt die rechte Seite, die bei der überwiegenden Bevölkerungsmehrheit mit der linken Hirnhälfte korrespondiert, und diskriminiert die statistisch gesehen »nicht normale« Minderheit. Vorteile durch einen physiologisch anderen Denkprozeß hat der Linkshänder, wenn überhaupt, dann statistisch gesehen, nur, in geringem Maße. Berühmte Linkshänder reichen zahlenmäßig anteilig auch nicht aus, um eine besondere Verbindung von Linkshändigkeit und Genialität abzuleiten. Wahrscheinlich wäre es das einfachste, Linkshänder als genauso normal anzusehen wie Rechtshänder und alle Geschichten über geheimnisvolle Unterschiede weitgehend zu vergessen. Es sei denn, daß die Forschung mit besseren Daten aufwartet als mit den bisher bekannten.

12. Religion, Dogma, Spiritualität

Die Literatur kennt Untersuchungen an Personen mit einer speziellen Verletzung im Schläfenlappenbereich. Diese Personen weisen in verschiedenen Lebensbereichen, auch im religiösen, auffälliges Verhalten auf. Sie zeigen gleichzeitig eine Vertiefung ihrer religiösen Gewißheiten und unsteten Wechsel der religiösen Überzeugungen. Gazzaniga schreibt aus z. T. eigener Beobachtung dazu: »... die Gehirnprozesse, die nichtrationale und magische Interpretation von Ereignissen ermöglichen ..., sind bei diesen Menschen besonders aktiv. Dabei scheint es keine Rolle zu spielen, auf welchen religiösen Glauben sich der Prozeß bezieht.« Wir können also kaum mehr so tun, als sei »Religion etwas anderes«, außerhalb des Materiellen Stehendes. Religion hat ihren Platz so wie Lesen und Musikhören in unserem Kopf. (Ob daraus zwingend ein konsequenter Materialismus abzuleiten ist, werde ich im Kapitel über das »Selbst« besprechen.)

Wir müssen beim Thema »Religion« verschiedene Aspekte unterscheiden. Dogmen, also die von einer Religion als Fakten vorgetragenen Aussagen, gehören offenbar zu dem Bereich »Theorien und Regeln«, also in die linke Hälfte. Religiöses Erleben, also Gefühle (z. B.: »mit allem verbunden zu sein«) und Visionen (z. B.: Licht), gehört offensichtlich in die rechte Hälfte.

Wir können heute auch innerhalb des Bereichs der Religionen den Links/Rechts-Krieg beobachten. New-Age-Religionen mit und ohne Bezug zum Christentum sind auf persönliche Erfahrung ausgelegt. Sie lehren oft Techniken und Übungen, die zu persönlichen religiösen Erfahrungen führen sollen, zu innerer religiöser Schau und zur Empfindung der persönlichen Realität der Transzendenz. Lesen wir über die heute ob ihrer oft eigenwilligen Lebensgeschichten und Lebensformen meist schamhaft verschwiegenen katholischen Heiligen nach, so ist diese »rechtshälftige«, gnostische religiöse Erfahrung durchaus auch im Christentum der Vergangenheit bekannt gewesen. New Age vitalisiert auch im Religiösen die rechtshälftige Erfahrung. Die dogmenorientierte Seite der Kirche wendet sich scharf gegen alle New-Age-Religionen und demonstriert dabei ihre Zuwendung zu Lehrmeinungen. Daraus resultiert die aktuelle

Situation der großen Kirchen, die dem Bedürfnis nach persönlichem religiösem Erlebnis nichts zu bieten haben. Symptomatisch für diese Haltung ist der Ausspruch, den der evangelische Sektenbeauftragte Haak vor einigen Jahren im Fernsehen tat: »Erfahrung ist Selbstbetrug.« Krasser kann die linkshälftig dogmatische Absage an den Wert des rechtshälftigen (und von Institutionen nicht kontrollierbaren) Erlebens nicht formuliert werden.

Aus religionssoziologischer Sicht erleben wir – völlig analog zu den in Politik und Wirtschaft ablaufenden Veränderungen – die Tendenz zu mehr Selbstbestimmung, Selbstverantwortung und Mitgestaltung. Ein Teil der Kirchen, auch Bereiche innerhalb der katholischen Kirche, öffnen sich zunehmend für das Erlebnis im Religiösen – andere Teile kämpfen dagegen.

TEIL 3

Von der Psychobiologie in die Sozialwissenschaften

Vorwort zu Teil 3

In Teil 2 hatte ich den zunehmend etwas freieren Gebrauch von
»links« und »rechts« noch teilweise in Anführungszeichen einge-
schlossen.
In Teil 3 nehme ich davon endgültig Abschied. Hier behandle ich
den Übergang von der Psychobiologie zur Sozialwissenschaft. Dies
bedeutet eine Transformation der Begriffe »links« und »rechts«, die
zwar von vielen hirnnahen Forschern bedauert wird, die aber dennoch auf soliden wissenschaftlichen Füßen steht. Auch wegen der
andauernden Gefechte der zerstrittenen Parteien die folgenden Kapitel, die hoffentlich zu einer klareren Sicht beitragen.

13. Von der klinischen Untersuchung zum Fragebogen

13.1 Jeden in der Klinik testen?

Klinische Untersuchungen der Hirnfunktionen an gesunden und kranken Menschen dauern lange. Zudem gehen sie oft mit wenig erfreulichen Techniken einher. Was soll ein Mensch tun, der wissen möchte, ob er im Sinn von Teil 2 linksdominant oder rechtsdominant ist? Oder ausgeglichen?

Soll er in eine Klinik gehen und sich dort eine Woche untersuchen lassen, mit EEG[1], PET, Wada[2]-Test, Tachistokopie[3] und anderen Tests, z. B. unter Hypnose?

Sehr schnell nach Erkennen der Aussagekraft der Hirndominanzen ging die Praxis einen anderen Weg. Man suchte sich aus der Literatur, im wesentlichen zu Themen, wie ich sie in Teil 2 behandelt habe, typische Verhaltensweisen für »links« und »rechts« heraus und machte daraus einen Fragebogen. Im folgenden ein frühes Beispiel. Bitte füllen Sie ihn beim Lesen gleich aus.

Der GPI-Test:
»Testen Sie Ihre Hirndominanz«

Beantworten Sie bitte die folgenden neun Fragen und überpüfen Sie dann Ihren Punktestand nach der unten angeführten Bewertungsskala, um Ihre Hirndominanz herauszufinden:

---

[1] EEG: Elektro-Enzephalogramm (Messung der Gehirnströme durch Elektroden).
[2] Wada-Test: Anästhetisieren einer Hirnhemisphäre durch Injektion in die entsprechende Arterie, zur isolierten Untersuchung der nicht anästhetisierten Hälfte.
[3] Tachistokopie: Aufbau, um visuelle Information gezielt in eine Hirnhälfte zu bringen.

1. Auf welcher Seite sitzen Sie bevorzugt, wenn Sie ins Theater, in ein Klassenzimmer oder einen Hörsaal gehen, unter der Voraussetzung, daß es dabei keine sonstigen Einflüsse gibt?
   Rechts ☐   Links ☐

2. Folgen Sie gewöhnlich Ihren Ahnungen/Lichtblicken/Gedanken/Einfällen, wenn Sie in entsprechenden Situationen sind?
   Ja ☐   Nein ☐

3. Haben Sie für alles einen Platz, und ist alles an seinem Platz?
   Ja ☐   Nein ☐

4. Wenn Sie eine körperliche Aktivität erlernen (wie Tanzschritte oder einen Golfschlag), ist es dabei für Sie leichter,
   a) durch Nachahmung zu lernen und dabei das Gefühl für die Musik oder das Spiel zu bekommen? ☐
   oder
   b) in einer Reihenfolge die komplizierten Schritte einzeln zu lernen und dann durchzusprechen? ☐

5. Mögen Sie mehrmals im Jahr in Ihrem Büro, in Ihren Räumen oder zu Hause Bilder und Tapeten oder die Innenausstattungen wechseln bzw. verändern, oder ziehen Sie es vor, die Dinge unverändert zu lassen, wie sie sind?
   Veränderungen ☐   oder keine ☐

6. Können Sie, ohne auf die Uhr zu schauen, ungefähr sagen, wieviel Zeit vergangen ist? (Nicht: wie spät es gerade ist.)
   Ja ☐   Nein ☐

7. Ist es für Sie im Vergleich leichter, Geometrie ☐ oder Algebra ☐ zu verstehen?

8. Fühlen Sie sich in einer Unterhaltung/kommunikativen Situation wohler als Sprecher ☐ oder als Zuhörer ☐?

9. Ziehen Sie es vor, wenn Sie Ihr soziales Leben betrachten, Ihre Aktivitäten im voraus zu planen ☐ oder sie spontan zu tun ☐?

Gehen Sie nun bitte zu Anhang 2. Dort finden Sie die Auswertungsanleitung.

13.2 Was ein Instrument leisten sollte

Einem Psychobiologen stehen bei einem solchen, ziemlich zusammengeworfenen Test die Haare zu Berge; Sozialwissenschaftler beklagen zu Recht, daß es zu GPI und zu vielen anderen sogenannten Tests keine Validierung gibt. Trotzdem hat GPI eine gewisse, wenn auch unzuverlässige Aussage: Wenn Sie 0 oder 1 oder 2 Punkte haben, sind Sie wahrscheinlich ein »Linkshälfter«, wie ich ihn literaturüblich in Teil 2 als eine Art Menschentyp beschrieben habe. Und wenn Sie 7, 8 oder 9 Punkte gesammelt haben, sind Sie wahrscheinlich ein Rechtshälfter. Und Sie können sich nun fragen: Wie drückt sich das in meinem Leben aus? Komme ich besser mit Personen der gleichen Dominanz aus – oder mit den anderen? Paßt meine Arbeit zu meiner Dominanz?

Was Sie von einer solchen Interessenlage her wünschen können, ist:

– ein validiertes Instrument, das Ihnen mit möglichst geringen Fehlern möglichst verständliche Aussagen macht,
– ein so oft eingesetztes Instrument, zu dem es so viel Anwendungserfahrung gibt, daß es Ihnen bei Aufgaben von Selbsterkenntnis, Management und Selbstmanagement helfen kann.

Was Sie also gebrauchen können, ist ein auf der Basis der Links/Rechts-Hirnforschung entwickeltes sozialwissenschaftlich valides Instrument, das Ihnen soviel wie möglich von den neuen hirnbezogenen Erkenntnissen verfügbar macht.

Ich hatte schon früher über »das richtige Modell« gesprochen. Wir wissen viel mehr über das modulare Gehirn und Multimind, als daß wir mit drei, vier oder fünf Teilen des Gehirns auskommen müßten. Wir könnten Computermodelle mit Hunderten von Hirnmodulen, kleinen und großen Geisten sowie Talenten (Ornstein) entwickeln. Es ist, wie schon in Kapitel 4 gesagt, immer eine Frage des Anwendungszwecks eines Modells.

Für die breite Nutzung in vielen Anwendungsgebieten sollte ein brauchbares Instrument etwa folgende Eigenschaften haben:

– maximal 60 Minuten Ausfülldauer für einen Fragebogen,
– Fragen, die möglichst ohne besondere Schulbildung und ohne spezielle Fachkenntnisse von fast jedermann zu beantworten sind,

– Aussagen, die übersichtlich sind, d. h. möglichst »auf einmal« erfaßt werden können,
– Aussagen, die sich in möglichst vielen Anwendungsgebieten direkt umsetzen lassen.

Dieser Weg wurde von Ned Hermann erfolgreich beschritten.

13.3 Von der Statistik zum Vier-Quadranten-Modell

Ned Herrmann, Physiker und Musiker von der Cornell University, arbeitete bei General Electric, einem US-Konzern etwa von der Art und Bedeutung von Siemens in Deutschland, als Leiter der Management-Ausbildung. Er verstand seine Aufgabe dahingehend, GE durch besseres Management-Training einen Vorsprung vor der Konkurrenz zu verschaffen. Ned Herrmann ging dabei von der Annahme aus, das damals, im Jahr 1976, noch recht neue Wissen um die Hirnfunktionen sei dafür der geeignete Ausgangspunkt. Wenn es um bessere Köpfe ging – warum nicht beim Hirn anfangen? Für ihn waren individuelle Lernstile und Hirndominanz eng verknüpft. Er hatte seine Arbeit unter das Motto gestellt:

»Wenn wir mehr kreatives Geschehen in unserem Leben haben wollen, bei unserer Arbeit und außerhalb davon, dann müssen wir lernen, unserer nichtverbalen rechten Hemisphäre zu vertrauen, unseren gefühlsmäßigen Impulsen zu folgen, und sie dann unter gezieltem Einsatz unserer linken Hemisphäre zur Verifikation bringen.«

Er war mutig genug, in einem Technikerkonzern verhaltenswissenschaftlich Neues umzusetzen.

Er begann einen eigenen Fragebogen zu entwickeln, in dem Seminar-, Trainings- und Vortragsteilnehmer ihre Denkstilpräferenzen ankreuzen konnten. Er benutzte dabei aus der Literatur bekannte typische Verhaltensweisen/Eigenschaften, die mit Links/Rechts-Denken verbunden sind, und stellte sie in eine Reihenfolge von links nach rechts.

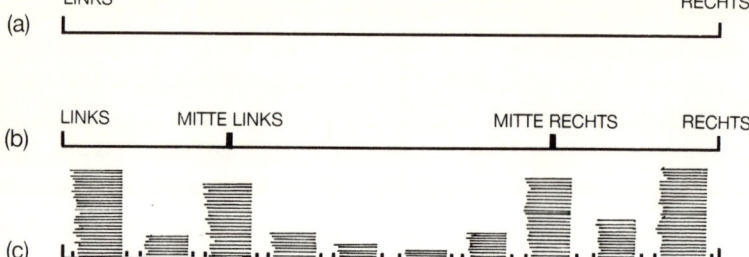

Abb.13.3−1: Das Kontinuum von links nach rechts

Als Herrmann dann die Fragebogen nach ihrem ausgefüllten Inhalt zu ordnen begann, stellte er fest, daß er zwischen den Polen »LINKS« und »RECHTS« aus Abbildung 13−1(a) Zwischenstufen einziehen mußte. Er entdeckte, daß es insgesamt vier Hauptgruppen (Cluster) von untereinander recht ähnlich ausgefüllten Fragebögen gab. Also fügte er, wie in Abbildung 13−1(b) dargestellt, zwei weitere Kategorien hinzu, »MITTE LINKS« und »MITTE RECHTS«. Er überarbeitete nun die Unterschiede innerhalb der Cluster weiter (Datenanalyse nach dem Motto: Wann wird etwas rechts von LINKS zu etwas links von MITTE LINKS?) und erhielt die in Abbildung 13−1(c) dargestellte Verteilung in die vier Gruppen der sortierten Fragebogen.

MITTE LINKS und MITTE RECHTS waren auf statistische Weise entstanden. Hatten sie – genauso wie bei der analogen Übertragung von LINKS und RECHTS – eine mit der Hirnstruktur verknüpfte Bedeutung?

Ned Herrmann erkannte, daß in »MITTE LINKS« und »MITTE RECHTS« bevorzugt Eigenschaften/Verhaltensweisen standen, die bei McLeans dreigeteiltem Gehirn zum limbischen System (Zwischenhirn) gehörten. Er beschreibt es als ein persönliches kreatives »Aha«, als sich vor ihm eine modifizierte Darstellung zeigte. Er wußte, daß das limbische System physisch ebenso stark zweigeteilt ist wie das Großhirn. Er hatte eine Analogie gefunden, die das Modell von Sperry und das Modell von McLean kombinierte – und er hatte einen halbwegs brauchbaren Fragebogen, der statistisch stabile Ergebnisse zeigte.

Es war für Ned Herrmann von Anfang an klar, daß seine Einteilung in die vier Quadranten eine »bildhafte Übertragung« war – so einleuchtend und sinnvoll sie auch erscheinen mag, so viele Hinweise für ihre Richtigkeit sich auch anboten.

A Linke Cortex »LINKS«	**D** Rechte Cortex »RECHTS«
B limbisch links »MITTE LINKS«	**C** limbisch rechts »MITTE RECHTS«

Abb. 13.3–2: Zuordnung von statistischen Häufungen aus Abb. 13.3–1 und physischen Hirnbereichen

Mit der, viele Jahre dauernden, Verbesserung und wissenschaftlichen Validierung entstand schließlich das »Herrmann Brain Dominance Instrument – HBDI«, auf deutsch »Herrmann-Dominanz-Instrument – HDI«. Es stellt die erfolgreiche Übertragung der hirnwissenschaftlichen Erkenntnisse in ein ordnungsgemäß validiertes sozialwissenschaftliches und verhaltenspsychologisches Instrument dar.

Das HDI wird, wie viele andere Instrumente auch, des öfteren vehement angegriffen. Ich habe bisher selbst noch nie erlebt, daß einer der selbsternannten Richter

– genug Sachinformation über das HDI eingezogen hatte, insbesondere über die durchgeführte Validierung des Instruments nach anerkannten wissenschaftlichen Kriterien,

– klar verstanden hatte, daß das HDI ein auf dem Hirnwissen aufgebautes metaphorisches psychologisch-sozialwissenschaftliches Modell ist.

Ich versuche mit diesem Kapitel dazu beizutragen, solche unsachliche Kritik an diesem höchst nützlichen Instrument beiseite zu räumen.

Das Herrmann-Dominanz-Modell

Vorwort zu Teil 4

Teil 3 erläuterte, wie die eher klinische Diagnose von links-/rechts-hälftigen Hirnfunktionen auf einen Fragebogen übertragen wurde. Und daß dabei ein Verhaltensmodell entstand.
Teil 4 stellt nun das von Ned Herrmann entwickelte Modell dar. Damit bereitet Teil 4 die Anwendungserläuterung und -anleitung von Teil 5 vor.

14. Das Hirn-Dominanz-Instrument

14.1 Der Aufbau der vier Quadranten und ihre Attribute

Ned Herrmann hat in seinem Vier-Quadranten-Modell Sperrys und McLeans Modell kombiniert. Er kennt LINKS/RECHTS sowie OBEN (CORTEX)/UNTEN (LIMBISCH).

Ich hatte Ihnen in den vorigen Kapiteln erläutert, wie es zu dem »Vier-Hälften«-Modell gekommen ist. Die statistische Analyse hatte die vier Häufungen ergeben, die ich in Kapitel 13 beschrieben habe. Das Wort, das sich zur Beschreibung der vier Denkformen am meisten durchgesetzt hat, ist »Denkstil«. Im Modell von Ned Herrmann (19) verfügt der Mensch also über vier Denkstile. Jeder ist durch mehrere Adjektive beschrieben.

A	B	C	D
mathematisch	geplant	emotional	synthesenbildend
logisch	organisiert	musikalisch	einfallsreich
problemlösend	kontrolliert	kommunikativ	konzeptionell
analytisch	konservativ	mitfühlend	künstlerisch
technisch	administrativ	spirituell	ganzheitlich

In Abbildung 14.1–1 sind diese Quadranten dargestellt.

Jedem Quadranten wird aufgrund des Fragebogens ein Wert zugeordnet. Für die in Abbildung 14.1–1 dargestellte Person sind dies A = 61, B = 40, C = 85, D = 136, oder in Kurzform (61, 40, 85, 136). Die den einzelnen Quadranten zugewiesenen Werte liegen meistens zwischen etwa 20 und 145, niedrigere und höhere Werte treten selten auf. Was bedeutet nun z. B. »A gleich 61«, was soll man darunter verstehen und daraus ableiten?

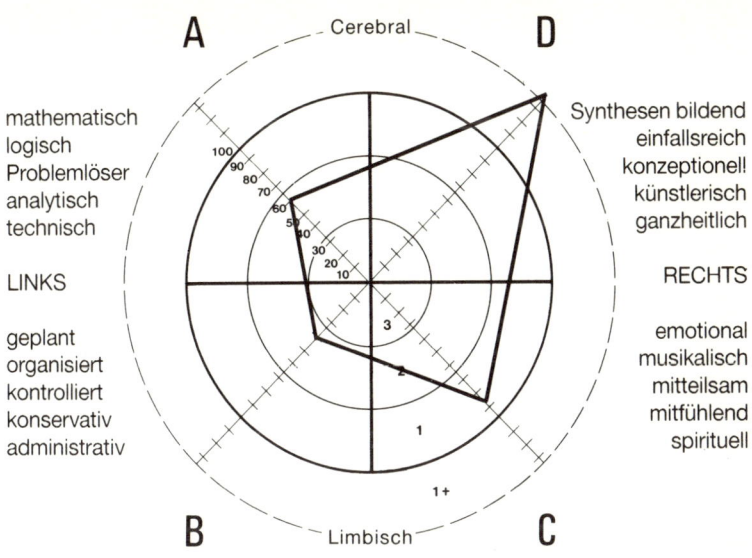

A   Cerebral   **D**

mathematisch
logisch
Problemlöser
analytisch
technisch

LINKS

geplant
organisiert
kontrolliert
konservativ
administrativ

Synthesen bildend
einfallsreich
konzeptionell
künstlerisch
ganzheitlich

RECHTS

emotional
musikalisch
mitteilsam
mitfühlend
spirituell

B   Limbisch   **C**

Abb. 14.1–1: Die vier Quadranten des HDI, deren Bedeutung und ein Profil

Die weiter oben aufgezählten Adjektive, die zu den Quadranten A, B, C, D gehörende Denkformen beschreiben, möchte ich Ihnen noch besser erläutern, da sonst leicht Mißverständnisse auftreten können.

Bedeutungen zu A (cerebral links):

mathematisch: Die Neigung, mit Zahlen, Daten und Berechnungsvorschriften umzugehen.

logisch: Nach Gesetzmäßigkeiten im Rahmen von Ursache/Wirkung folgerichtig und schlüssig denken.

problemlösend: Bezieht sich auf das Lösen von »problems«, also insbesondere sogenannter »eingekleideter Aufgaben«, deren Lösung analytische, logische und mathematisch-rechnerische Schritte beinhaltet und bei denen oft auch verallgemeinert werden muß – z. B. durch Reduktion auf ein einfaches Gleichungssystem (vom Dreisatz aufwärts).

| analytisch: | Situationen, Objekte oder Ideen in Teile zerlegen. Diese Teile und gegebenenfalls deren Verknüpfung untersuchen. |
| technisch: | Neigung zum Umgang mit Geräten und Maschinen; Verständnis und Interesse für deren Funktionieren, Konstruieren. Spaß an neuen Konstruktionen. Auch: Neigung, nicht primär technische Dinge, z. B. die Führungsbeziehungen in einem Unternehmen, wie technische Dinge zu betrachten. |

Bedeutungen zu B (limbisch links):

geplant:	Abläufe in der Außenwelt vorher festlegen. Dafür eintreten, daß alles nach Plan abläuft.
organisiert:	Menschen, Dinge und Abläufe in definierte Strukturen bringen. Zustimmung, in solchen Strukturen und nach festgelegten Regeln zu leben und zu arbeiten.
kontrolliert:	Verhalten zeigen gemäß Vorschriften, Regeln, Plänen. Für solches »kontrolliertes Verhalten« eintreten. Auch: andere kontrollieren/steuern, so daß sie gefordertes Verhalten zeigen.
konservativ:	Neigung, am Hergebrachten festzuhalten. Mißtrauen gegenüber Neuem. Bewahren von erwiesenen Werten.
administrativ:	Personen, Situationen, Objekte mit den Mitteln der Verwaltung behandeln. Verwenden von Listen, Anwenden von Regeln. Für Ordnung im Detail sorgen.

Bedeutungen zu C (limbisch rechts):

emotional:	Gefühlsbezogen sein, Gefühle haben, die leicht erregt werden können; dies auch zeigen.
musikalisch:	Selbst Musik machen und/oder öfter/gern Musik hören. Tanzen.
kommunikativ:	Gern mit anderen Menschen sprechen. Sich mitteilen. Auch: anderen zuhören. Sich durch Worte,

aber auch durch Gesten, Körpersprache ausdrükken. Durch den Klang der Stimme Nuancen vermitteln und verstehen.

mitfühlend: Bei der Wahrnehmung der Situation/Gefühle anderer Menschen selbst Gefühle haben bzw. die Situation der anderen Menschen durch eigene Gefühle wahrnehmen. Kann auch Mitleiden beinhalten, muß es aber nicht.

spirituell: Offen sein für einen geistig-seelischen Bereich des Lebens. Diesen als real nehmen, auch wenn er sich anderen Menschen gegenüber nicht als »real« beweisen läßt. Akzeptieren, herbeiwünschen, erleben von religiösen/transzendentalen Erfahrungen. Hat nichts mit Religion im Sinn von Dogmengläubigkeit und kirchlichen Formen zu tun. (Dogmen gehören zu B.)

Bedeutungen zu D (cerebral rechts):

synthesen-
bildend: Aus Einzelbereichen, -lösungen, -interessen ein neues Ganzes erfinden/entwickeln. Dabei auch: Gegensätze überwinden und eine neue Ebene des Ganzen finden.

einfallsreich: Zu Situationen/Aufgaben/Problemen tauchen ohne besondere Anstrengung »Ideen« zu Lösungen, Möglichkeiten, Handlungsalternativen auf. Diese Ideen können von praktischem Wert sein, aber auch bis zur Phantasterei reichen.

konzeptionell: Selbst und selbständig etwas entwerfen, geistig entwickeln, aufschreiben bzw. darstellen. Entwickeln von Konzepten für materielle und immaterielle Problemlösungen. Schaffen von neuen Begriffen und Begriffsfeldern.
Als Beispiele: 1) Erstellen von Konzepten für das Besorgen von Eigenkapital für ein Haus. 2) Entwickeln einer Marketing-Strategie für die Positionierung eines neuen Produkts. 3) Dantes Konzept der sieben Schichten von Himmel und Hölle. 4) Erhardts Konzept der Marktwirtschaft. 5) Heisen-

bergs Konzept der Unschärferelation und der Quantenmechanik. (Einen Plan oder ein Dogma könnte man als das eingefrorene Ergebnis eines Konzepts ansehen.)

künstlerisch: Vorliebe/Talent zum Malen, Zeichnen, Bildhauen, zu schriftstellerischer Arbeit. Neigung zu ästhetisch-künstlerischer Gestaltung in verschiedenen Lebensbereichen.

Sie sehen, daß jeder der Quadranten jeweils ein zwar breites Spektrum abdeckt – daß aber innerhalb der Beschreibung des Quadranten die Aspekte doch nahe zusammengehören.

14.2 Die Entstehung der Profiltypen

Betrachten Sie dazu wiederum die Abbildungen 14.1−1 und 14.2−1. Sie finden dort drei Kreise um den Mittelpunkt: (1) bei 33, (2) bei 66, (3) bei 100. Je weiter außen ein Wert liegt, um so höher die Präferenz der Person für diesen Denkstil. Der Innenkreis und die nach außen folgenden Ringe sind mit den Nummern 3, 2, 1 und 1^+ versehen worden. Jeder dieser Bereiche hat eine Bedeutung:

(3): Werte   0 − 33 : Vermeidung
(2): Werte 34 − 66 : Akzeptanz und Nutzung
(1): Werte 67 − 100 : Bevorzugung
(1^+): Werte 101 − 150› : starke Bevorzugung

Hat also die Person aus Abbildung 14.2−1 den Wert B = 40, so liegt B = 40 im Bereich 2 (von 34 bis 66) mit der Bedeutung: »Person akzeptiert diesen Denkstil ohne Vorliebe und ohne Vermeidung. Person nutzt diesen Denkstil.« Demgegenüber liegt D = 136 im Bereich 1^+, also im Bereich einer starken Bevorzugung.

Nehmen wir als Beispiel an, Buchhaltungsarbeiten bedeuten eine starke Nutzung von Quadrant B. Nehmen wir weiter an, daß kreatives Schreiben, das Konzeptionieren einer neuen Marketingstrategie und das Malen von Bildern zu Quadrant D gehören. Dann wird die Person in Abbildung 14.1−1 aus dem vorigen Kapitel mit B = 40 und D = 136 es wohl sehr schwer haben, sich hinzusetzen und regelmäßig und ohne Terminverzögerung die Buchhaltung zu machen.

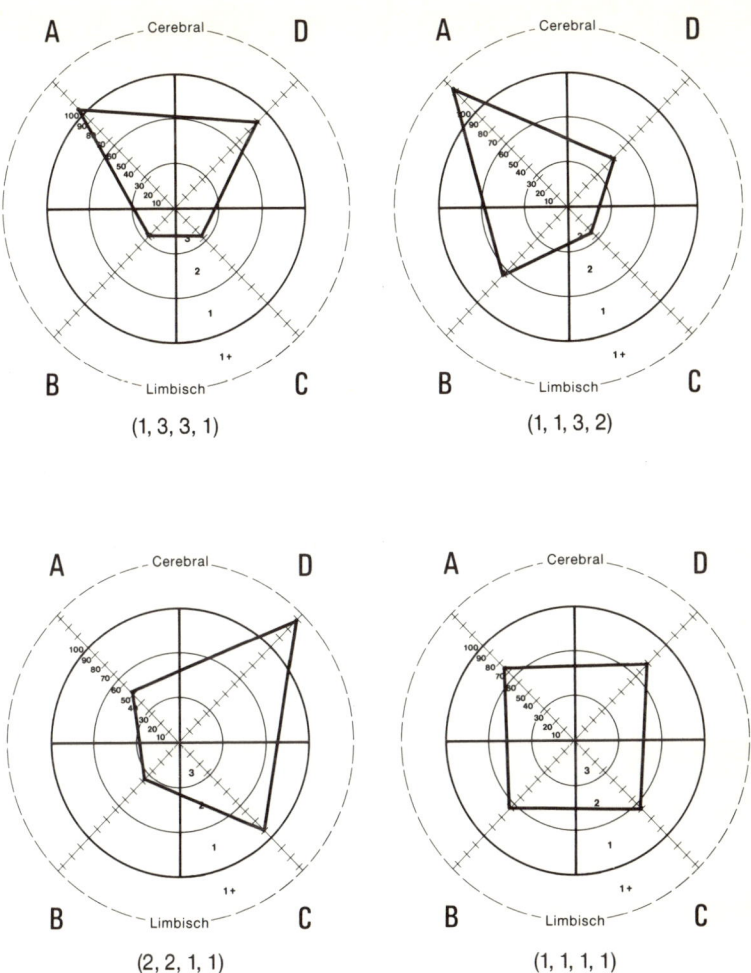

Abb. 14.2–1: Beispiele für HDI-Profiltypen

Alles, was zu D gehört, liegt viel näher und wird bevorzugt gemacht, denn dabei wird der bevorzugte Denkstil D betätigt und benötigt. Die Buchhaltung wird wohl liegenbleiben bis zur zweiten Mahnung ...

Die vier Präferenzgruppen 1+, 1, 2 und 3 bzw. die drei Profilgruppen 1 (zusammengefaßt aus 1 und 1+), 2 und 3 erlauben eine einfache Einteilung in »Profiltypen«. Ned Herrmann ging zunächst von der

Dreier-Teilung aus. Hierzu Abb. 14.2–1, in der Sie verschiedene Profiltypen sehen.

Unter den Profilen steht jeweils der Profiltyp, also von links nach rechts (1, 3, 3, 1), (1, 1, 3, 2), (2, 2, 1, 1) und (1, 1, 1, 1). Zugehörige Zahlenbeispiele wären (105, 29, 26, 89), (123, 79, 26, 49), (50, 38, 91, 128) und (72, 69, 70, 79).

Es gibt bei diesem Vorgehen insgesamt 81 mögliche Profiltypen, von (1, 1, 1, 1) bis (3, 3, 3, 3). Es ist interessant, daß etwa 15 Profiltypen mehr als 95 % aller Fälle abdecken. Das ist vor allem darauf zurückzuführen, daß bis auf das seltene Profil (2, 2, 2, 2) alle realen Profile wenigstens eine Präferenz 1 aufweisen. Dies reduziert die Zahl der real möglichen Typen.

Diese Art von Typeneinteilung erlaubt natürlich leicht Untersuchungen wie: In welchen Profiltypen finden wir mit wieviel Prozent Physiker, Chemiker, Krankenschwestern, Männer, Frauen etc. Die Ergebnisse der berufsbezogenen statistischen Analyse der gesammelten HDI-Daten sind, wie ich Ihnen später zeigen werde, sehr aussagefähig.

Natürlich kann man jetzt protestieren: Die ganze Menschheit kann man doch nicht in etwa 15 oder 25 Gruppen pressen. Ja und nein. Nein: Weil natürlich – z. B. unter Berücksichtigung der Forschung um Multimind – leicht Modelle aufzubauen sind, die viele Millionen Typen unterscheiden würden. Ja: Weil die von Ned Herrmann gewählte Drei-Bereiche-Einteilung im Vier-Quadranten-Modell sehr nützliche Ergebnisse bringt.

14.3 Die Denkstile A, B, C, D im Profil

Ich empfehle Ihnen, jetzt zunächst einmal in einem ersten Anlauf Ihr eigenes HDI-Profil zu schätzen und daraus Ihren Typ zu ermitteln. Das wird Ihnen beim Studium der folgenden Texte sicher helfen. Vielleicht sehen Sie sich dazu als Hilfe noch einmal das Beispielprofil in Abb. 14.1–1 an.

Wenn Sie Ihr persönliches Profil auf der Basis des HDI-Fragebogens kennenlernen wollen, schlagen Sie bitte Anhang 3 auf.

14.3.0 Übersicht

Jeder dieser vier Grund-Denkstile A, B, C, D wird im HDI als »ein Ding« betrachtet, mit einem Wert versehen und dargestellt. Aber jeder Quadrant ist wiederum aus verschiedenen Aspekten zusammengesetzt. A enthält z. B. analytisch und technisch. Heißt das, daß alle Personen mit A = 90 auf gleiche Weise analytisch *und* technisch sind? Ganz bestimmt nicht. Es wird Personen geben, die wesentlich mehr technisch als analytisch oder mehr analytisch als technisch veranlagt sind. Die bei A genannten »Merkmale des Denkstils A« sind insgesamt charakteristisch für eine »Art zu denken«. Im folgenden versuche ich, Ihnen diese Denkstile oder »Denk-Typen« weiter verständlich zu machen.
Als Erläuterungshilfe benutze ich die de facto kaum auftretenden Profile (1, 3, 3, 3), (3, 1, 3, 3) etc., an denen sich die typischen Eigenschaften herausstellen lassen.

14.3.1 A-Quadrant-Denken

Ned Herrmann schreibt hierzu (19): »... Bevorzugung des A-Quadranten bedeutet, daß die Person Tätigkeiten bevorzugt, bei denen analysiert, zerlegt, ermittelt und logisch erarbeitet wird. Wenn die Person Entscheidungen trifft, dann verläßt sie sich auf logische Schlußfolgerungen, die sich auf Daten beziehen, die oft durch Annahmen entstanden sind. Sie verbindet dies mit der Fähigkeit, sehr genau wahrzunehmen, in Worte zu fassen und auszudrücken. Die Person bevorzugt, Komplexes auf Einfaches zu reduzieren, Unklares durch Klares und Mühsames durch Effizientes zu ersetzen. Fakten sind die entscheidende Untermauerung von verbalen Aussagen ... Weiterhin kann dasselbe (A-typische) Vorgehen benutzt werden, um Entscheidungsprozesse zu vereinfachen, z. B.: Um was auch immer es gehen möge, an erster Stelle heißt es, Zeit zu sparen ... Also: wählen Sie bitte den Ansatz mit dem geringsten Zeitaufwand ...« Herr A ist an Effizienz interessiert, an Faktensammlungen, an Berechnungsvorschriften, an Optimierungen von Abläufen und materiellen Werten. Er bevorzugt Argumente und (für ihn logisch erscheinende) Schlußfolgerungen und Verallgemeinerungen vor dem Selbst-Ausprobieren und Eigene-Erfahrungen-Machen. Er bekommt gern immer neue Informationen. Realität besteht für ihn aus gesammelten Fakten, d. h. aus Aussagen, die für ihn Fakten sind. Ich gebe Ihnen nun die (gewiß sehr selten auftretende!) Beschreibung von Herrn A$^+$ mit dem Profiltyp (1$^+$, 3, 3, 3). Profilwerte könnten z. B. sein (145, 30, 30, 30).

Sehr geehrter Herr A$^+$,
Ihr Profiltyp ist der am meisten linkshälftige uns bekannte.
Ihr Profil ist einfach dominant im linken oberen Quadranten. Alle anderen Quadranten zeigen Werte auf der Stufe 3. Personen mit diesem Profil zeigen sich als extrem logisch, rational, mathematisch, analytisch. Gleichzeitig tendieren sie dazu, Emotionen zu vermeiden und zwischenmenschliche Probleme zu umgehen bzw. zu ignorieren. Spiritualität und Religiosität bedeuten ihnen wenig, auch zu Musik und Tanz ist meist kein Bezug. Ebenso wird Planung, Kontrolle, Organisation und Administration eher vermieden als akzeptiert. Der niedrige Wert im Quadranten C wirkt noch verstärkend auf den dominanten Wert im Quadranten A, und umgekehrt.
Dieses Profil fördert eine hochausgeprägte faktenorientierte Kompetenz, alle anderen vom HDI dargestellten Denkstile, also Formales, Musisches und Phantasie, stehen Ihnen zur Lösung von Problemen nicht zur Verfügung.
Ihr Profil ist sehr selten und deswegen beruflich nicht gut einzuordnen, aber es ist klar, daß nur Tätigkeiten in Frage kommen, die Ihnen erlauben, die Qualitäten von Quadrant A einzusetzen – also bevorzugt in technischen Aufgaben oder in einer technischen bzw. stark faktenbezogenen Umgebung.

Nun gebe ich Ihnen einen zweiten, immer noch deutlich ausgeprägten A-Typ, Herrn A mit dem Profiltyp (1, 2, 2, 2). Profilwerte könnten sein: (96, 50, 50, 50). Dieses Profil tritt auch in der männlichen Bevölkerung mit weniger als 3 % auf.

Sehr geehrter Herr A,
Ihr Profil ist das einer ganz klar logischen, analytischen, mathematisch und rational orientierten Person. Es ist ein oben links einfach dominantes Profil. Alle drei anderen Quadranten zeigen

Werte im Bereich 2. Damit stehen Ihnen, allerdings ohne besondere Vorlieben, die zugehörigen Denk- und Verhaltensweisen zur Verfügung:

In Quadrant B das Kontrollieren, Planen und Organisieren, in Quadrant C das Gefühls- und Personenbezogene, in Quadrant D das Ganzheitliche und Konzeptbildende.

Dieses Profil findet sich in unserer technisch-wissenschaftlich-juristischen Welt relativ häufig; es ist meist für Studium und Beruf angesehen und in seinen Auswirkungen von Vorteil. Die Orientierung auf Fakten (Quadrant A) entspricht einer weitverbreiteten Forderung von Wirtschaft und Wissenschaft. Das Auftreten aller anderen Werte im Bereich 2 erlaubt Ihnen, auch im Bereich des Formalen (Quadrant B), des Gefühlsbezogen-Musischen (Quadrant C) und der Phantasie (Quadrant D) ansprechbar und handlungsfähig zu sein – also in allen vier Denkstilen, die das HDI kennt, dabeizusein.

Berufe, die typisch für Ihre Profilgruppe sind: Chemiker, Mathematiker, Techniker, Ingenieure, manche Juristen und Wirtschaftswissenschaftler in wissenschaftlicher Tätigkeit sowie Manager im finanziellen und technischen Bereich.

Personen mit sehr hohen Werten in A (etwa ab A = 100 aufwärts) werden öfters als »Faktenmenschen«, als »Intellektuelle« oder auch als »übermäßig kritisch« beschrieben.

14.3.2 B-Quadrant-Denken

Ich gebe Ihnen hier als Beispiel eine Beschreibung zu dem Profiltyp (2, 1, 2, 2). Profilwerte könnten z. B. sein (50, 103, 50, 45). Dieser Profiltyp tritt ebenfalls mit weniger als 3 % auf.

Sehr geehrter Herr B,
Ihr Profil ist einfach dominant im linken unteren Quadranten. In allen anderen drei Quadranten zeigt Ihr Profil die Stufe 2. Personen mit Ihrem Profil planen, organisieren und administrieren gern, halten sich gern in Umgebungen auf, in denen Kontrolle ausgeübt wird. Insgesamt ist bei Ihnen auch eine konservative Einstellung zu erwarten sowie die Neigung und Bereitschaft, genau zu sein und mit Details zu arbeiten. Es bereitet Ihnen je-

doch auch keine Schwierigkeiten, in entsprechenden Situationen logisch-analytisch, kreativ-ganzheitlich oder gefühlsbezogen-zwischenmenschlich zu denken und zu handeln – aber eben auf einer »Stufe 2« im Vergleich zu dem dominanten Quadranten B.

Mit diesem Profil können Sie in unserer industriell-administrativen Welt viel anfangen, insbesondere, da die Verfügbarkeit der Komponenten in den übrigen Quadranten A, C und D Ihnen erlaubt, »nach allen Richtungen offen« zu sein.

Personen mit Ihrem Profil finden sich typischerweise unter Sekretärinnen, Managern im Bürobereich, Vorarbeitern, Personen in der Produktion und unter mittleren und gehobenen Verwaltungsangestellten und Beamten, in Industrie und Behörden. Die zu diesem Profil am besten passenden Fähigkeiten erfordern hochgradig geplante, organisierte, wohlstrukturierte und detailbezogene Arbeitsaktivitäten, die zu genau beschriebenen Arbeitsergebnissen führen sollen.

Der Wert im Quadranten C auf Stufe 2 weist auch auf die Möglichkeit von Tätigkeiten im mittleren Management hin, bei denen nicht nur Fachkompetenz, sondern auch personenbezogene Führungselemente wichtig sind. In konservativen Produktionsbetrieben zeigen öfter auch höhere Führungskräfte ein solches Profil.

14.3.3. C-Quadrant-Denken

Für den C-dominanten Typ gebe ich Ihnen wiederum zwei Beispiele, an denen Sie gut die Differenzierung zwischen diesen an sich ähnlichen Profiltypen erkennen können. Frau C$^+$ hat den Profiltyp (3, 3, 1$^+$, 3), Frau C hat (2, 2, 1, 2). Die Häufigkeit für das Profil von Frau C liegt unter 2 %.

Sehr geehrte Frau C$^+$,
Ihr Profiltyp zeigt eine einfache und sehr starke Dominanz unten rechts im Quadranten C. In allen anderen drei Quadranten zeigen Sie eine Ausprägung auf der Stufe 3. Diese niedrigen Werte verstärken noch den dominanten Quadranten. Personen mit Ihrem Profil zeigen eine extreme Bevorzugung des Zwischenmenschlichen. Menschen und Gefühle sind ihnen außeror-

dentlich wichtig. Meist sind sie auch musisch-musikalisch und spirituell-religiös interessiert und aktiv. Für logisch-analytisch-rationales Denken empfinden Sie eher Widerwillen. Kreativität, ganzheitlichem und integrativem Denken stehen Sie ebenso indifferent bis ablehnend gegenüber. Bürokratie, Organisation, Planung und Kontrolle versuchen Sie zu vermeiden.

Dieses Profil ist selten und läßt große Schwierigkeiten in jedem Beruf und in jeder Umgebung erwarten. Eine gewisse Drogengefährdung ist nicht zu übersehen.

Sehr geehrte Frau C,
Ihr Profil zeigt eine einfache Dominanz unten rechts im Quadranten C. Personen mit Ihrem Profil bevorzugen üblicherweise deutlich das Zwischenpersönliche, Emotionale, Musische und die religiös-spirituellen Aspekte. Die anderen Quadranten zeigen bei Ihnen die Ausprägungsstufe 2. Personen mit Ihrem Profil sind also üblicherweise leicht erkennbar »gefühlsorientiert«, »menschenbezogen« und oft musikalisch, öfters auch gute Sprecher, aber gleichzeitig doch auch gut balanciert und handlungsfähig in den Bereichen des logischen, analytischen, faktenbezogenen Denkens im Quadranten A, organisiert, administrativ und kontrolliert im Quadranten B und schließlich auch beweglich im visuell-kreativen, ganzheitlichen Denken des Quadranten D.

Personen mit Ihrem Profil haben typischerweise als Beruf: Krankenschwester, Sozialarbeiter, Musiker, Lehrer, Lebensberater, Psychologe, Berater, Pfarrer oder Sekretärin.

Jedoch auch manche kundenbezogen denkenden Techniker sowie Personen, die technische Produkte bei nichttechnischen Kunden einschulen, gehören zu diesem Typ.

14.3.4 D-Quadrant-Denken

Nun, zum Abschluß der einfach dominanten Profile, der Profiltyp D (2, 2, 2, 1). Profilwerte könnten z. B. (56, 41, 62, 100) sein. Dieser Profiltyp liegt unter 2 % Anteil an der Bevölkerung.

Sehr geehrter Herr D,
Ihr Profil ist im rechten oberen Quadranten einfach dominant. Personen mit Ihrem Profil bevorzugen deutlich die Eigenschaf-

ten und Formen kreativen, imaginativen, ganzheitlichen und integrativen Denkens. Meistens ist dabei die syntheseschaffende Qualität die am meisten bevorzugte Denkform. Die übrigen drei Quadranten stehen Ihnen auf Stufe 2 zur Verfügung. Dies erlaubt Personen mit Ihrem Profil, gut erkennbar imaginativ, intuitiv, experimentorientiert, innovativ und risikofreudig, aber bei entsprechenden Situationen mit anderen Anforderungen auch handlungsfähig und gut ausbalanciert zu sein, da logisches, analytisches, tatsachenorientiertes Denken links oben im Quadranten A zur Verfügung steht und ebenso die Denkstile des linken unteren Quadranten B mit den Bereichen der Organisation, Verwaltung und Kontrolle. Schließlich sind Sie ebenso bereit, mit zwischenpersönlichen und emotionalen Situationen umzugehen, die zu dem rechten unteren Quadranten C gehören. Sie sind also primär ideenorientiert und sekundär offen für »Fakten, Formales und Gefühle«. Und Sie sind auch für Risiken und Umgang mit unsicherer Information offen.

Typisch für Personen mit Ihrem Profil sind Unternehmer, strategische Planer, Ratgeber, manche Unternehmensberater, vertriebsorientierte leitende Angestellte und Künstler. Außerdem »facilitators«, also Personen, die durch ihre Eigenschaften wie Katalysatoren und Mittler wirken und durch deren Einsatz sonst schwer mögliche Abläufe oder Kooperationen zustande kommen. Und viele Freiberufliche.

Werte über 100 in D, insbesondere aber Werte über 120 in D, weisen auf besondere Neigung zu Unternehmertum hin. In dieser Gruppe werden insbesondere auch grafisch-malerisch Tätige, Künstler und Hochproduktive in der Technik sowie in Forschung und Entwicklung gefunden.

Männer mit dem Profiltyp (2, 2, 2, 1) zeigen u. a. Hobbies wie Drachenfliegen und bevorzugen buntere Kleidung, auch manchmal blaue und türkisfarbene Brillengestelle.

14.3.5 Und Ihr Profil?

Nachdem Sie sechs charakteristische Profile kennengelernt haben, jetzt die wiederholte Frage an Sie: Und wie sieht Ihr Profil aus? War es bei den sechs Profilen schon dabei? Oder sieht es anders aus? Bitte vergeben Sie jetzt Punkte für Ihr Profil.

A = _____   B = _____   C = _____   D = _____

Und versuchen Sie dasselbe für einige Ihnen nahestehende, gut bekannte Personen:

_____ : A = ____   B = ____   C = ____   D = ____

_____ : A = ____   B = ____   C = ____   D = ____

_____ : A = ____   B = ____   C = ____   D = ____

Wenn Sie noch Schwierigkeiten beim Verstehen der Quadranten und Profile haben, sensibilisiert Sie diese Übung. Ich gebe Ihnen im folgenden zur Vertiefung noch fünf weitere Beispiele für typische Profile. Nach dem Kapitel 15 springe ich dann voll in den Anwendungsbereich – dies ist die Gelegenheit, Ihr Grundlagen-Verständnis zu vervollständigen.

14.3.6 »Linkshälftiges« A-B-Quadranten-Denken

Nun kommen wir zu den vier »doppelt dominanten« Profilen.
Ich beginne mit dem »gemäßigten Linkshälfter« A-B, mit dem Profiltyp (1, 1, 2, 2). Dieses Profil zeigen 21 % der Männer und 8 % der Frauen.

Sehr geehrter Herr A-B,
Ihr Profil ist zweifach dominant auf der linken Seite. Sie gehören damit zur zweithäufigsten Profilgruppe in der Gesamtbevölkerung mit einem Anteil von 15 %. Dies ist auch gleichzeitig die häufigste Profilgruppe für Männer, mit einem Anteil von 21 %. Links ist Ihr Profil mit zwei Dominanzen stark ausgeprägt, in der rechten Hälfte zeigt Ihr Profil die Stufe 2. Personen mit diesem Profil verhalten sich rational, logisch-analytisch und bevorzugen es, mit Fakten umzugehen. Gleichzeitig ziehen Sie es vor, zu planen, zu organisieren und sich selbst und andere zu kontrollieren. Sie sind offen für den Umgang mit zwischenmenschlichen und gefühlsbezogenen Situationen und auch bereit zu kreativem, ganzheitlichem und konzeptuellem Denken. Für Sie rangieren

jedoch »Fakten und Form« vor »Menschen und Ideen«. Ihr Profiltyp kann einen Hang zur Technokratie mit sich bringen.
Ihr Profil ist typisch für Tätigkeiten im technischen Bereich, wie z. B. Ingenieurtätigkeiten, industrielle oder handwerkliche Produktion, Tätigkeiten im Finanzwesen und mittleren Management. Und ganz allgemein für solche Tätigkeiten, bei denen die Aktivität der linken Gehirnhälfte klar und deutlich die wichtigste ist, während die Denkformen der rechten Hälfte zwar notwendig, jedoch sekundär sind. Für Führungspositionen, insbesondere des mittleren Management, ist die Stufe 2 im Quadranten C eine beachtliche Hilfe, vor allem wenn Ihr Wert dort höher als etwa 45 liegt.

14.3.7 »Rechtshälftiges« C-D-Quadranten-Denken

Ich gebe Ihnen hier als Beispiel den Profiltyp C^+-D^+; also eine Person mit dem Profiltyp (3, 3, 1^+, 1^+). Profilwerte könnten (30, 30, 118, 130) sein. Ich habe erst vor kurzem eine Frau mit einem solchen Profil in einer Art Lebensberatung gehabt; insgesamt ist mir dieser Profiltyp schon mehrfach begegnet, obwohl er an sich sehr selten ist. Hier die Profilerläuterung:

Sehr geehrte Frau C^+-D^+,
Ihr Profil ist auf der rechten Hälfte doppelt dominant, demgegenüber findet sich auf der linken Hälfte zweimal eine Ausprägung auf der Stufe 3. Damit gehört Ihr Profiltyp zu den am meisten rechtshälftigen, die wir kennen.
Menschen mit Ihrem Profiltyp sind extreme »Rechtshälfter«; sie denken sehr kreativ, imaginativ, ganzheitlich, integrativ und konzeptuell. Und sie befassen sich zudem noch sehr gern mit gefühlsbezogenen, zwischenmenschlichen Situationen. Hohe Unsicherheit im Leben wird bei Ihrem Profiltyp meist geradezu als Lebenselixier empfunden. Bis auf gelegentliche Lebensängste ist für sie ein gesichertes, geregeltes Leben das Unerträglichste der Welt. Sie sind meist in ihrem äußeren Leben aktiv und zumindest interessiert an Spirituell-Religiösem, Musischem und Künstlerischem, wenn nicht gar intensiv damit befaßt.
Es ist fast eine Wette darauf abzuschließen, daß Ihnen esoterisch-visionäre Erlebnisse bekannt oder vertraut sind. Die Qualitäten

der linken Hälfte vermeiden Sie: Logisch-analytisch-rationalem Denken stehen Sie lustlos bzw. wegen der Stufe 1 in Ihrem Quadranten C ablehnend gegenüber. Organisatorischen Aufgaben, Planung, Details, Kontrolle und gesellschaftlicher Hierarchie können Sie gar nichts abgewinnen, Sie weichen ihnen aus. Die niedrigen Werte links erhöhen noch die Dominanz der rechten Hälfte. Sie denken bevorzugt visuell. Intuitive Lösungsfindung ist für Sie die natürlichste Sache der Welt.

Das Problem Ihres Profiltyps ist die Umsetzung des kreativ gewonnenen Ideenschatzes. Als Beispiel: ein Mensch, der die hinreichende Imaginationsfähigkeit hat, um ein neues Geschäft aufzubauen, der aber nicht richtig dazu in der Lage ist, es zu betreiben oder es über eine längere Periode aufrechtzuerhalten. Meist geht dieses Profil mit starken finanziellen Problemen einher. Im zu vermutenden Zusammenhang mit Akzeptanzproblemen in der Gesellschaft kann dieses Profil auch auf eine Drogengefährdung hinweisen.

Berufe mit diesem Profil sind nichttechnisch. Zu ihnen gehören: Künstler aller Art und Personen in lehrenden und helfenden Berufen. Gelegentlich auch Psychologen, Pfarrer und Menschen ohne Beruf.

Dieses Profil wird bei Frauen häufiger gefunden, da Frauen insgesamt (statistisch) wesentlich höhere C-Werte zeigen als Männer. Männer mit diesem Profil werden entsprechend meist als »soft« empfunden.

Das »normale« Rechtshälfterprofil (2, 2, 1, 1) z. B., (51, 43, 89, 130), kennt diese Integrationsprobleme des Kreativ-Intuitiven weniger. Hier finden sich viele Unternehmer, Schriftsteller, Musiker, Maler, Designer, Berater, Pfarrer, Trainer, Heilpraktiker.

14.3.8 A-D-»Kopf-Denken«

Ich stelle Ihnen hier den doppelt dominanten reinen »Kopftyp« (1^+, 3, 3, 1^+) vor. Als Zahlenbeispiel (100, 30, 30, 110). Dieser Typ tritt nicht oft auf.

Sehr geehrter Herr A^+-D^+,
Ihr Profil ist doppelt dominant in den beiden oberen »cerebra-

len« Quadranten A und D. Demgegenüber zeigen Sie in der unteren Hälfte zweimal die Stufe 3.

Personen mit Ihrem Profil denken stark ausgeprägt logisch-analytisch-rational und gleichzeitig ganzheitlich, integrativ, imaginativ und konzeptbildend. Üblicherweise tendieren Personen mit diesem Profil dazu, Emotionen zu vermeiden und zwischenmenschliche Probleme zu umgehen. Typisch Menschliches, Zwischenmenschliches, Spirituelles, Religiöses und Musisches bedeuten Ihnen wenig. Um Organisation, Bürokratie, Planung und Details machen Sie liebend gern einen Bogen, sind aber meist intelligent genug, diese Aufgaben gut zu delegieren. Die niedrigen Werte der unteren Hälfte verstärken noch die Dominanz der oberen Hälfte. Insgesamt zeigt Ihr Profil eine starke Bevorzugung des »Denkorientierten« gegenüber dem »Instinktorientierten«, das Ihnen fremd ist. An erster Stelle kommen bei Ihnen »Fakten und Ideen« und ganz weit hinten dann noch »Formales und Menschen«. Dies ist das typische Profil der »egg-heads«, der Menschen, die im »Kopf leben« und dazu neigen, den Körper zu vergessen. Die niedrigen Werte im limbischen Bereich können bis zur Vernachlässigung anderer Menschen und damit zur Isolation z. B. in einer Gelehrtenstube führen.

Typische Berufe für Personen mit Ihrem Profil könnten in der Forschung zu finden sein; insbesondere bei Physikern, bei manchen Finanzberatern, bei manchen Planungsingenieuren und Erfindern und bei manchen Menschen im Finanzbereich, wo zukunftsorientiertes, strategisches Denken ein wesentliches Arbeitsmerkmal ist. Es gibt zuwenig statistische Erfahrung zu diesem Profil.

14.3.9 B$^+$-C$^+$-Denken

Nun, als letztes doppelt dominantes Profil, der Extremfall B$^+$-C$^+$ mit (3, 1$^+$, 1$^+$, 3) und den Profilwerten (30, 112, 103, 30) als Beispiel.

Sehr geehrte Frau B$^+$-C$^+$,
Ihr recht seltenes Profil ist doppelt dominant in der »limbischen« unteren Hälfte. Demgegenüber sind die beiden oberen Quadranten auf Stufe 3 ausgeprägt.
Menschen mit Ihrem Profil fühlen sich wohl und »zu Hause«,

124

wenn sie mit Organisiertem, Kontrolliertem, geplanten Abläufen und detaillierter Ordnung sowie Hierarchie zu tun haben – und sie gehen gleichermaßen auf Situationen ein, in denen Gefühle, Zwischenmenschliches, Religiöses und Musikalisches im Vordergrund stehen. Kreativität, Ganzheitliches und Integratives lassen sie kalt, ebenso Logisch-Analytisch-Rationales. Die niedrigen Werte der beiden oberen Quadranten A und D verstärken noch die Dominanzen im Limbischen (unten). An erster Stelle stehen bei Ihnen »Menschen und formale Regelungen« und ganz weit hinten »Fakten und Ideen«.

Die beiden Dominanzen im Limbischen stehen sich deutlich als eine Art »innere Dualität« B versus C gegenüber, die Personen mit diesem Profil in sich selbst auflösen müssen. Die sich gegenüberstehenden Eigenschaften von Kontrolle und Struktur, von »Form«-Orientierung, und die emotionale und zwischenpersönliche Gefühlsorientiertheit können interne Konflikte und gespaltenes Verhalten hervorrufen. Charakteristisch für Personen mit diesem Profil sind starke Tendenzen zu Sicherheit, Absicherung sowie zu Gefühl und »Aus-dem-Bauch«-Denken.

Berufe, wie sie typisch sind für Personen mit diesem Profil: solche ohne besondere Anforderung an Faktenwissen, wie z. B. Gartenarbeiter, Zugehfrauen und ungelernte Arbeiter, manche Handwerker. Akademische Berufe bzw. solche mit einem hohen Anteil an intellektbezogener Ausbildung sind in dieser Profilgruppe nicht zu erwarten.

14.3.10 A-B-C-D-Rundum-Denken (Ganzhirn-Denken)

Dies ist der letzte Typ, den ich Ihnen vorstelle. Eine ideale Ausprägung dieses Typs wäre ein quadratisches Profil (1, 1, 1, 1), z. B. mit den Werten (72, 72, 72, 72). Dieser Profiltyp gewinnt, seitdem er als solcher bekannt geworden ist, immer mehr Interesse in der Wirtschaft. Er wird bei 6 % der Männer und 5 % der Frauen gefunden.

Sehr geehrter Herr A-B-C-D,
Ihr Profil zeigt die dominante Stufe 1 in allen vier Quadranten. Personen mit Ihrem Profil sind also in allen dem HDI entsprechenden Denkstilen zu Hause:
– im logisch-analytisch-rationalen,

- im planend-organisierend-kontrollierenden,
- im kreativen, ganzheitlichen, integrativen und konzeptuellen,
- im gefühlsbezogen-zwischenmenschlichen, spirituell-religiösen und musischen.

Ihr Profil tritt in etwa 5 % der Bevölkerung auf. Personen mit diesem Profil sind charakteristischerweise gut balanciert und in allen vier Quadranten so zu Hause, daß sie sich in jedem mit Verständnis aufhalten und guten Gebrauch davon machen können. Personen mit diesem Profil sind oft »mehrfach dominante Übersetzer«, d. h. Personen, die als »Übersetzer« für andere auftreten und helfen, zwischen auch sehr unterschiedlichen Personen Brücken der Kommunikation zu schlagen, wenn diese aufgrund ihrer unterschiedlichen Profile und Arbeitswelten damit Schwierigkeiten haben. Im Idealfall sind Personen mit diesem Profiltyp in der Lage, sich in ihrem aktuellen Denkstil leicht von einem Quadranten zum anderen zu bewegen, je nachdem, wie die Situation es erfordert, bzw. Denkstile aller Quadranten miteinander zu verknüpfen.

Diese Qualität kann jedoch zu Konflikten innerhalb des Individuums führen: Da ist einmal die »Fakten«-»Gefühle«-dominante Trennung zwischen dem Bereich links oben und dem Bereich rechts unten und dann die »Formales«-»Zukunft/Phantasie«-Trennungslinie zwischen den Bereichen links unten und rechts oben. Dies führt oft zu Spannungen zwischen in diesem Profiltyp enthaltenen Widersprüchen, die sich dann auch häufig zeigen. Im Lauf der Zeit kann sich aus dieser Situation eine sehr gut integrierte Persönlichkeit entwickeln, die inzwischen in den USA gern als »rundum offener Manager« eingesetzt wird.

Zu diesem Profil gehören Berufe, in denen die Denkformen von allen vier Quadranten wichtig sind. Beispiele dazu sind: leitende Angestellte in anspruchsvollen Vorgesetztenpositionen, Vorsitzende von Gremien inkl. Vorständen und Beiräten, Angestellte mit vielfältigen, unterschiedlichen Verantwortlichkeiten und oft auch Chefsekretärinnen.

Personen mit »Ganzhirn«-Denkstilprofil werden oft als etwas farblos bzw. uncharismatisch empfunden, da sie eben gleichmäßig für alle Denkstile offen und nicht einseitig dominant sind. Diese unscheinbare Stärke verschleiert oft ein besonderes Potential.

14.4 Der Umgang mit Wespen – ein Beispiel für verschiedene Aktionen der Quadranten

Im Sommer 1989 hatten wir, zumindest nach den Aussagen der Zeitungen, eine Wespenplage. Man kann leicht studieren, wie verschiedene Personen mit den zugehörigen Situationen umgehen.

Erste Methode:

Schönes Wetter, Tische im Freien gedeckt, einige Wespen summen. Eine Gästegruppe kommt, sieht die Wespen, diskutiert kurz, geht trotz fast 30 Grad in das Innere des Restaurants. Das Verhaltensprofil: (1) Kein Risiko eingehen, das man nicht kontrollieren kann (Quadrant B), (2) nach den angenommenen Fakten, die man kurz diskutieren kann (drin sind keine Wespen), hineingehen (Quadrant A).

Zweite Methode:

Eine Geschichte aus der Tagespresse. Ebenso schönes Wetter, über 90jähriger Rentner mit Garten und Gartentisch. Stellt eine präparierte Flasche als Trickfalle auf. Eine süße und stark riechende Flüssigkeit zieht die Wespen an, die dann in der Flüssigkeit in der Trickflasche untergehen. Er sagt zu einem Reporter, er hätte schon mindestens 9000 Stück von dem Zeug (den Wespen) weggeworfen. Dann füllt er immer nach. Das Verhaltensprofil: (1) Wespen dringen ohne Erlaubnis auf mein Territorium ein (B), (2) ungebetene Eindringlinge muß man strafen. Bei Insekten ist die Todesstrafe zulässig (B), (3) ich sorge für Ordnung! (B), (4) ich bin intelligent genug, um eine Trickfalle als Tötungsmaschine für mich arbeiten zu lassen (A).

Dritte Methode:

Wiederum dasselbe schöne Wetter. Frühstück am Balkon mit Wespen. Zwei bis drei Meter vom Tisch entfernt wird auf einigen kleinen Tellern etwas Marmelade und ein Stückchen Wurst ausgelegt. Die Eßwaren am Tisch werden sofort wieder zugedeckt. Fast alle Wespen essen von ihren Tellerchen. Man kann mitsamt den Kindern zuschauen, wie Wespen kleine Kreise aus der Wurst schneiden und damit davonfliegen. Man schlägt nicht nach den Wespen, kein ernstes Problem, kein Stich im ganzen Sommer. Das Verhaltensprofil: (1) Mitgefühl mit der hungrigen Kreatur (C), (2) bereit zum freiwilligen Geben (C), aber auch bereit, sich klug freizukaufen (A), (3) intelligenter Aufbau des Ablenkungsmanövers (A-D).

Wenn jemand vom dritten Typ die Geschichte vom Vorgehen des alten Mannes hört, könnte er vor Tierliebe wütend auf den Menschen werden. Und sich vielleicht fragen, ob der alte Mann in seinen Erinnerungen an den letzten Krieg immer noch damit beschäftigt ist, Gegner abzuschießen. Und der alte Mann, wenn er von der Wespen fütternden Familie hört, würde sich wahrscheinlich entrüsten: Und diesen fremdartigen Eindringlingen noch Futter geben, damit sie noch mehr Junge großbringen, die ich dann auch noch bekämpfen muß. Abartig! Das sollte verboten werden!

Wir sehen hier, wie sich an Kleinigkeiten wie dem Umgang mit Wespen tiefe ideologische Streitigkeiten und Feindbilder aufbauen können. Bestens dargestellt durch die unterschiedlichen Denkstile.

14.5 Präferenz und Kompetenz

Ist nun eine Person mit einer »3« (Vermeidung) in Quadrant A dumm oder unfähig zu klarem Denken? Diese Fragestellung ist in dieser Form absolut falsch!

Präferenz ist nicht Kompetenz. Kompetenz in irgendeiner Sache besteht aus einer Verknüpfung von Kenntnissen, Fertigkeiten und Fähigkeiten. Beispiel: Ein Hochseesegler, der als Skipper (»Kapitän«) fährt, muß Kenntnisse in verschiedenen Arten der Navigation haben, er muß Fertigkeiten im Arbeiten mit Sextant, Seekarten und Tabellen besitzen, und er muß z. B. über ein gewisses Maß an Sehfähigkeit verfügen. Die Präferenz »Ich bin sehr gern an Bord einer Yacht auf See« schafft noch keine Kompetenz als Skipper oder Navigator. Hierzu muß gelernt und geübt werden.

Genauso verhält es sich mit den Aussagen des HDI. Die Aussage D = 140, also hohe Präferenz von imaginativ-ganzheitlich-kreativ-künstlerischem Denken, macht aus dieser Person noch keinen kompetenten Grafiker, Maler, Buchautor. Aber es wird ziemlich unmöglich sein, eine Person zu finden, die mit D = 140 nicht in der Lage ist,

mit Stift und Farbe auch ohne jede Übung etwas halbwegs Anspre-
chendes und künstlerisch Wirkendes zu malen. Bei einer Person mit
einem Wert D = 140 wird ein wenig Üben beim Zeichnen/Malen
schnell unerwartet große Fortschritte bringen. Das ist ein Beispiel
für den allgemeinen Zusammenhang: Kompetenz entsteht bevorzugt auf der Basis von Präferenz. Und das HDI ist eben als Schnell-
indikator für Präferenzen entwickelt worden.
Ned Herrmann stellt den Zusammenhang zwischen Präferenz und
Kompetenz mit einer Grafik dar; dazu Abb. 14.4–1.

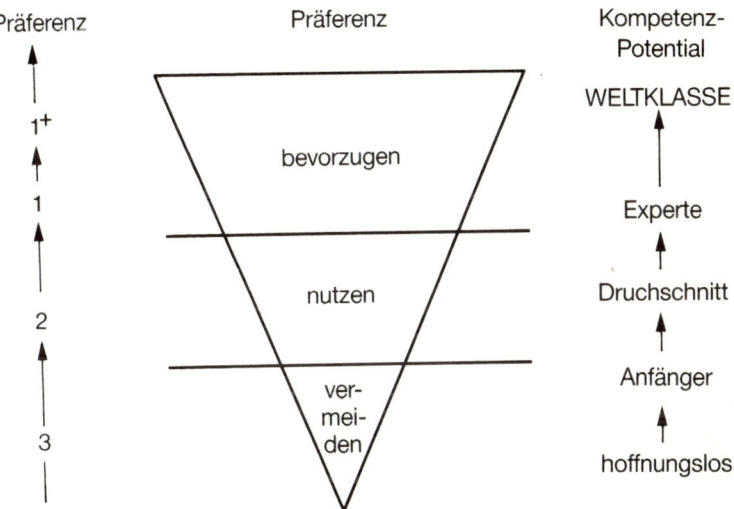

Abb. 14.5–1: Präferenz und Kompetenz (nach Ned Herrmann)

Er formuliert es sehr deutlich: Niedrige Präferenz bedeutet Hoff-
nungslosigkeit für den Erwerb einer zugehörigen Kompetenz; hohe
Präferenz ist die Prämisse für »Weltklasse«. Mit D = 35 Werbegrafi-
ker werden zu wollen, kann also a priori als erfolglos eingestuft werden. Mit D = 140 steht einem aber nicht nur die Laufbahn des Grafi-
kers, sondern von der benötigten Präferenz her auch die Laufbahn
des Unternehmers, des Romanautors, des Superprogrammierers,
des kreativen Erfinders und etliche andere offen. Das HDI sagt also
mit einer hohen Präferenz wiederum ein ganzes Bündel von mögli-

chen Entwicklungslinien zu unterschiedlichen Kompetenzen voraus – die Wahl liegt beim Individuum.

Bitte begehen Sie also nie den Kunstfehler, das HDI als Test auf Kompetenzen verwenden zu wollen. Bei diesem Versuch würden Sie sich um die besten Dinge bringen, die Ihnen das HDI geben kann.

Und beachten Sie zusätzlich, daß es manche Dinge gibt, die man auf ganz unterschiedliche Weise aus verschiedenen Quadranten angehen kann, mit nach außen ähnlichen Erfolgen. Ich werde Ihnen dazu später Beispiele geben.

14.6 Die zukünftige Entwicklung des Instruments

Das HDI ist Ende 1988 weltweit etwa einmillionmal eingesetzt worden. Die Einsatzzahl verdoppelt sich zur Zeit alle 18 Monate. Zahlenmäßig größtes Einsatzgebiet ist (neben den interessierten Privatpersonen) das Schul- und Ausbildungswesen. In den USA ist das HDI wohl das im Zuge der Reform des Bildungswesens wichtigste Instrument, beginnend mit der Volksschule. Selbst die Harvard-Universität (eine der ersten Universitäten der USA) hat im vorigen Jahr begonnen, das HDI zur Untersuchung des eigenen Ausbildungsbetriebes zu nutzen. An zweiter Stelle mit dem beruflichen Einsatz des HDI stehen Unternehmensberater und Trainer.

Herrmann entwickelt zur Zeit zwei neue »Fragebogen« für das HDI,
– einen für Vorschulkinder, ohne Schrift, Worte und Begriffe, auf bildhafter Basis,
– einen für Jugendliche im Alter von etwa 8–15 Jahren,
denn der für Erwachsene übliche Fragebogen ist erst ab etwa 14 Jahren einsetzbar. Der jetzige Fragebogen stellt beachtliche Anforderungen an die Begriffswelt des Ausfüllenden; Personen aus sozial schwacher Umgebung mit geringer Bildung sind auch im Erwachsenenalter gelegentlich nicht in der Lage, ihn auszufüllen. Der Vorschulkinder-Fragebogen soll helfen, vorhersehbare Lernrisiken (z. B. Legasthenie, siehe Kapitel 30) rechtzeitig zu diagnostizieren. Der Fragebogen für Schulkinder soll bei der Wahl des Schulzweigs und der Bildung von Berufswünschen unterstützen.

15. Die professionelle Interpretation und Nutzung von HDI-Profilen

Am Ende des vorigen langen Kapitels werden Sie, wenn Sie mit dem Lesen durchgehalten haben, einen Eindruck über die Art der Aussagen des HDI erhalten haben und Ihr eigenes Denkstilprofil wahrscheinlich noch besser raten können.

Dieses Buch liefert Ihnen viel Material, teilweise ist es sogar eine Art Anleitung. Trotzdem reicht es für die professionelle Interpretation der HDI-Profile nicht aus. Ned Herrmann kennt mehrere Stufen des Tiefenwissens:

(1) Den lizenzierten Auswerter von HDI-Profilen, der in den USA ein fünftägiges von Ned Herrmann persönlich durchgeführtes Intensivtraining mit späterer Abschlußarbeit durchlaufen hat. Ziel dieses Trainings ist die Vermittlung des vielfältigen Hintergrundwissens und der Zusammenhänge. Es soll sichergestellt werden, daß genügend Tiefenkenntnis zur korrekten Nutzung des Instruments verfügbar ist. Weltweit gibt es etwa 700 lizenzierte Auswerter; wir sind in Deutschland zur Zeit zu fünft.

(2) Die potentiellen beruflichen Anwender des HDI (Unternehmensberater, in der Industrie Fach- und Personalabteilungen, Therapeuten) sollten Seminare durchlaufen, die von lizenzierten Auswertern angeboten werden. Dies soll dazu dienen, daß das Instrument nicht mit zu oberflächlichem Verständnis eingeführt wird. Es wird auch Anfangsunterstützung beim Einsatz angeboten.

(3) Privatpersonen, die über sich, ihr Denken und ihre Kreativität hinzulernen wollen, finden ein Angebot an Seminarveranstaltungen, die im Regelfall von lizenzierten Auswertern angeboten, aber inzwischen auch von Personen der Gruppe 2 übernommen werden.

Dieses mehrstufige Verfahren soll sicherstellen, daß das HDI nicht zu einem unqualifiziert und mechanisch angewandten »Test« wird, wie es mit vielen anderen Verfahren schon geschehen ist.

Teil 5

Anwendungen

16. Sind Profile lebenslänglich? – Kann man Profile ändern?

Diese Frage wird oft gestellt. Manche Personen erkennen spontan, daß ein verändertes Profil ihnen helfen würde, einige Sorgen loszuwerden. Die Antwort auf die Frage nach der Veränderbarkeit der Profile besteht aus zwei Teilen:

1) *Ja,* wenn Sie das wollen und sich den Erlebnissen aussetzen wollen, die Sie dabei haben werden.

2) Ich stelle bei dieser Frage gern die Gegenfrage: Was motiviert Sie, Ihr Profil ändern zu wollen?

   Denn: Sie können Ihr neues Verständnis der Profile – und Ihres persönlichen Profils – auch nutzen, *ohne* Ihr Profil gezielt zu verändern, und dabei wertvolle Erfolge/Erlebnisse haben.

Ich werde in späteren Kapiteln und insbesondere in Kapitel 33 diese beiden Aspekte behandeln. Auf jeden Fall will ich mit diesem Buch eines nicht: jedermann zur Veränderung seines Profils ermuntern.

17. Mann und Frau

Vielleicht haben Sie schon vermutet, daß die Polarität von Mann und Frau, Yang und Yin, sich auch in den Hirndominanzen ausdrückt als: LINKS männlich, RECHTS weiblich.

In älteren Gegenüberstellungen (2) findet sich das Paar männlich-weiblich in der Umgebung anderer dualer Paare wie

    Argument – Erfahrung (Bacon)
    intellektuell – gefühlsmäßig (Blackburn)
    rational – bildhaft (Brunner)
    vertikales Denken – laterales Denken (de Bono)
    männlich – weiblich (I Ging)
    Yang – Yin (I Ging)
    analytisch – Gestalt (Levy, Sperry)
    analytisch – holistisch (Ornstein)
    numerisch – geometrisch (Wilder)

Wir sehen, daß die Begriffe der linken Spalte mit LINKS korrelieren, die der rechten mit RECHTS.

Das HDI liefert uns weitere Einsichten, die über die LINKS/RECHTS-Zuordnung hinausgehen.

Ned Herrmann und andere Autoren (25) zeigen durch statistische Untersuchungen an großen Zahlen von Männern und Frauen, daß die Mittelwertprofile von Männern und Frauen sehr unterschiedlich sind. (Siehe hierzu Abbildung 17–1 auf folgender Seite).

Wir sehen, daß Männer und Frauen (US-Zahlen)

– im B-Quadranten mit etwa 75 fast identisch sind;
– im D-Quadranten Männer mit etwa 82 etwas höher liegen als Frauen mit etwa 78;
– in A Männer mit 84 viel höher liegen als Frauen mit 56;
– in C Frauen mit 82 gegenüber Männern mit 58 die höheren Werte zeigen.

Die Unterschiede in A und C sind sehr groß. In der Terminologie des HDI heißt das:

– Frauen sind in den Durchschnittszahlen wesentlich gefühlsbezogener, kommunikativer, musikalischer etc. als Männer.
– Männer sind in den Durchschnittszahlen wesentlich analytischer, logischer, technischer, mathematischer etc.

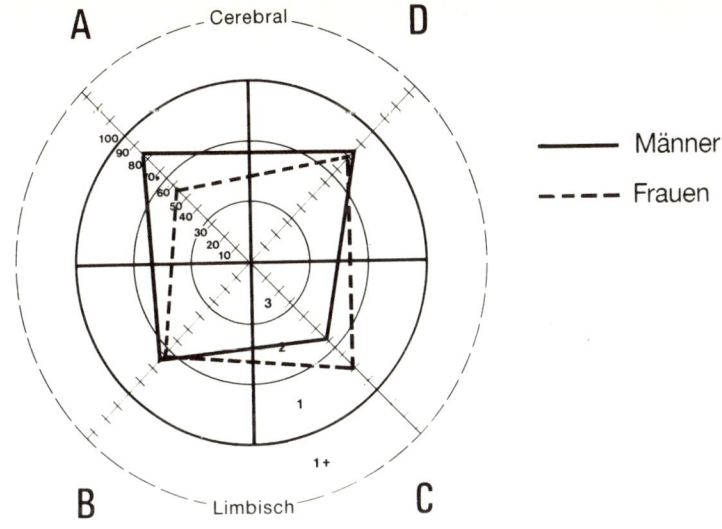

A　　Cerebral　　D

───── Männer

- - - - Frauen

100
90
80
70
60
50
40
30
20
10

3

2

1

1+

B　　Limbisch　　C

Abb. 17–1:　Mittelwertprofile von Männern und Frauen

Das Durchschnittsprofil der Männer ist vom Typ (1, 1, 2, 1), das der Frauen vom Typ (2, 1, 1, 1).
Die Erfahrung beim Auswerten von HDIs bestätigt, daß Männer sehr selten in C höhere Werte als 100 erreichen, während dies bei Frauen oft vorkommt. Umgekehrt ist eine Frau mit einem A-Wert von mehr als 100 eine Rarität. Wir können also von der A-C-Achse als der »Mann-Frau-Achse« sprechen – wesentlich präziser als bei der einfachen Zuordnung LINKS/RECHTS. Der A-Quadrant steht in unserer Gesellschaft in einem gewissen Sinn also für »männlich«, der C-Quadrant für »weiblich«. Bei der Betrachtung des Themas »Berufe und Profile« wird uns dieser Zusammenhang wieder begegnen.
In Kapitel 14.3 hatte ich Ihnen einige Profiltypen erläutert, darunter auch den Typ (1, 1, 2, 2). Dies ist das häufigste Männerprofil, das immerhin 21 % aller Männer zeigen, dagegen nur 8 % der Frauen.
Das mit 24 % häufigste Frauenprofil ist vom Typ (2, 1, 1, 1), also ein dreifach dominantes Profil. Wiederum auffällig, daß in A mit 2 die niedrigste Ausprägung vorliegt.

137

Das über die Gesamtstatistik von Männern und Frauen hinweg häufigste Profil ist das rechtshälftige Profil (2, 2, 1, 1). Aber als rechtshälftiges Profil gehört dieses Profil zu wiederum 17 % aller Frauen und 11 % aller Männer.

Das HDI selbst macht keine Aussagen darüber, ob männliches/weibliches Verhalten anerzogen oder genetisch bedingt ist, aber es zeigt sehr deutliche Unterschiede. Die anatomische Hirnforschung weist Unterschiede zwischen männlichem und weiblichem Gehirn auf. So liegt im Durchschnitt die Zahl der Nervenfasern im Corpus callosum bei Frauen um etwa 15 % höher. Dies bedeutet zumindest von den technischen Gegebenheiten der »Links-rechts-Datenkommunikation« her, daß Frauen besser gerüstet sind, die Denkprozesse der linken mit denen der rechten Hemisphäre zu verknüpfen und umgekehrt. Dies scheint auch statistisch zuzutreffen.

18. Berufe und Profile

18.1 Beispiele für Berufe und Profile

In den Kapiteln 14.3.1 bis 14.3.10 waren schon Hinweise auf Berufe enthalten. Ich möchte diese Zusammenhänge jetzt vertiefen.

Liegen hinreichend viele Profile von Physikern, Chemikern, Krankenschwestern, New-Age-Unternehmern, verschiedenen Fachärzten etc. vor, so kann man leicht anfangen, Statistik zu treiben. Ned Herrmann hat dies mit Hilfe seiner Datenbank in größerem Umfang getan. Im folgenden führe ich Sie durch einen Teil seiner aufschlußreichen Ergebnisse.

Von Ned Herrmann stammt eine Übersicht, die ich Ihnen in Abbildung 18.1–1 zeige. Anschließend gehe ich durch eine Reihe von Beispielen.

A	D
Ingenieure Rechtsanwälte Finanzmanager	Künstler Unternehmer strategische Planer
B	**C**
Verwalter Buchhalter Operationelle Planer	Sozialarbeiter Lehrer Krankenschwestern

Abb. 18.1–1: Berufe und Quadranten – eine Übersicht (nach Ned Herrmann)

18.2 Der Radiologe

Im Mittel zeigen Radiologen (Fachärzte für Strahlenanwendung) einen hohen Wert von A (über 110) und demgegenüber einen zwischenmenschlichen Wert C am Rande der Vermeidung. Betrachten Sie hierzu die Grafik (a) in Abbildung 18.2–1.

Im Bereich von Phantasie und Imagination liegen die Radiologen im Schnitt ebenfalls am Rande der Vermeidung; in B weist der Wert von etwa 80 auf detailgenaue Arbeit hin.

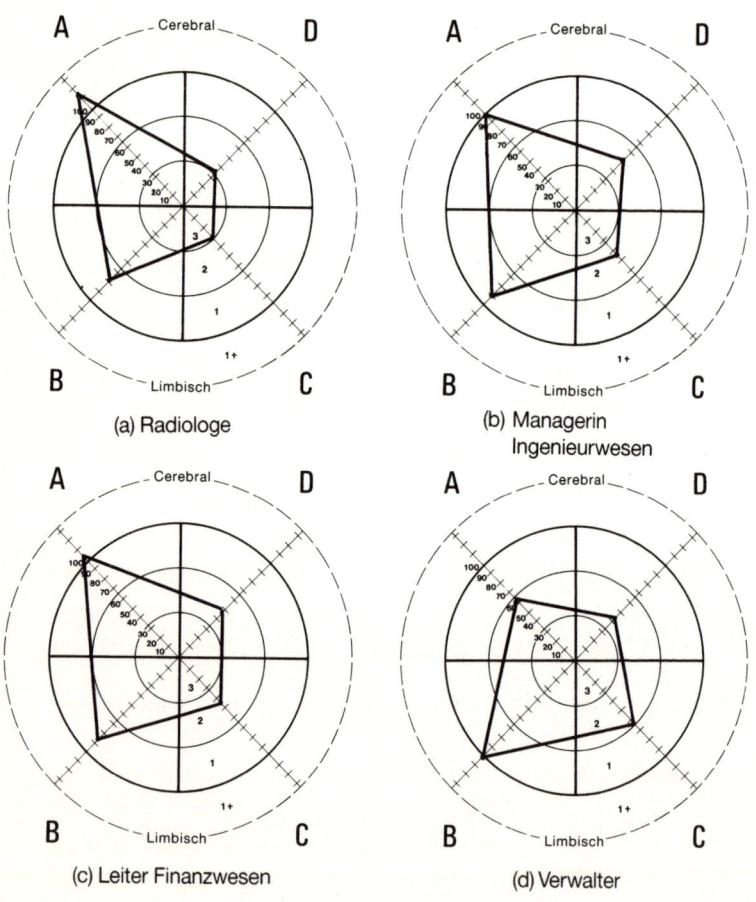

(a) Radiologe

(b) Managerin Ingenieurwesen

(c) Leiter Finanzwesen

(d) Verwalter

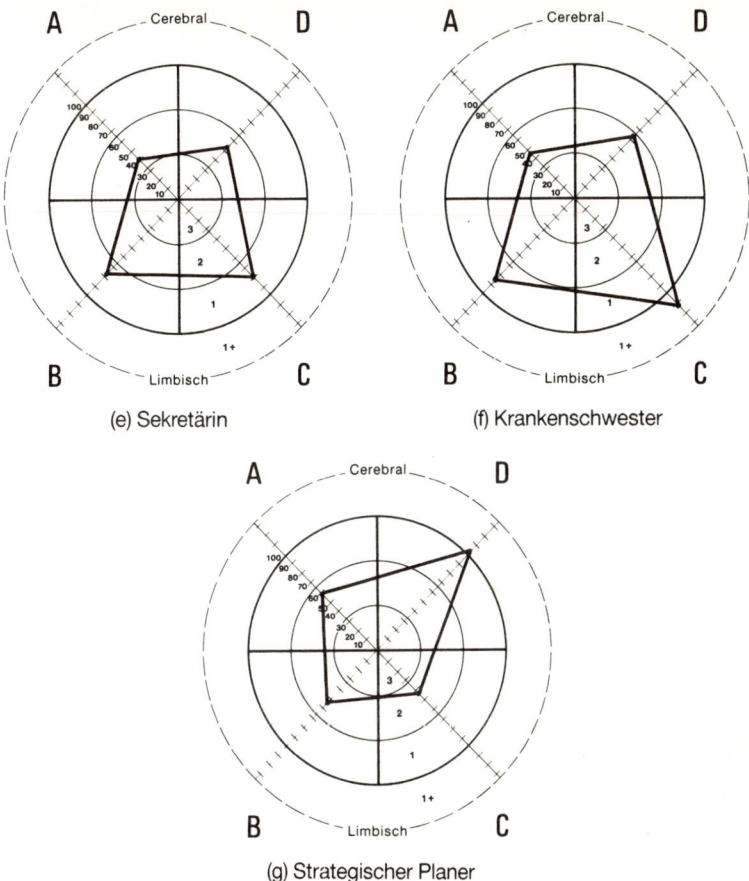

(e) Sekretärin

(f) Krankenschwester

(g) Strategischer Planer

Abb. 18.2: Berufe und Profile (nach Ned Hermann)

18.3 Der Manager im Ingenieurwesen

Betrachten Sie hierzu die Grafik (b) in Abbildung 18.2–1. Sie sehen hier ein »männliches« Profil vom linkshälftigen Typ (1, 1, 2, 2). Der A-Wert ist fast 100, der B-Wert liegt bei 90, während rechts C bei 44 und D bei 52 liegt. Der hohe analytisch-technisch-rationale A-Wert diagonal gegenüber dem vergleichsweise niedrigen C-Wert schwächt im äußeren Erscheinungsbild die gefühlsbezogene C-Komponente noch weiter ab.

In diesem Profil zeigt sich die linkshälftige Ingenieurausbildung mit ihren Aspekten »technisch«, »logisch«, »analytisch«, »quantitativ« sowie in der Befassung mit Abläufen, Verfahren und dem Thema Genauigkeit.

Beachten Sie, daß dieser Typ von Manager bei der Wahrnehmung seiner Führungsaufgabe nicht sonderlich personenbezogen ist und, was den Mittelwert-Typ angeht, auch wenig Neigung zu zukunftsorientiertem Denken hat.

18.4 Der Leiter im Finanzwesen

Betrachten Sie dazu die Grafik (c) in Abbildung 18.2–1. Dieses Mittelwertprofil ist wiederum vom Typ (1, 1, 2, 2), mit A über 100 und einem hohen B-Wert von über 85.

Ned Herrmann merkt an, daß der D-Wert um so höher liegt, je höher die Person in der Organisation steht. Dies ist wiederum der Hinweis auf die »strategische Komponente« von D.

18.5 Der Verwalter

Betrachten Sie hierzu in Abbildung 18.2–1 die Grafik (d). Das Mittelwertprofil des Verwalters ist vom Typ B (2, 1, 2, 2). B hat den höchsten Wert mit etwa 100, während A und C am oberen Rand des Bereichs 2 liegen. Am niedrigsten ist mit etwa 40 der Wert in D; Verwalter brauchen nicht imaginativ/kreativ/phantasievoll zu sein, aber sie müssen mit Menschen auskommen und Fakten kennen.

Stellen Sie sich einen Lagerverwalter vor, der (ohne Computerprogramm für chaotische Lagerung) kreativ alle noch freien Lücken mit den dort hineinpassenden Gütern füllt ...

Der Wert von C im oberen Bereich von 2 weist auf die oft mit der Tätigkeit des Verwalters verbundene Vorgesetztenaufgabe hin. Dieser Wert liegt höher als beim Manager im Ingenieurwesen; dies erklärt sich vermutlich damit, daß die vom Ingenieur-Manager geführten Fachkräfte als Ingenieure wiederum häufig A-dominant mit niedrigem C-Wert sind.

Demgegenüber leitet der Verwalter meist Personen, die mit weniger Schulbildung eher in die Gruppe »limbisch« fallen, also höhere B- und C-Werte zeigen.

18.6 Die Sekretärin

Betrachten Sie hierzu in Abbildung 18.2–1 die Grafik (e). Dieses Mittelwertprofil ist vom Typ (2, 1, 1, 2), mit dem niedrigsten Wert im Faktenquadranten A. Dies entspricht gut dem Bild einer üblichen Sekretärin, die mit Akten und Ablage sorgfältig umgeht und den oft männlichen Mitarbeitern ihres Umfeldes eine Note von Wärme und Hilfsbereitschaft sowie Einfühlungsvermögen entgegenbringt.
Manche Spezialsekretärin, z. B. die Arztsekretärin oder die Anwaltssekretärin, wird im Mittel viel höhere A-Werte zeigen müssen als ihre Durchschnittskollegin, um mit den vielfältigen Fakten des Gesundheits- bzw. Gerichtswesens auf Dauer in Freundschaft zu leben. Chefsekretärinnen und Alleinsekretärinnen sind dagegen mehr im D-Quadranten gefordert.

18.7 Die Krankenschwester

Betrachten Sie hierzu bitte die Grafik (f) in Abbildung 18.2–1 mit dem Profiltyp (2, 1, 1, 2).
Wiederum ist, wie bei der Sekretärin, im Schnitt der A-Quadrant der niedrigste. Aber die zwischenmenschlich-fürsorgende Komponente C liegt über 110, ist also auch für Frauen sehr stark ausgeprägt, mit einem Wert von 30 über dem Frauendurchschnitt. Nach dem HDI ist es völlig klar, daß diese Profile statistisch fast nur von Frauen gezeigt werden – entsprechend ist es ein reiner Frauenberuf. Beachten Sie, daß trotz des hohen Gefühlswertes in C Sorgfalt und Genauigkeit einen recht hohen Wert von etwa B = 85 zeigen.

18.8 Der strategische Planer

Hierzu Abbildung 18.2–1, Grafik (g). Der strategische Planer zeigt im Mittel ein rechtshälftiges Profil vom Typ (2, 2, 2, 1), wie ich es weiter oben schon besprochen habe. Der D-Wert, mit seiner Bedeutung für Zukunftsgestaltung, Innovation und Umgang mit unsicheren Informationen, zeigt einen Wert von über 100. Die linkshälftigen Qualitäten von Faktenwissen und planerischer Neigung sind auf der Stufe 2 zwar im oberen Bereich vorhanden, aber ganz klar der Komponente D untergeordnet.

Beachten Sie, daß unsere klassischen betriebswirtschaftlichen und technischen Ausbildungen völlig auf die Denkformen A und B ausgerichtet sind – daß also ein Mensch meist trotz seiner Ausbildung strategischer Planer wird, indem er an seiner persönlichen D-Dominanz festhält und sich ein entsprechendes Arbeitsfeld sucht, in dem er seine Denkstilpräferenz ausleben darf.

18.9 Der Unternehmer, der New-Age-Unternehmer und New Age

Betrachten Sie bitte hierzu die Grafik (a) in Abbildung 18.2–2.

Der Mittelwert aller untersuchten Unternehmer zeigt den Profiltyp (2, 2, 1, 1), wobei der Wert in D bei etwa 130 liegt – genauso hoch wie beim durchschnittlichen Künstler! Die zwischenmenschliche Komponente in C liegt im unteren Bereich von 1, während Sie beim Künstler im Mittel immerhin fast 15 Punkte höher liegt.

Für den Unternehmer sind die Eigenschaften

– Umgang mit Unsicherheit und Risiko,
– Vision von zukünftigen Situationen,
– Entwurf von Konzepten

an erster Stelle charakteristisch. An zweiter Stelle folgt mit der Dominanz in C die »soziale Qualifikation« bzw. soziale Intelligenz. New-Age-Unternehmer zeigen in C im Mittel um fast 15 Punkte höhere Werte.

Grob könnte man sagen, der Unternehmer gestaltet Objekte der Wirtschaft, der Künstler Objekte in Ton, Farbe oder Worten.

Hier eine kurze Anmerkung zu New Age. Im HDI bedeutet New Age: besondere Betonung des Quadranten C mit Opposition gegen die Attribute des Quadranten A. Zusätzlich: mehr Betonung des Quadranten D mit Opposition gegen die Aspekte von Quadrant B. Mit diesem Modell läßt sich die ideologische Spannung zwischen »Traditionellen« und »New-Age-Anhängern« gut verstehen.

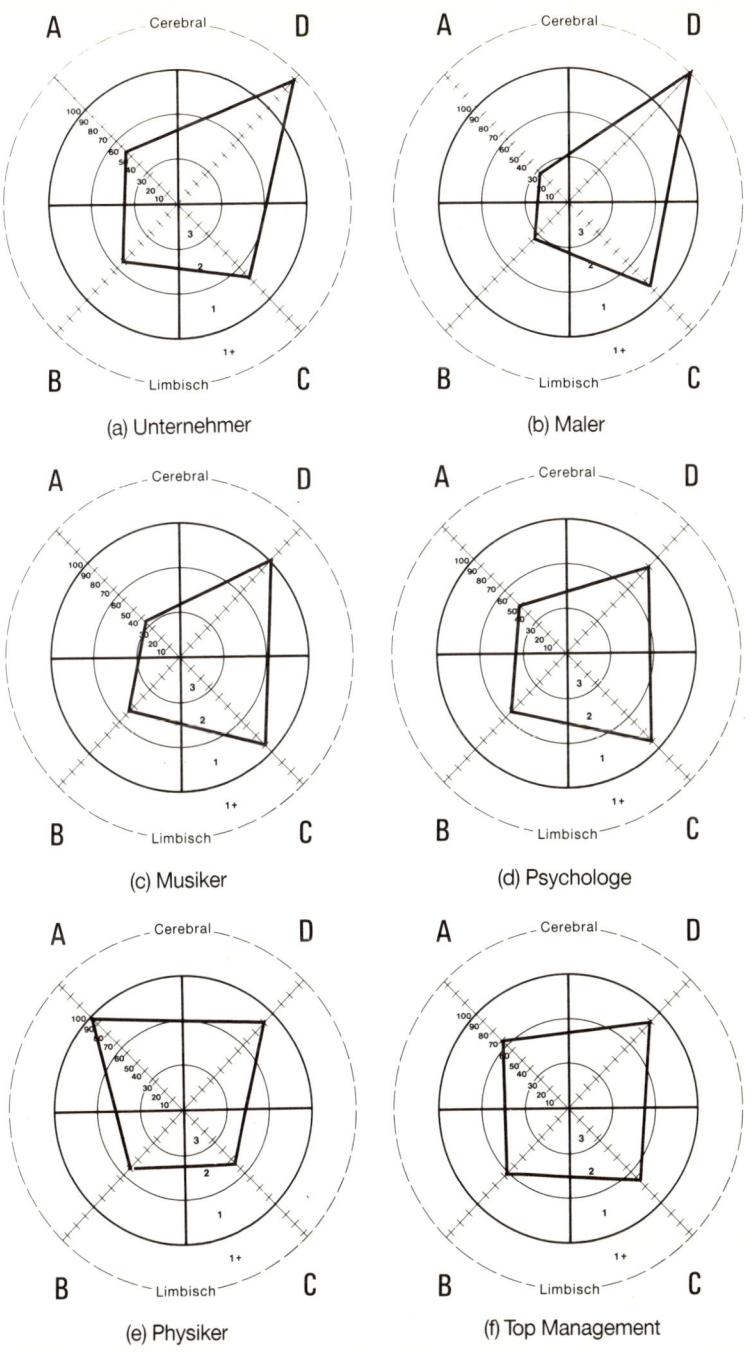

(a) Unternehmer   (b) Maler

(c) Musiker   (d) Psychologe

(e) Physiker   (f) Top Management

Abb. 18.2-2: Berufe und Profile (nach Ned Hermann)

18.10 Der Künstler

Ich zeige Ihnen zwei Künstler in Abb. 18.2–2, einen Maler (b) und einen Musiker (c). Das Profil der Maler ist im Mittel (30, 35, 85, 136), das der Musiker (37, 52, 90, 103). Beachten Sie, daß beim Maler das Kreativ-Visuelle mit D = 136 wesentlich höher ausgeprägt ist als beim Musiker mit D = 103. Im Emotional-Kommunikativen liegt der Musiker nur um plus 5 über dem Maler. Im Bereich B (Detail, Sorgfalt, also beim exakten Beachten der Vorgabe durch die Noten) liegt der Musiker dann aber um 17 Punkte über dem Maler.

18.11 Der Psychologe

Psychologen zeigen im Mittel rechtshälftige Profile (50, 60, 90, 90). Dazu Abb. 18.2–2 (d). Hier dominieren offenbar Einfühlungs- und Vorstellungsvermögen vor akademischer Faktenfreude (A = 50).

18.12 Der Physiker

Abb. 18.2–2 (e) stellt den Mittelwert der Physiker mit (98, 62, 54, 91) dar. Dieses Profil ist deutlich cerebral. Es ist auffällig, daß hier A und D auf etwa gleicher Höhe ausgeprägt sind. Trotz aller exakten Berechnungen erfordert der Beruf des Physikers viel Vorstellungs-vermögen für Modelle, also visuelles Denken.

18.13 Top-Management

Auf der Ebene des Vorstandsvorsitzenden zeigt sich im Mittel das »Ganzhirnmenschen-Profil« mit (71, 66, 74, 90). Obwohl das Profil formal vom Typ (1, 2, 1, 1) ist, ist es trotz der Genauigkeit des HDI doch nicht vom Profiltyp (1, 1, 1, 1) zu unterscheiden. Beachten Sie, daß die Vorstände im Mittel rechtshälftige Profile zeigen, mit dem höchsten Wert in Quadrant D, der auch für Zukunftsorientierung und strategische Planung zuständig ist. Der relativ hohe Wert in C weist auf erhöhte soziale Intelligenz hin. (Abb. 18.2–2(f))

19. Profile und Kommunikation

In verschiedenen Management-Trainings wird heute das HDI als Eröffnung für einen halben Tag genutzt. Der deutsche Management-Trainer Rosche sagt dazu: »Ich bin überrascht gewesen, wieviel wichtige persönliche und zwischenpersönliche Einsichten ich in der Eröffnungsphase in kurzer Zeit mit dem HDI erreichen konnte.« Er bietet einen über drei Jahre laufenden hausinternen Trainingszyklus an. Wieso hat das HDI, das zunächst ja gar nicht im Hinblick auf Kommunikation entwickelt wurde, diesen Effekt?

Sie dürften nun genügend über die Grundlagen der Hirndominanzen wissen, um sich jetzt mit solchen komplexeren Themen beschäftigen zu können.

19.1 Stehpartys und verfeindete Profilstämme

Mit den Profilen bzw. Profilstämmen ist es ähnlich wie mit den Galliern, über die Cäsar schreibt, daß die einzelnen Stämme miteinander verfeindet seien und bei jeder Gelegenheit übereinander herfallen würden. Das bedeutet, daß innerhalb des Stammes ein starkes Wir-Gefühl (also Gefühl der Ähnlichkeit und Zusammengehörigkeit) besteht, während die anderen Stämme als fremd und andersartig empfunden werden.

Zum »stammesinternen« Zusammengehörigkeitsgefühl der Profiltypen beschreibt Ned Herrmann ein von ihm mit immer wieder ähnlichen Ergebnissen wiederholtes Experiment. Er führt öfter größere Veranstaltungen mit einigen zig bis hundert Teilnehmern durch. Die Teilnehmer kennen sich bei diesen Veranstaltungen vorher nicht, aber Herrmann kennt die Profile. Vor Beginn gibt es dann in der Hotelhalle oder im Vorraum einen kleinen halbstündigen Empfang. Die sich noch unbekannten Personen finden sich zu kleinen Gesprächsgruppen zusammen. Wer steht nach 15 bis 20 Minuten mit wem in der kleinen Stehparty-Gruppe? Ned Herrmann läßt dann oft von mehreren Helfern dokumentieren, wie sich die Gruppen bilden und zusammensetzen. Das Ergebnis ist immer wieder überraschend: In den einzelnen Grüppchen stehen fast immer Personen desselben Profiltyps (z. B. 1, 1, 2, 2) oder aus zwei benachbarten Profiltypen (also z. B. aus [1, 1, 2, 2] und [1, 1, 3, 2]). Innerhalb von wenigen Minuten sortieren sich also 50 oder 100 Personen unbewußt nach ihren Profiltypen.

Dies zeigt einmal, wie hautnah das HDI menschliches Verhalten beschreibt. Den Menschen ist im Unbewußten vertraut, was das HDI in Zahlen angibt. Zum anderen ist die »natürliche Gruppenbildung« einer der wichtigsten sozialen Prozesse, der in Teams, Familien, Firmen dauernd stattfindet. Das HDI erlaubt es also, wichtige Gruppenprozesse zu verstehen und auch zu steuern. Das HDI beschreibt also Kräfte, die Personen in Gruppen zusammenführen bzw. trennen.

Im ersten Abschnitt habe ich über die verfeindeten Stämme gesprochen. In meinen Seminaren mache ich des öfteren eine Übung und frage nach den typischen Erscheinungsbildern und Bezeichnungen für Herrn A$^+$, Herrn B$^+$, Frau C$^+$, Herrn D$^+$. Auffällig ist zunächst, daß Bezeichnungen mit negativem Beigeschmack viel häufiger genannt werden als positive. Herr D$^+$ wird z. B. als »Tagträumer, Phantast« etc. bezeichnet, und nicht als der »tolle Grafiker« oder der »Innovator«. In dieser negativen Vorauslese zeichnet sich schon die Spannung zwischen den Quadranten ab.

Ich habe in der folgenden Tabelle 19.1−1 typische Nennungen zusammengetragen. Einige Ausdrücke werden dabei Schweizern besser verständlich sein.

Wenn Sie sich in Ihrer Umwelt umschauen und vielleicht auch noch einmal zu den erläuternden Beispielen zu RECHTS versus LINKS aus Kapitel 14 zurückgehen, werden Sie entdecken, daß dieser Krieg der Quadranten überall und dauernd stattfindet. Der ordentliche B-Typ (Lehrer, Eltern) zu dem Kind, das bei den Schulaufgaben aus dem Fenster schaut und tagträumt: »Wenn du weiter so herumträumst, dann wird aus dir nie was Ordentliches!« Oder der echte Möchtegern-Künstler, der auf den Beamten bei der Finanzverwaltung oder sonstwo herabsieht und sich als um so größerer Künstler fühlt, je tiefer er auf jene korrekten Halbmenschen herabsehen kann, zu denen er ja Gott sei Dank nicht gehört.

Das Zusammentreffen unterschiedlicher Dominanztypen bringt also immer zwei natürliche Tendenzen mit sich:

a) den Zug zur Gruppenbildung der im Denkstil ähnlichen Personen,

stur Technokrat vernagelt »kalter Fisch« Alleswisser Besserwisser Zahlenmensch beinhart (C + D gegen A)	Dubel (= schwachsinniger Idiot) Traumtänzer Chaot Phantast Spinner Exzentriker Luftikus bunter Vogel (A + B gegen D)

Korinthenkacker
Spießer
Tüpflischeißer
Ideenkiller
borniert
kleinkariert
Hierarch
autoritärer Siech
 	
(C + D gegen B)
	Bliss Nini (am.)
	  (Blumenkind in
	  Glückseligkeit)
	Gefühlsdusel
	Weichling
	Händchenhalter
	Softie
	
	(A + B gegen C)

Tab. 19.1-1:   Die Schimpfworte der verfeindeten Profilstämme

b) die Abgrenzung mit Abwertung von Andersdenkenden.
Ihre Chance ist es, sich nach diesem Kapitel Ihre Umgebung und Ihr eigenes Verhalten/Wertgefühl genau anzusehen. Sie haben hier die Gelegenheit, Ihre Umgebung und Ihre Beziehungen zu Ihrer Umgebung mit neuen Augen zu sehen.

19.2 Die Quadranten und ihre Sprachen

Nach den Ergebnissen des letzten Kapitels werden Sie verstehen, daß Kommunikation zwischen den Quadranten (also zwischen Menschen mit stark unterschiedlich dominanten Quadranten) recht mühsam sein kann.
Die Quadranten grenzen sich nicht nur gegeneinander ab und blok-

kieren dadurch die Kommunikation. Sie benutzen darüber hinaus unterschiedliche Kommunikationsformen. Ich hatte schon am Anfang, bei der Aufstellung LINKS/RECHTS, Hinweise auf unterschiedlichen Umgang mit Körpersprache etc. gegeben. Natürlich gilt das genauso für das gesprochene und geschriebene Wort. Ich gebe Ihnen am Beispiel von vier Reportagen, die sich auf dasselbe Omnibusunglück beziehen, einen Hinweis auf diese unterschiedlichen Sprachformen.

Text 1 **A Fakten** »... wieder einmal hat die moderne Technologie der Kriminalistik und Gerichtsmedizin mittels Analyse von Blutspuren, Lackresten und eines verwischten Fingerabdruckes den flüchtigen Fahrer überführt, der ...«	**Text 4** **D Zukunft/Phantasie** »Dieser Unfall zeigt wiederum die tödliche Kombination von betrunkenem Fahren und mangelhaft gewarteten Fahrzeugen. Hier ist es wegen der Bedeutung für alle Bürger höchste Zeit, zu neuen Formen des Straßenverkehrs zu kommen ...«
Text 2 **B Formales** »Um 16.45, mitten im Berufsverkehr, am Montag, dem 26. März vorigen Jahres, hatte in Talfelden auf der östlichen Bahnhofsstraße ein grüner, zunächst unbekannter PKW den Schulbus der Gemeinde Wallendorf gerammt und ...«	**Text 3** **C Gefühle** »Bei der Gerichtsverhandlung stürzte sich unerwartet die schreiende Mutter eines der Opfer des blutigen Schulbusunglücks auf den Angeklagten ...«

Übersicht 19.2-1: Vier Reportagen über denselben Unfall

Ich erinnere mich an einen Physiker, dessen Doktorarbeit 16 Seiten Text umfaßte. Keiner seiner trockenen Sätze war länger als maximal zwei Zeilen: Das war Stil A. Seine Experimente hatte er als Zahlentabellen in einem Anhang beigefügt. Das war Stil B.

Ein Poesiealbum gehört nach C und D. Mehr nach D, wenn Bilder und Zeichnungen eine wichtige Rolle spielen. Mehr nach C, wenn die Gefühle im Vordergrund stehen.

Ich breite diese Dinge vor Ihnen aus, weil gemeinsame Sprachformen eine wichtige Prämisse für erfolgreiche Kommunikation sind. Denn Kommunikation scheitert nicht nur an mangelnder Aufnahmefähigkeit oder Aufnahmebereitschaft des anderen, sondern weil die von den Partnern benutzten Sprachformen sehr unterschiedlich sein können.

Wenn eine Person vom Typ C lange blumig und gefühlvoll daherredet, wird Herr A wahrscheinlich ungeduldig. Für A sollte C endlich zur Sache kommen und ihm nicht die Zeit stehlen. – Und A versteht nicht, daß C nur auf diese Weise sprechen kann. Nur zu sagen: »Den Schrank hat mein Großvater 1929 antiquarisch gekauft«, wäre für C wohl substanzlos. Denn schließlich war es ein lieber Großvater etc.

Und wenn Herr A mit der Mitarbeiterin C ein Personalgespräch führt und ihr einen schweren Fehler vorwirft, wird sie darüber vielleicht berichten: »Er hat immer nur geredet, was ich falsch gemacht habe. Er hat überhaupt nicht gemerkt, wie leid mir das getan hat, und er hat mir auch gar keine Gelegenheit gegeben, ihm zu sagen, daß das der Tag war, als Tinchen ihre Lungenentzündung bekommen hatte ...«

Und natürlich gibt es Zeitschriften, die sich bevorzugt an A wenden, oder aber an B etc. Vielleicht schauen Sie einmal beim Friseur hin und ordnen die dort herumliegenden Zeitschriften nach Quadranten?

Insgesamt läßt sich der Unterschied der »Dialekte« der Quadranten in der Übersicht 19.2–2 zusammenfassen.

A	D

Fakten
kurze Sätze
grammatikbewußte
  längere Sätze
Vorlesungen
Argumente
Beweise
Schlußfolgerungen
	Beispiele
	Wortbilder
	Verallgemeinerungen
	ästhetische und rhythmische
	  Satzformen

B	**C**

Aufzählungen
Details
Tabellen
Listen
	Klangfarbe der
	  Sprache
	Pathos
	Sprachmelodie
	gefühlsbezogene
	  Worte
	Gestik

Übersicht 19.2–2:Die Dialekte der Quadranten

19.3 Die Quadranten als Kommunikationshilfe

Wenn ich ein zwei- oder dreitägiges Seminar beginne, fange ich gern mit einer Übung an. Mir liegen die Profile der Teilnehmer vor, und ich teile die Anwesenden ganz gezielt in profilmäßig halbwegs homogene Gruppen. Dann erhalten alle Gruppen dieselbe Aufgabe; am besten in einem großen Raum, so daß die Gruppen einander zwar sehen, aber nicht verstehen können. Meist passiert dann folgendes: Eine Gruppe fängt bald an, zu lachen, lauter zu reden und sich eher wie eine südländische Mittagstischgesellschaft zu verhalten. Die andere Gruppe bleibt still, unbewegt und in allen Abläufen sehr strukturiert. Dann fällt es irgendwann beiden Gruppen auf, wie anders die jeweils andere sich verhält. Tragen später alle Gruppen ihre meist sehr unterschiedlichen Ergebnisse zur gemeinsamen Gruppenaufgabe vor, dann verstehen die Teilnehmer durch dieses Erlebnis, wie unterschiedlich sie denken, arbeiten und kommunizieren. Nach diesem Erlebnis kann dann die Kommunikation meist auf eine neue Ebene gehoben werden. Die Mitglieder der einzelnen Gruppen haben erkannt, daß das, was ihnen innerhalb der Gruppe als selbstverständlich vorkam, in den anderen Gruppen zum Teil radikal anders gesehen wurde. Dieses Kommunikationserlebnis wird durch den Trick der profilmäßig homogenen Gruppen ermöglicht. Die Teilnehmer können jetzt erkennen, daß es eigentlich zwei Möglichkeiten gibt:

- als Gruppe die eigene Anschauung bei späteren Arbeiten gegen die anderen durchsetzen zu wollen;
- einen Konsens auf breiter Basis und mit akzeptierter Vielfalt zu finden.

Dies ist der Punkt, wo Kommunikation in Kooperation mit andersdenkenden und anderes auf andere Weise beitragenden Partnern umgesetzt werden kann.

Natürlich läßt sich diese Gruppenerfahrung auch direkt auf die Zwei-Personen-Kommunikation zwischen Herrn B und Herrn D übertragen, und Trainingsteilnehmer lernen dies in verschiedenen Übungen meist recht schnell.

Bei den Themen Teams, Kreativität und Kommunikation werde ich diese Dinge wieder aufgreifen.

Eine sehr interessante Gruppenaufgabe, die ich Trainern nur empfehlen kann, ist die Aufbereitung einer auszugebenden Information für fünf Gruppen von unterschiedlicher Dominanz, z. B. für die Typen A, B, C, D und A-B-C-D, durch die Arbeitsgruppen. Dabei wird den Lernenden abverlangt, daß sie sich in der Sprache der Empfänger ausdrücken – nicht in ihrer eigenen.

20. Kreativität, Hochproduktivität, Genie

20.1 Kreativität nur für Künstler?

Kreativität/Imaginationsfähigkeit sind für mich die Qualitäten, die dem Menschen die Chance bieten, schöpferisch, also gottähnlich zu sein. Für mich ist es ebenso eine kreative Leistung, aus verfügbaren Resten eine neue Suppenkreation hervorzubringen, wie ein Bild zu malen oder einen verbesserten Vergaser zu konstruieren.

In unserem täglichen Sprachgebrauch reden wir von den »Kreativen« und meinen: Leute in Werbeagenturen, Liedermacher, Musiker, Tänzer, Pantomimen, Schriftsteller. Das sind für den Durchschnittsbürger mit einem Arbeitsplatz in der Industrie oder der Verwaltung die Menschen, die er persönlich nicht kennt, da man offensichtlich in verschiedenen sozialen Gruppen lebt. Daraus leiten die sogenannten »Nichtkreativen« ab, daß sie selbst nicht kreativ sind, daß Kreativität eine Sache der anderen ist.

Hinter dieser Einteilung verbirgt sich zunächst einmal die Dualität LINKS/RECHTS, Bürger/Künstler, Ordentliche/ Unordentliche, Realisten/Träumer. Trotzdem ist dies bei weitem nicht alles, was aus der Sicht der Hirnfunktionen dazu zu sagen ist.

20.2 Der kreative Denkprozeß

Ich möchte Ihnen aus der Arbeit eines hochqualifizierten Software-Entwicklers erzählen. Er war Leiter eines Entwicklungsteams, das an einem neuen komplexen Programm arbeitete (Betriebssystem-Entwicklung). Das schwierigste war der sogenannte Kern dieses Programms. Der Teamleiter hatte sich vorgenommen, dieses Stück Programm selbst zu schreiben. Allmählich war es zeitlich soweit, und er hatte immer noch keinen Strich an dieser Arbeit getan. Dann schrieb er den gesamten Kern mit etwa 2000 Bytes (Zeichen) an einem Tag. Als Kollegen das Produkt am nächsten Tag testeten, fanden sie keinen Fehler. Später zu dieser Spitzenleistung befragt, sagte er: »In den sechs Wochen vor dem eigentlichen Schreiben hatte ich während anderer Aufgaben diese Aufgabe immer wieder irgendwie in der inneren Bearbeitung. Ab und zu tauchten einzelne Gedanken daran auf. Ich wußte, daß es rechtzeitig fertig würde. Dann war es soweit, und ich habe mich hingesetzt und es heruntergeschrieben.« Was hier beschrieben wird, ist ein Beispiel für LINKS/RECHTS-Kooperation. Die Aufgabe wird sprachlich, also für die linke Hälfte, vorgegeben. Die rechte Hälfte übernimmt dann, wie man zeigen kann, in visuellen Denkprozessen die Arbeit. Dann fehlt der rechten Hälfte z. B. eine Information, und die linke Hälfte wird veranlaßt, in einer Dokumentation nachzulesen. Dann arbeitet im Hintergrund sprachlos und meist unbewußt die rechte Seite weiter, bis erneut die linke Hälfte eingeschaltet wird, z. B. um zu überprüfen, ob ein Lösungsansatz mit einer Reihe von technischen Fakten übereinstimmt. Dann kommt wieder der Sprung nach rechts etc. etc. Und am Ende schreibt die linke Hälfte in Computersprache das Pro-

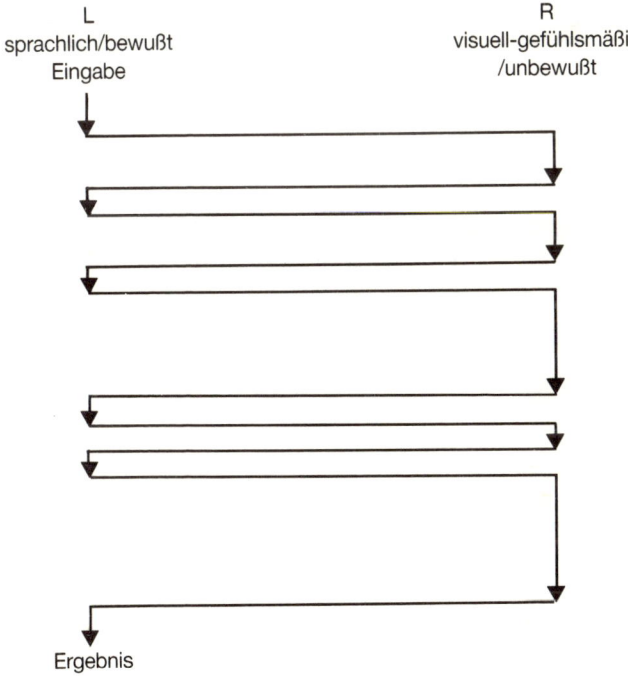

Abb. 20.2–1: Linke und rechte Hälfte arbeiten gemeinsam an kreativen Lösungen.

155

gramm und beansprucht das Lob. Diesen Iterationsprozeß zwischen Arbeiten der linken und der rechten Hälfte stelle ich in Abbildung 20.2–1 dar.

Probleme treten offenbar mit dem kreativen Prozeß auf, wenn die linke Hälfte Schwierigkeiten hat, die sprachlosen Intuitionen aus dem nichtverbalen Denken zu akzeptieren und sie zu nutzen – obwohl überhaupt keine Beweise für die Richtigkeit der Intuition vorliegen. Je linkshälftiger, also je mehr A-B-dominant ein Mensch ist, desto weniger nutzt er die Beiträge der rechten Hälfte, obwohl sie ihm potentiell zur Verfügung stehen. Dies ist die Tragik der wenig kreativen Linkshälfter, daß sie selbst zugunsten des Verbal-Argumentativ-Kausalen auf die vorhandenen Möglichkeiten kreativen Denkens weitgehend verzichten.

Umgekehrt möchte ich aber auch einen rechtshälftigen Tagträumer, der immer neue Ideenblasen produziert, nicht als Kreativen bezeichnen. Der wirklich kreativ-produktive Rechtshälfter integriert linkshälftig-verbale Fakten/Daten/Zielvorgaben in seine rechtshälftige Arbeit und bringt dabei »reale Produkte« zustande, die auch die linke Hälfte erkennen, beschreiben und bewerten kann.

Extreme Rechtshälfter unterliegen insofern genauso wie extreme Linkshälfter dem Risiko, keine kreativen Ergebnisse in die Welt zu setzen. Das eine Mal wird mechanisch gearbeitet, das andere Mal geträumt. Da unsere Gesellschaft aber trotz zunehmender Automatisierung immer noch viel mechanische Arbeit zu vergeben hat, fällt es dem extremen Linkshälfter trotz Mangels an Kreativität wesentlich leichter, sein Geld zu verdienen, als dem extremen Rechtshälfter mit verpuffender Imagination.

Bekannte Kreativitätsexperten wie Roger von Oech (26) und George M. Prince (27) wissen selbstverständlich von der in Abbildung 20.2–1 beschriebenen Zusammenarbeit der Hirnhälften bei kreativen Prozessen. Insbesondere Prince machte schon 1970 klar, daß es bei Kreativitätstrainings *nicht* primär darum geht, endlich die rechte Hälfte in Aktion zu bringen – *sondern* darum, die Hindernisse bei der Annahme der Lösungen aus der rechten Hälfte zu beseitigen. Um dies zu erreichen, gibt es eine umfangreiche Trickkiste. Eine Sorte von Tricks besteht tatsächlich darin, die rechte Hälfte so stark anzuregen, daß sie, zumindest für einen beschränkten Zeit-

raum, dominiert. Allerdings ist das »Anregen der rechten Hirnhälfte« nur eine Teillösung.

Ich fasse zusammen:

1) Der kreative Denkprozeß benötigt die linke *und* die rechte Hirnhälfte.

2) Nur die übermäßige Betonung linkshälftiger Denkformen in unserer Arbeitswelt berechtigt zu der Forderung nach »mehr
rechts«.

Im nächsten Kapitel greife ich hierzu einen anderen Blickpunkt auf.

20.3 Die Kreativität der Rechtshälfter

In den vorigen Kapiteln habe ich erläutert, daß Kreativität, die als
Handeln in der Welt sichtbar wird, aus dem Zusammenspiel beider
Hirnseiten entsteht. Trotzdem fragen Sie mit Recht, wenn Sie z. B.
an das Kapitel »Berufe und Profile« denken, wieso die sogenannten
kreativen Berufe nun doch mit stark rechtshälftigen Profilen verbunden sind.

Den Hintergrund habe ich, wenn auch in anderem Zusammenhang,
schon mehrfach genannt. Von einer Person, die dauerhaft kreativ
bzw. gelegentlich hochkreativ ist, müssen mehrere Dinge geleistet
werden:

– Umgang mit unsicherer Information (die leere Leinwand – die
Idee im Kopf, die Produktkreation für den noch nicht genau bekannten Markt von morgen etc.).

– Bereitschaft zu persönlichem Risiko, da der Erfolg einer kreativen
Bemühung nicht vorher bewiesen werden kann.

– Etwas auf die eigene Weise tun/denken wollen, obwohl alle anderen es anders tun.

– Oft die Zusammenfügung von unterschiedlichen Teilen zu einem
neuen Ganzen.

Alle vier Punkte korrelieren mit hohem D-Wert, mindestens zwei
außerdem mit einem niedrigen B-Wert. Keines der vier Kriterien
stellt besondere Anforderungen an den A-Quadranten.

Damit zeigt sich, daß die Art der Aufgabe bei besonders kreativen
Leistungen das D^+-typische Profil geradezu fordert. Der C-Quadrant unterstützt die intuitive Wahrnehmung und das Beachten von

Körpergefühlen im kreativen Prozeß, spielt aber sonst nur eine begleitende Rolle.

Das extreme Profil (2, 2, 2, 1$^+$) der Kreativen und Innovatoren hat weniger als 1 % der Bevölkerung. Das für kreatives und innovatives genauso wichtige Profil (2, 2, 1, 1) mit den dazugezählten Profilen (2, 2, 1$^+$, 1), (2, 2, 1, 1$^+$) und (2, 2, 1$^+$, 1$^+$) zeigen immerhin 11 % der männlichen und 17 % der weiblichen Bevölkerung.

20.4 Superprogramming – die produktivsten Software-Entwickler

Was ich in diesem Kapitel über die Kreativsten in der Zunft der Software-Entwickler schreibe, trifft genauso auch auf die Menschen zu, die im Bereich von Forschung und Entwicklung zu den Produktivsten gehören. Es handelt sich um ein allgemeines Phänomen. Die Spitzenprogrammierer sind nur ein Beispiel.

In diesem Kapitel beziehe ich mich auf Untersuchungen, die ich zusammen mit dem Informatikprofessor P. Molzberger von der Bundeswehrhochschule in München im Industrieauftrag durchgeführt habe. Im Rahmen einer Studie untersuchten wir Software-Entwickler, die durch extrem hohe Produktivität aufgefallen waren. In einer ersten Studie hatte Molzberger festgestellt, daß Spitzenleute in der Programmierung um den Faktor 10, 20 bis etwa 30 produktiver waren als der Branchendurchschnitt ihrer Kollegen. Diese Leute waren keine schmalspurigen Schnellcodierer, die im Eiltempo detaillierte Vorgaben in ein Programm umsetzten. Im Gegenteil, alle waren Entwickler, die ein Software-Projekt durch alle vier Phasen (siehe Kapitel 26 über Team-Management) führen konnten und in allen vier Phasen selbst praktisch arbeiteten, obwohl alle meist gleichzeitig in Projektleiterfunktionen tätig waren. Molzberger untersuchte die Produktivität dieser Spitzenleute, indem er die von ihnen in Form eines fertigen Programms geleistete Arbeitsmenge maß – also das, was sie neben ihrer Tätigkeit als Projektleiter in Besprechungen etc. tatsächlich mit ihren eigenen Händen produzierten. In Wirklichkeit ist also die Produktivität dieser (seltenen) Menschen noch höher, als Molzbergers Zahlen es verraten.

Wir stoßen bei derartig hohen Produktivitäten auf das mit Emotionen und Vorurteilen beladene Thema der Elite und des Genialen. Dazu verweise ich auf das nächste Kapitel.

Unsere Frage in der genannten Studie war: Wer sind diese Leute? Sind sie gesunde Menschen oder Workaholics? Sind sie Menschen mit einem normalen Leben? Wie arbeiten sie, wie denken sie? Schon Molzbergers erste Untersuchungen (28) hatten ihm Hinweise gegeben, daß die Spitzenleute nicht einfach in ihrem Gehirn alle Denkabläufe um einen Faktor 10 oder 20 schneller abschnurren ließen. Vielmehr war ihm klargeworden, daß diese Leute *anders* dachten als ihre normalproduktiven Kollegen. Aber wie?

Erinnern Sie sich noch an die Aufgabe aus den Anfangskapiteln, aus dem kleinen Einmaleins zu multiplizieren? Und dann meine Frage: Wie haben Sie Ihr Ergebnis entdeckt? Ich gebe Ihnen jetzt zunächst zur Vorbereitung eine Aufstellung über die Arten von Ergebnisfindung, die ich bei Fragen zum kleinen Einmaleins kennengelernt habe:

1) Auditiv:
   Jemand scheint das Ergebnis als Wort zu sprechen. Manche erkennen die eigene Stimme.
2) Visuell:
   a) Das Ergebnis erscheint als Ziffernfolge, in Schwarzweiß oder farbig;
   b) das Ergebnis erscheint als in Buchstaben geschriebenes Wort.
3) Kinästhetisch:
   Ein Gefühl in den Fingern gibt das Ergebnis (ich kenne diese Antwort nur von Japanern, die in der Schule das kleine Einmaleins mit dem Abakus-Gerät gelernt haben).

Ich hatte dann über die verschiedenen Repräsentationen des Denkens gesprochen, die für alle symbolischen Denkoperationen notwendig sind: visuelle, auditive und kinästhetische Symbole. Was sich vom Grundsatz her beim kleinen Einmaleins zeigt, muß sich auch bei kompliziertem Denken zeigen. Die symbolischen Denkvorgänge mußten Gegenstand unserer Untersuchungen sein.

Wir machten zum Teil bis zu vierstündige Tiefeninterviews. Dabei erreichten wir meist, daß plötzlich und unerwartet, als würde ein Vorhang weggezogen, die Interviewten ihre visuelle Denkwelt vor sich sahen. Wir stellten fest, daß alle Spitzenleute ihre Software-Entwicklung in hauptsächlich visuellen Denkwelten durchführen.

Hierzu gebe ich Ihnen zur Veranschaulichung zwei Beispiele.

Für Edwin ist ein Programm, das aus einigen oder vielen tausend Zeilen Programmtext besteht, so etwas wie ein Gebäude. In diesem Gebäude kann er herumlaufen, durch Flure, Treppenhäuser, (ähnlich wie bei Escher) Treppenhäuser in Treppenhäusern gehen, in Seitenflügeln herumlaufen etc. Er weiß dann, was die an den Wänden laufenden farbigen Gas-, Wasser-, Abwasser- und Stromleitungen für eine Bedeutung haben. Er kann dann an jeder Stelle des Gebäudes einen Zoom-Effekt einschalten, und vor seinem geistigen Auge erscheint das zugehörige Programm, jetzt als Text in Programmiersprache.

Für Gerd, der als Mathematikstudent Simultanschach gespielt hat, ist ein Programm als eine ökologische Problemlandschaft dargestellt. Sein Hobby und sein persönliches Engagement hat er als grüner Politiker im Bereich Ökologie – daher die Wahl einer Landschaft, die für ihn interessant ist: mit Kraftwerken, Kläranlagen etc. Diese Landschaft stellt für ihn die schon erstellte oder die noch zu schreibende Software dar. Er kann, wie in einer Bilderserie von einer Baustelle, sogar die einzelnen »Versionen« einer entstehenden bzw. veränderten Software als Bild in Erinnerung rufen und dann für seine Arbeit verstehen und nutzen. Er hatte beim Simultanschach eine bildhafte Technik entwickelt, um sich bis zu mehr als 30 Partien gleichzeitig merken zu können. Diese Technik hatte er bewußt auf seine Arbeit übertragen. Er war übrigens der einzige, der seine visuelle Arbeitswelt bewußt entwickelt hatte.

Soweit die Beispiele. Wir stellten in den Interviews auch fest, daß Gefühle und Intuition eine große Rolle spielten, wenn es darum ging, schnell zu wissen, ob ein Lösungsansatz richtig oder falsch ist. Die Spitzenleute nannten Gefühle im Körper und »Ästhetik« als ihre Hauptindikatoren für die Korrektheit von Programmen. Und die Spitzenqualität ihrer Produkte bewies, daß sie mit ihrer Intuition gut lagen. Die Spitzenleute des rationalsten High-Tech-Jobs als Künstler?

Wir konnten in unserer Studie nicht umhin, festzustellen, daß diese Spitzenleute in der Hochtechnologie allesamt alle Merkmale aufwiesen, die die Literatur seit Jahrzehnten als Kennzeichen der Hochkreativen beschreibt. Das hatten wir nicht erwartet – aber wir konnten es beweisen. Kurz danach lernte ich dann das HDI kennen.

Es brachte an den Tag, was Sie wahrscheinlich schon lange geraten haben: Bei den Spitzenleuten der Software-Entwicklung ist das Charakteristische immer ein sehr hoher D-Wert. Das Durchschnittsprofil der Spitzenleute ist etwa (60, 45, 80, 135), also etwa das eines New-Age-Unternehmers oder eines grafisch orientierten Künstlers. Aufgrund meiner Erfahrungen mit diesem Profiltyp kann ich heute in der Regel mit wenigen Fragen an eine Person aufklären, wie die internen Denkformen ausgelegt sind, und diese Erkenntnisse in Personal- und Projektsituationen nutzen (29).

Das Wissen um die Möglichkeiten, Hochproduktive zu erkennen und sie in ihrer Leistungsfähigkeit zu würdigen und gebührend einzusetzen, dringt nur sehr langsam in die Wirtschaft ein. Das Phänomen der D^+-Hochproduktivität ist zu weit von der A-B-Alltagswelt der Betriebe entfernt, obwohl der Nutzen hoch ist.

20.5 Genialität

Genialität ist, ebenso wie Elite, ein konfliktbeladenes Thema. Zur Elite zu gehören, kann als antisoziales Verhalten aufgefaßt werden. Genies stehen historisch ein wenig im Verdacht des Wahnsinns. Ich habe neuere Veröffentlichungen über Genialität analysiert und bringe Ihnen im folgenden eine Reihe von Aussagen, die recht deutlich machen, was Genialität ausmacht.

Dean Keath von der Universität des Staates Kalifornien hat eine Untersuchung von über 2000 Forschern der letzten Jahrhunderte durchgeführt. Er hat die Forscher und ihr Leben nach einigen Hauptfaktoren untersucht, wie Intelligenz, Erziehung und Ausbildung, Produktivität und Persönlichkeit, und dann eine statistische Auswertung gemacht. Ich nenne Ihnen jetzt die von ihm identifizierten wichtigsten Faktoren und füge in einer Klammer jeweils den Bezug zu der angesprochenen Hirndominanz hinzu.

Gemeinsame Faktoren bei genialen Wissenschaftlern:

1) So gut wie alle arbeiten hart und viel,
2) arbeiten bedenkenlos auch an Projekten mit schlechtesten Aussichten (D^+),

3) arbeiten *nicht* vorsichtig und *nicht* methodisch (*nicht* A-B),
4) sind sehr risikofreudig und verfolgen unlogisch erscheinende Ideen (D⁺),
5) schwimmen oft gegen den Strom und rufen teilweise wilde Kritik hervor (*nicht* B),
6) produzieren viel, auch viel Wertloses und Falsches (D),
7) sind introvertiert (C + D),
8) wenn religiös, dann nicht in einer dogmatischen Religion (*nicht* B, sondern C),
9) ihre Intelligenz spielt eine nachgeordnete Rolle (*nicht* A-A⁺),
10) sie haben öfter nur ausreichendes Wissen, kein Spitzenexpertenwissen (*nicht* A-A⁺),
11) haben die Fähigkeit, Ideen zu entwickeln und zu verknüpfen (D⁺),
12) ihre sonstige Erziehung/Ausbildung ist wenig wichtig,
13) sie sind bereit, viele Rückschläge in Kauf zu nehmen und trotzdem der Idee zu folgen (*nicht* B, D).

Keath macht die Anmerkung, die Wissenschaftler des Mittelmaßes seien demgegenüber durch Arbeitsunlust und geringe Risikobereitschaft *(nicht D)* gekennzeichnet.

Was für akademische Institutionen und Intelligenztester besonders erschreckend sein muß, ist die statistische Aussage, daß bei genialen Wissenschaftlern Intelligenz nur eine nachgeordnete Rolle spielt. (Ich füge hier an: So gut wie alle Intelligenztests und intellektuellen Eignungstests bestehen zu etwa 85 % aus A-Komponenten und zu 15 % aus D-Komponenten. Solche Intelligenztests, wie z. B. auch der deutsche Medizinertest, sind also ein Filter zum Ausscheiden der Unintelligenten *und der Genies.)* Der in der gesamten akademischen Welt und in breiten Kreisen der Wirtschaft für so entscheidend gehaltene A-Quadrant ist *nicht* für Geniales zuständig.

Ich möchte auf einige weitere interessante Erkenntnisse hinweisen. Man hat festgestellt, daß Schachexperten über ein Repertoire von etwa 50 000 Spielsituationen verfügen, die sie sofort nutzen können. Gute Vereinsspieler bringen es nur auf etwa 1000 gemerkte Figurenmuster. Auch dieses Beispiel weist darauf hin, daß visuelles Denken bei außergewöhnlichen geistigen Leistungen eine besondere Rolle spielt, und nicht die sogenannte Intelligenz des A-Quadranten.

21. Berufswahl

21.1 Was soll ich tun?

Diese Frage stellt sich heute nicht nur den Schulabgängern, die damit eine lebenslänglich wirksame Wahl treffen. Sie ist darüber hinaus für sehr viele Menschen ein sich in ihrem Leben häufiger wiederholendes Problem, wenn sie nicht durch Beamtung, z. B. im gelben Postdienst, eine auf Jahrzehnte nach Art und Einsatz vorhersehbare Wahl getroffen haben.

Das HDI wird heute als ein Hilfsmittel der Berufswahl und Karriereberatung in den verschiedensten Situationen verwendet. Es baut nicht auf erworbenen und z. T. durch Zensuren und Zeugnisse fragwürdig abgeschätzten Kompetenzen auf. Statt dessen geht es auf die Neigungen der Person ein, auf diese oder jene Weise zu denken und zu arbeiten. In Kapitel 15 hatte ich Ihnen den Unterschied zwischen Kompetenz und Präferenz dargestellt und Ihnen dazu eine von Ned Herrmann stammende Grafik gezeigt. Dort war zu sehen:
- Sehr niedrige Präferenz führt zu hoffnungslosen Bemühungen um gute Kompetenz in einem zugehörigen Berufsbereich;
- sehr hohe Präferenz ist die Voraussetzung, um in einem zugehörigen Berufsbereich »Weltklasse« zu werden.

Diese beiden Sätze sind der Ausgangspunkt für alle Hilfen, die das HDI bei Fragen der Ausbildung geben kann.

Für die Berufswahl kommt hinzu, daß Menschen sich in der Regel in Arbeitsumgebungen wohl fühlen, die in ihrer Denkstilpräferenz dem persönlichen Profil ähnlich sind. D. h., man kann nicht nur sagen: »Mit Ihrem Profil könnten Sie Sekretärin sein«, sondern man kann meist mit guter Sicherheit hinzufügen: »Aber suchen Sie sich einen Arbeitsplatz in einer kleinen Firma.« Oder: »Wahrscheinlich gehen Sie dann am besten in eine Verwaltung.«

Die Frage: Was soll ich tun? stellt sich heute auch Menschen im Alter von über 50 Jahren. Oft zeigt sich dann, daß viele Jahre lang ein Beruf ausgeübt wurde, der zwar akzeptiert, aber bestimmt nicht geliebt war. Also ein Beruf, der dann profilmäßig im Regelfall nicht mit den Dominanzen übereinstimmte – bei dem also die Person auch wenig Chancen hatte, überdurchschnittlich gut zu sein. Diese Situation bringt dann doppelte Frustration:

- Der Arbeitsplatz paßt nicht besonders zur eigenen Präferenz (ohne daß man sich über die Zusammenhänge klar ist) und wird eher als Last empfunden.
- Der für soziale Zufriedenheit wichtige Erfolg stellt sich nicht oder nur sehr eingeschränkt ein.

21.2 Die Wahl der Ausbildung

Die Einsichten aus dem HDI geben für die Wahl der Ausbildung einen dringenden allgemeinen Rat:

Versuchen Sie soweit wie möglich mit Ihren Präferenzen zu arbeiten!

Dies stimmt in einem gewissen Sinn mit dem alten Ratschlag überein: »Stärken stärken!« Vom HDI her gesehen heißt das aber eher: Präferenzen in Kompetenzen umsetzen!

Was man mit niedrigen Werten im HDI-Profil tun soll, im Bereich der Vermeidung oder der unteren Akzeptanz, also z. B. bei Werten unter 40? Für die Ausbildungswahl und in einem gewissen Maß auch für die Berufswahl sollte der Ratschlag heißen:

Suchen Sie sich eine Ausbildung/einen Beruf, bei dem auch Ihre niedrigen Profilwerte zum Beruf gehören – also bei dieser Art von Tätigkeit akzeptiert sind.

Ich hatte inzwischen die Gelegenheit, mit vielen Berufstätigen im Rückblick über den früheren Vorgang der Berufswahl zu sprechen und des öfteren auch Hinweise zu geben.

Kinder und junge Volljährige haben, bezogen auf einen Berufswunsch, im allgemeinen wenig Vorstellung von den Dingen, die das tatsächliche Erleben des Berufsalltags bestimmen. Fast immer zeigt sich, daß die Eltern und die nahe Umgebung der Heranwachsenden die entscheidenden Impulse gegeben haben. Wer sich näher für das interessiert, was sich bei uns dauernd millionenfach in den Elternhäusern abspielt, lese z. B. unter dem Thema Transaktionsanalyse/ Episkripte, wie Eltern an den Drehbüchern für die Lebensläufe ihrer Kinder schreiben, darüber nach. Ich gebe Ihnen im folgenden zwei Beispiele nicht geglückter Ausbildungswahl im Rückblick, das eines Diplom-Ingenieurs Maschinenbau und das einer Arbeitslosen.

21.2.1 Die Berufswahl eines Maschinenbauers

Der Diplom-Ingenieur, ein bescheidener, freundlicher Mann, ist heute dabei, seinen Arbeitsplatz in einem Software-Haus zu verlassen, um einer Kündigung wegen auch ihm einsichtiger unbefriedigender Kompetenz zuvorzukommen. Der Arbeitgeber unterstützt dieses »Outplacement«. Das Profil des Maschinenbauers ist heute (44, 110, 71, 74). Ich will ihn kurz Herrn M. (für Maschinenbauer) nennen. Er erzählte bei unserem ersten Gespräch, nach dem Abitur habe er Kunst (Malerei) studieren wollen, aber sein Vater habe ihn dann doch mehr oder weniger überzeugt, er solle etwas Konkreteres machen, mit sicherem finanziellem Boden. Und er tat, wie ihm geraten wurde, er wollte ja auch einmal eine Familie ernähren können ...

Ich werde jetzt in diesem Abschnitt so tun, als könnte ich die Berufswahl von damals als Helfender begleiten. Ich würde folgendes tun bzw. bedenken:

a) Als erstes betrachte ich das HDI-Profil des Schülers. Nehmen wir an, daß es damals (38, 95, 70, 90) war. (Das Maschinenbaustudium sowie die darauf folgende Arbeit in einem Fertigungsbetrieb weisen auf eine Verringerung des D-Quadranten um vielleicht 10–15 Punkte und eine vergleichbare Erhöhung in B sowie auf eine geringere Erhöhung in A hin.)

b) Interpretation des Profils. Eine Standardinterpretation des Profils besagt schon folgendes:
Dieses Profil zeigt seine höchste Dominanz im Quadranten B, die zweithöchste in Quadrant D. Dadurch wird eine Polarität zwischen dem (stärkeren) Sicherheitsstreben in einer geregelten Umwelt und der freieren Entfaltung in einem risikobehafteten, kreativen Umfeld beschrieben. Diese Polarität zu einem konsistenten Handeln zu vereinen ist eine schwere Aufgabe; ein immer wiederkehrendes Übergewicht zugunsten von B ist zu erwarten. Der Wert von C auf Stufe 1 ist eine wertvolle Bereicherung und Unterstützung rechtshälftiger Denkformen, schafft aber wiederum eine Polarität zwischen formalem Vorgehen und menschlich-gefühlsbezogenem Verhalten. Dieser Profiltyp (2, 1, 1, 1), den 8 % der männlichen Bevölkerung zeigen, findet sich bevorzugt bei Personen im Personalbereich und bei Personen, die beruflich mit Menschen und menschlichem Potential umgehen,

also z. B. bei Lehrern, Psychologen, Sozialarbeitern, Chefsekretärinnen und Oberschwestern. Der hohe Wert in B gibt allerdings diesem Quadranten bei Herrn M. ein besonderes Gewicht.

c) Bewertung des väterlichen Wunsches:

Wenn der Vater in seinem Sohn Eigenschaften eines in einem technischen Betrieb arbeitenden Menschen sieht, dann hat er angesichts von B = 95 durchaus recht, daß bei tatsächlich vorhandenen technischen Interessen des Sohnes der Maschinenbau eine Lösung sein könnte.

Wenn der Vater über den Wert von Sicherheit als Maschinenbau-Ingenieur spricht, appelliert er außerdem an die bei seinem Sohn stark ausgeprägte Sicherheitsqualität, die ja ebenfalls zu Quadrant B gehört.

Hätte der Sohn am Ende der Schulzeit ein Profil vom selben Profiltyp (2, 1, 1, 1), aber mit (62, 110, 70, 70) gehabt, hätte der Vater vielleicht einen guten Ratschlag gegeben. Der Vater läßt aber die Auswirkung des recht hohen Wertes im Quadranten D auf die Neigungen und die Zufriedenheit des Sohnes außer acht, ebenfalls vernachlässigt er den niedrigen Wert in A, und er übersieht bei seinem Ratschlag auch, daß der Wert C = 70 bei einer klassischen Ingenieurtätigkeit leerläuft.

d) Bewertung des Wunsches des Sohnes:

Der Sohn gibt persönlich seiner D-Präferenz einen höheren Wert als seinem etwa ebenso hohen B-Wert. Damit hat für mich der Sohn gesagt: »Ich denke gern visuell, gestalte bildhaft mit etwas künstlerischem Schick. Das ist für mich zusammen mit etwas Gefühl eine wichtige Ausdrucksform!«

e) Meine Betrachtung der Gesamtsituation:

Für das in Aussicht genommene Maschinenbaustudium ist der Wert von A = 38 sehr niedrig. Ein Maschinenbaustudium wird, voraussichtlich insbesondere mit Schwierigkeiten in Mathematik und Physik, durch die Tugenden von Ordnung und kontrolliertem (fleißigem) Verhalten ersessen werden müssen. Das Profil ist für einen normalen Ingenieur atypisch.

Die persönliche Beobachtung zeigt mir, daß der junge Mann sprachlich eher schwerfällig ist. Das weist darauf hin, daß er auch als Vertriebsingenieur, wozu das Profil passen würde, keinen Erfolg hätte.

Für eine Laufbahn als erfolgreicher Künstler im Bereich visueller Gestaltung ist der Wert D = 95 deutlich niedrig. Hier wäre ein Wert von mehr als 115 wünschenswert. Der hohe Wert von B = 95 würde vermutlich bei freien Gestaltungen immer wieder Schwierigkeiten machen und außerdem nach wirtschaftlicher Sicherheit rufen.

f) Mein Hinweis: Weder Vater noch Sohn liegen mit ihren Ideen erfolgversprechend. Die Suche nach einem geeigneten Ausbildungsweg sollte neu gestartet werden!

21.2.2 Die Arbeitslose

Die Arbeitslose ist etwa 38 Jahre alt, geschieden, hat ein Kind im Alter von zehn Jahren. Sie empfindet sich selbst nicht als arbeitslos. Sie lebt von (zum Teil sehr unüblichen) Gelegenheitsarbeiten, vor allem im heilenden Bereich, und von der immer wieder der Enkelin wegen gegebenen Unterstützung der Eltern sowie von Zahlungen ihres geschiedenen Mannes. Ihr Profil ist (23, 54, 116, 138), also extrem rechtshälftig. Die sehr hohen Werte rechts wirken noch verringernd auf die niedrigen Werte links.

Hier die Geschichte der mißglückten Berufswahl. Sie klingt, als käme sie aus einem Trivialroman. Der Vater ist Vorstandsmitglied eines traditionellen, großen Metallunternehmens, von Beruf Diplom-Ingenieur. Sein (aufgrund von Beschreibungen von mir geratenes) Profil ist (95, 100, 50, 50). Einige Wochen vor dem Abitur macht das gutaussehende und wache Mädchen mit Erfolg die Aufnahmeprüfung an einer angesehenen Schauspielschule. Sie meldet das Ergebnis zu Hause, und der Vater schreit: Nie! Er hat beschlossen, daß sie eine Banklehre oder etwas anderes Solides machen soll. Einige Tage später geht das Mädchen nicht mehr zur Schule, macht kein Abitur. Und der Vater zahlt nicht für die Schauspielschule. Ergebnis: Bis heute keine Ausbildung und keine Tätigkeit, die auf dem Arbeitsmarkt bezahlt würde.

Ich kann nun natürlich nicht behaupten, das Mädchen wäre eine gute und gutbezahlte Schauspielerin geworden. Aber wenn ich an die Eleganz ihrer Gesprächsführung denke, könnte ich mir ihren Erfolg gut vorstellen.

Wir haben hier den klassischen Fall, daß Eltern nach ihrem eigenen

Profiltyp, hier (1, 1⁺, 2, 2), und den eigenen zugehörigen Werten im Leben für ihre Kinder entscheiden – ohne je zu verstehen, daß ihre Kinder »anderen Geistes Kind« sein können. Für den sehr linkshälftigen und machtgewohnten Ingenieur-Manager ist es ganz selbstverständlich, daß die Welt so ist, wie er sie sieht – und daß das Kind sich an die Welt anzupassen hat. Dem inzwischen alten Herrn ist es bis heute nicht verständlich, daß es der Tochter mit dem Profil (3, 2, 1⁺, 1⁺) kaum möglich ist, eine Banklehre zu durchlaufen.

Das typische Profil für eine Banklehre ist eben (1, 1, 2, 2) – ein von (3, 2, 1⁺, 1⁺) sehr weit entferntes Profil. Auch wenn die Bank das Mädchen wegen des Abiturs und des guten Elternhauses als Lehrling genommen hätte, wäre das Ganze voraussichtlich innerhalb von Wochen zu einem Ende gekommen.

Aus der Sicht des HDI hätte es nur einen Rat an den Vater gegeben: Seien Sie froh, daß die Tochter einen Wunschberuf gefunden hat. Zahlen Sie für die Schauspielschule, und helfen Sie Ihrer Tochter, auf diesem Weg durchzuhalten!

Ich füge noch an, daß der Profiltyp (3, 2, 1, 1) ein um 2500 % erhöhtes Drogenrisiko zeigt.

21.3 Der Unterschied zwischen Ausbildungs-berufen und ausgeübten Berufen

Es gibt, Gott sei Dank, viel mehr ausgeübte Berufe als Ausbildungsberufe. Ich gebe Ihnen das Beispiel des Diplom-Physikers. Bis zum Vorexamen nach vier bis fünf Semestern gibt es überhaupt keine Unterschiede in den Lehrplänen bezüglich späterer Berufsbilder bzw. Spezialisierungen. Wahlfreiheiten treten erst im zweiten Teil des Studiums auf. Es können dann

– unterschiedliche Wahlpflichtfächer aus einer größeren Anzahl ausgewählt werden, z. B. Astronomie, höhere Algebra und höhere Analysis (Mathematik), experimentelle Festkörperphysik, Halbleiterphysik, Kernphysik etc.
Jedes dieser Wahlpflichtfächer hat unterschiedliche Charakteristika bezüglich der Profile: Astronomie hat mehr D-Anteil, experimentelle Festkörperphysik ist A-B-bezogen etc.

- Diplomarbeiten können in unterschiedlichsten Bereichen gewählt werden. Extreme sind: experimentelle Arbeiten mit starker B-Präferenz, theoretische Arbeiten mit starker A-D-Präferenz.

Wir sehen, daß in der zweiten Hälfte des Studiums eine profilbezogene Differenzierung möglich wird. Ganz Analoges gilt übrigens auch bei handwerklichen Ausbildungen, z. B. mit der Grundausbildung »Elektriker«, die sich dann in Betriebselektriker, Elektroinstallateur, Elektroniker etc. aufspaltet. Das Profil eines Elektronikers wird im Schnitt viel mehr A-bezogen sein als z. B. das eines Elektroinstallateurs, der im Regelfall B gegenüber A bevorzugt. Einem Elektrikerlehrling mit A = 40 sollte man z. B. nie raten, sich auf Elektronik einzulassen, es sei denn, er hat einen hohen D-Wert von z. B. 110 und ist schon als Schüler ein begnadeter Hacker – dies wäre eine im HDI bekannte Sonderbegabung.

Wir sehen also, daß Ausbildungsberufe schon einen gewissen Freiheitsgrad haben, auf individuelle Profile einzugehen. Viel mehr Freiheit tritt jedoch beim Schritt in den Beruf auf.

Betrachten wir dazu in Abbildung 21.3–1 (s. nächste Seite) vier Physiker mit recht unterschiedlichen Profilen und Tätigkeiten.

Wir können aus diesem Beispiel eine allgemeine Lehre ziehen: Ist einmal der »akademische Jagdschein« oder eine andere Zulassung für die Welt der Arbeit erreicht, eröffnen sich für unterschiedliche Profile sehr unterschiedliche berufliche Möglichkeiten. Nun kann man sozusagen auf der Basis des Ausbildungsberufes der Gravitationskraft des Profils folgen.

Ich leite aus diesen Zusammenhängen den allgemeinen Ratschlag ab:

1) Besorgen Sie sich eine Ausbildung,
   a) die Ihrem Profil liegt, so daß die Ausbildung keine Tortur wird und Sie möglichst schnell gute Kompetenzen erwerben;
   b) die Ihnen einen vorzeigbaren Nachweis in die Hand gibt.
2) Seien Sie bei der Stellensuche einfallsreich, kreativ und findig! Suchen Sie sich Ihre (erste/nächste) Stelle nach folgenden Regeln:
   a) Suchen Sie einen Arbeitgeber und einen Arbeitsplatz, an dem die Stärken Ihres Profils menschlich akzeptiert werden. Diese Wahl hat vielleicht die höchste Bedeutung überhaupt.

Hier wird entschieden, ob Sie Ihre Präferenzen leben dürfen oder nicht – ob Sie also auch gemäß Ihren Präferenzen schnell berufliche Kompetenzen aufbauen können oder nicht.

b) Suchen Sie sich einen Arbeitsplatz, an dem Sie mindestens zwei bis drei Jahre Neues hinzuzulernen haben, ehe Sie viel-

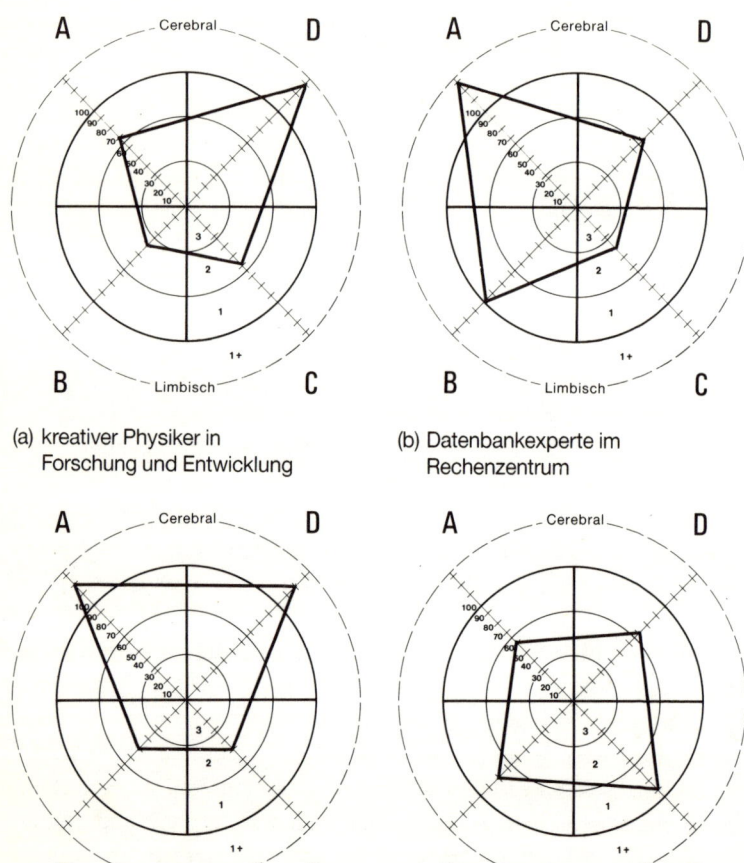

(a) kreativer Physiker in Forschung und Entwicklung

(b) Datenbankexperte im Rechenzentrum

(c) Theoretischer Physiker in der Forschung an der Universität

(d) Physikerin im Lehramt an Realschulen

Abb. 21.3–1: Verschiedene Physiker im Beruf

leicht »alles kennen und können«, was der Arbeitsplatz von Ihnen fordert. (Das gilt genauso für eine Floristin wie für einen Versicherungsmathematiker.)

In der richtigen Kombination von a) und b) lernen Sie:

- Gemäß Ihren Präferenzen Ihren Berufsweg zu gehen,
- Kompetenzen auf Präferenzen aufzubauen,
- Vertrauen zu gewinnen, daß Sie Ihr eigenes Berufsbild mitgestalten können.

Das HDI bietet also eine sehr subjektive Sicht der Ausbildungswahl und des Berufsweges. Persönliche Gestaltung liegt vor »Passen auf einen Arbeitsplatz«. Ich halte es für unsinnig, heute bei der Ausbildungs- und Berufswahl so zu tun, als ob ein Beruf mit seinem Berufsbild mehr als 15 Jahre lang halten würde. Wir müssen es lernen, beruflich flexibel mit den Veränderungen zu gehen und schnell veraltende Kompetenzen nicht als Besitzstand zu betrachten. Unser Besitzstand sollten unsere Präferenzen sein, auf denen wir immer neue Kompetenzen wachsen lassen können.

21.4 Berufszufriedenheit und Profile

Ich hatte schon erläutert, daß für den beruflichen Erfolg zwei Dinge wichtig sind:

1) die Akzeptanz des eigenen Profils in der Arbeitsumgebung und die Möglichkeit, das eigene Profil in der Arbeit auszuleben,
2) das Aufbauen von Kompetenzen auf der Basis von Präferenzen.

Im Regelfall sind betriebliche Kulturen jedoch recht spezifisch, z. B. in der fertigenden Industrie A^+–B, A–B^+ oder (handwerklich) B–C, so daß es für den einzelnen nicht immer leicht ist, eine für ihn geeignete Umgebung zu finden. Über das Phänomen der Unternehmenskultur habe ich weiter hinten ein Kapitel geschrieben, in dem ich die kulturellen Situationen, denen eine Person begegnet, weiter beschreibe. Was an dieser Stelle wichtig ist: daß das Individuum sich überhaupt bewußt darüber wird, wie wichtig die Akzeptanz des eigenen Profils und die Möglichkeit ist, mit den eigenen Profildominanzen zu arbeiten.

In allen üblichen Ausbildungen wird nicht gelehrt, von den eigenen Wünschen, Anlagen, Fähigkeiten, Präferenzen auszugehen. Statt dessen wird gefordert, was man können muß und was man wissen muß. Niemand sagt dem Berufsneuling, daß er sich beruflich den Hut suchen soll, der zu ihm paßt – so gut wie regelmäßig wird »Anpassung« gefordert. Profile sind zwar durch berufliche Umfelder und Ausbildung modifizierbar – aber meist nur um etwa fünf, zehn oder zwölf Punkte. Bei deren scheinb arer Überschreitung man dann zwar angepaßter, aber auch uneffektiver wird, und damit unzufriedener.

Ich habe bisher immer festgestellt, daß bei beruflicher Unzufriedenheit zwar zunächst Gründe angegeben werden wie »unverständiger Chef«, »keine Entwicklungsmöglichkeiten«, »nicht gefordert werden« – daß aber fast immer bei näherem Hinsehen auf der Ebene der eigentlichen Ursachen die Profile auftauchen.

Ich unterscheide bei dem Versuch der Anpassung zwei Fälle:

a) Das am Arbeitsplatz gewünschte Profil und das eigene Profil sind so unterschiedlich, daß man sich entweder (mit allen nachteiligen Folgen) versucht anzupassen – oder man geht.

b) Das eigene Profil, z. B. vom Typ (2, 1, 2, 1) paßt teilweise (hier in Quadrant B) gut zu dem Arbeitsplatz, an dem (1, 1, 2, 2) gewünscht wird.

   Hier kann sich die Person mitunter durch Spaltung helfen: Im Beruf steht B vorn und D wird vergessen (z. B. bei einer Verwaltungstätigkeit), und privat wird B vergessen und D gelebt (z. B. durch Hobbymalen oder Drachenfliegen).

Die Lösung b) ist wohlbekannt: Mitarbeiter, die ihre Aufgabe in der Firma korrekt, aber ohne Höhenflüge erledigen und dann pünktlich und nicht überanstrengt in den anderen Teil ihres Lebens gehen.

21.5 Profile – ein Mittel zur Bewerberauswahl?

Ich erlebe immer wieder, daß in Unternehmen nach erstem Kennenlernen des HDI der Gedanke auftaucht, das HDI sei ein Test zur Bewerberauswahl. In dieser Form ist das falsch.

Ich möchte Ihnen zunächst ein Beispiel geben. Eine der wichtigsten Eigenschaften von Computerprogrammen ist der Grad ihrer Fehlerhaftigkeit. Gute Programme enthalten neben guter Funktion vor allem wenige Fehler. Wir haben bei Untersuchungen festgestellt, daß fehlerarme Programme auf zwei grundverschiedene Weisen erzielt werden können:

1) durch viel Checken der Programmvorgaben und durch anschließenden hohen Testaufwand an den fertigen Programmen – also durch Tätigkeiten, die durch Quadrant A und vor allem durch Quadrant B beschrieben werden,

2) durch »ganzheitliches« Programm-Entwickeln – das mit hohen D-Werten einhergeht.

Die Arbeitsformen der beiden Entwicklungsstile sind zwar ebenso unterschiedlich wie die beteiligten Personen – aber die Ergebnisse sind ähnlich.

Das folgende Beispiel kennen Sie wahrscheinlich aus anderen Situationen in ähnlicher Form: Es gibt z. B. Menschen, die einen frisch geschriebenen, viele Seiten langen Bericht in die Hand nehmen und nach Sekunden den vermutlich einzigen Tippfehler entdeckt haben (D). Andere lesen ganz langsam und genau und brauchen dafür mehrere Stunden (B). (Wegen dieser Fähigkeit des Überblicks über ganze Seiten habe ich übrigens auch bei den Aufgaben zum kleinen Einmaleins die Sprünge in den Anhang gemacht. So konnte ich Sie daran hindern, vorauszulesen, was gute Leser unbewußt tun.)

Es gibt Denkformen, die z. B. zu D gehören, und andere, die z. B. zu B gehören, die vom Ergebnis her etwa das gleiche leisten. In solchen Fällen gibt es nicht den einen richtigen Denkstil, das eine richtige Profil, sondern mindestens zwei. Wollen Sie immer noch »testen«, nachdem klargeworden ist, daß es mehr als eine richtige Lösung geben kann?

Trotzdem ist das HDI in Bewerbungssituationen sehr hilfreich, und zwar für Arbeitgeber und Arbeitnehmer. Ich zähle einige Situationen auf:

– Wie drücken sich die Präferenzen in den erworbenen Kompetenzen aus? Passen die Kompetenzen zu den Präferenzen?

– Haben Präferenzen den bisherigen Berufsweg geprägt? Wenn ja, wie? (Z. B. Ursachen von Berufs- und Stellenwechsel?)

– Welche Arten von Arbeiten werden besonders gern ausgeführt? Als reizvoll empfunden?

– Welche Art von Arbeitsumgebung und Arbeitsstil wird bevorzugt?

- Weicht das Profil des Bewerbers so von der Gruppe ab, daß damit zu rechnen ist, daß er in der Gruppe/im Team als Fremdkörper zum Exoten würde bzw. in der Probezeit ausscheidet?
- Bringt der Bewerber Profileigenschaften mit, die für die Gruppe als Pluselement wichtig sind, z. B. in einer Technikergruppe innovatives Denken (D) oder Kundenverständnis (C)?

In meinen Augen ist ein Bewerbergespräch dann gut, wenn beide Seiten auf einer möglichst qualifizierten Basis entscheiden können, ob sie miteinander arbeiten wollen. Es gibt im Personalbereich nichts, was so teuer ist wie eine Fehlbesetzung. Ich empfehle dringend, die Profile mitsamt Interpretation in identischer Form dem Arbeitgeber und dem Bewerber möglichst Tage vor dem Gespräch auszuhändigen. Man kann mit dem Profil als gemeinsamer Unterlage sehr gut in das Gespräch eintreten und wichtige Themen offen durchsprechen, auf die man sonst nicht stoßen würde oder die man zu schwer greifen und formulieren könnte.

Das Profil ergänzt die sonst üblichen Unterlagen, und es erlaubt darüber hinaus, dem Gesamtgespräch eine nützliche Grundlinie zu geben. In Kapitel 26 über Team-Management werden Sie lesen, daß es innerhalb eines Berufs, wie z. B. bei den Software-Entwicklern, viele unterschiedliche und in der Unterschiedlichkeit wichtige Profile gibt. Ein Austesten auf das sogenannte richtige Profil wäre dann geradezu falsch.

21.6 Jobsuche und Karriereberatung

So unterschiedlich die Jagd nach einer neuen Beschäftigung und die gezielte Karriereentwicklung auf den ersten Blick sein mögen, so ähnlich sind sie sich doch in mancher Hinsicht. Beide stellen, gegenüber dem meist viel pauschaleren Denken rund um die Wahl der Ausbildung bzw. des Berufs, viel präzisere Anforderungen in einem definierten, meist relativ kurzen Zeitraum.

Die Suche nach einem neuen Arbeitsplatz wird meist für eine Marketingaufgabe gehalten: sich auf den Markt bringen, sich verkaufen. Die einschlägigen Beratungsspezialisten aus den USA sehen das anders. Sie sagen: An erster Stelle ist Jobsuche eine Arbeit der Informationssammlung und -verarbeitung. Information über sich selbst, über den Bedarf am Arbeitsmarkt, über das Bewerbungsverfahren mit allen Facetten. Daß man einem Jobsuchenden hilft, seine Unterlagen besser zu gestalten etc., sei natürlich auch wichtig, aber an Bedeutung zweitrangig.

Als besonders wichtig gilt das Entdecken der blinden Flecken im Prozeß der Arbeitssuche. Hier kommt dann die Hirndominanz ins Spiel. Richard Bolles, der Autor des US-Bestsellers über Jobsuche »What Color Is Your Parachute?« (51), weist auf typische Mechanismen hin, wie Jobsuchende sich selbst blockieren. Nach seinen Erfahrungen neigen Menschen, je mehr sie linkshälftige A-B-Typen sind, dazu, sich in ihrem Vorgehen bei der Jobsuche zu verbeißen. Sie zeigen als Reaktion, wenn der Erfolg bei der Suche ausbleibt, verstärktes Bemühen bei im Grundsatz unverändertem Vorgehen. Also: noch mehr Bewerbungsbriefe aussenden, die bestehenden Unterlagen noch weiter verbessern.

Ausgesprochene Rechtshälfter neigen dazu, die Aufgabe von Gesicht zu Gesicht lösen zu wollen. Sie fragen Freunde, Verwandte, Bekannte, ob sie nicht wüßten, wo eventuell ein Job frei sein könnte, und versuchen dann ein Vorstellungsgespräch zu bekommen. Mit Durchhaltevermögen formale Bewerbungen loszuschicken, Auswahllisten über angebotene Stellen zu führen etc., das ist nicht ihre Sache.

Deswegen beginnt die Beratung bei der Arbeitssuche meist damit, den Stil der bisherigen Bemühungen zu analysieren und mit dem HDI-Profil zu vergleichen (das auch noch für andere Zwecke herangezogen wird). Der Berater muß dabei darauf achten, nicht die schon laufenden Bemühungen des Suchenden durch gute Vorschläge weiter zu optimieren, sondern wirklich auf die Einseitigkeiten des praktizierten Verfahrens einzugehen und die blinden Flekken so gut wie möglich aufzudecken und zu beheben. Dazu gehört für Linkshälfter das zusätzliche Übernehmen rechtshälftiger Vorgehensweisen und umgekehrt.

Bolles sagt dazu, die schwierigsten Situationen fände er bei starken Linkshälftern, die sich geradezu in einem selbstgezimmerten Gebäude von Fakten über sich, den eigenen Kenntnissen etc. und in einem festgefahrenen Bewerbungsverfahren einschließen würden. Diese Personengruppe brauche am längsten bei der Suche nach einem neuen Arbeitsplatz und sei am schwierigsten zu beraten. Aufgabe des Beraters ist also als erstes das Erarbeiten einer neuen, ganz-hirnigen Bewerbungsstrategie.

Jobsuche steht auch auf besondere Weise in der Polarität von Sicher-heitsstreben (B-Qualität) und Risikobereitschaft (D-Qualität). So ist es subjektiv viel sicherer, zahlreiche korrekte Bewerbungsbriefe loszuschicken und schriftliche Absagen zu bekommen, als sich in einem persönlichen Gespräch eine Absage zu holen. Und es ist bei der Jobsuche viel sicherer, nur dort anzuklopfen, wo man weiß, daß die eigenen Qualifikationen genau passen – wo man also auch kein Risiko mit der Probezeit eingeht. Risikobereitschaft kann sich hier insbesondere als die Bereitschaft und das Selbstvertrauen zeigen, im neuen Job Fehlendes hinzuzulernen – was natürlich die Zahl der Möglichkeiten bei der Suche drastisch erhöht. Aufgabe des Beraters ist es, wiederum unterstützt vom HDI-Profil, eine geeignete, bes-sere Balance zwischen Sicherheitsstreben und Risiko in die Stellen-suche zu bringen.

Es ist interessant, daß manche Karriereberater angesichts der linkshälftigen Schwierigkeiten den Jobsuchern den Rat geben, abends rechtshälftigem Zeitvertreib nachzugehen, um die rechte Hirnhälfte zu aktivieren. So wird empfohlen: Musik hören, tan-zen gehen, Dias oder einen Bildband ansehen, malen, meditieren, körperliche Bewegung, Visualisierungsübungen, sich massieren lassen.

Als letztes hierzu ein Thema, das bei der Grundsituation der Ausbil-dungs- und Berufswahl eine geringe Rolle spielt, aber bei der Jobsu-che und Karriereplanung wichtig wird: der Umgang mit den »schwachen Quadranten«. Generell gilt, daß die Kandidaten bei Karriereplanung und Jobsuche in ihrer Selbsteinschätzung bevor-zugt den Ausdruck ihrer Stärken sehen – also zum Beispiel als ihre Qualitäten nennen: analytisch, faktisch, Experte, ordentlich, konse-quent (A-B-Typ). Gute Karriereberatung zeigt jedoch, daß auch in den schwachen Quadranten im oberen Bereich von Stufe 3 und im unteren von Stufe 2 noch etliche zugehörige Fähigkeiten zu finden sind, die der Kandidat angesichts der klaren Präferenzen als verfüg-bare Qualitäten übersieht. Hier ist ein wichtiges Entwicklungspo-tential verborgen, das genutzt werden kann. Einmal wird das Lei-stungsangebot, sobald diese Komponenten bewußt geworden sind, breiter – und damit der Rahmen der möglichen anzubietenden Fähigkeiten größer. Zum zweiten zeigen sich hier Reserven für die gezielte Entwicklung, die das Gesamtprofil der angebotenen Leistungen stark aufwerten können – ein besonders wichtiger Aspekt in der Karriereberatung.

Ich möchte noch anfügen: In den USA gibt es inzwischen zahlreiche hauptberufliche Karriereberater, während in Deutschland diese Aufgabe fast nur im Zusammenhang mit Outplacement auf Kosten des Arbeitgebers wahrgenommen wird.

22. Profile, Schule, Lernen –
Bildungspolitik

Eine der wichtigsten Fragen in unseren Bildungsinstitutionen ist: Wie wird seitens der Schulen mit den Talenten, Fähigkeiten und Denkstilen der Schüler umgegangen? Hierzu gibt es inzwischen in den USA viele Untersuchungen. Hier findet das HDI in den USA zahlenmäßig seinen breitesten Einsatz.

Wie in anderen Bereichen von Wirtschaft und Verwaltung bestimmt das Management in den Schulen und Schulaufsichtsbehörden weitgehend:
– wie gelehrt werden soll,
– was auf welche Weise gelehrt wird,
– welche Lehrer positiv bewertet und gefördert werden,
– wer in das Schulmanagement nachrückt.

Wenn Sie sich an das Experiment von Ned Herrmann mit den Stehpartygruppen und deren Zusammensetzung erinnern: Das Prinzip der Kooption wird dafür sorgen, daß der Gruppenstil bzw. die Gruppenkultur (hier: Schulkultur) möglichst erhalten bleibt, daß Leute vom gleichen Stil nachrücken. Wer also sind heute die Schulmanager?

Eine Vergleichsstudie untersucht Schuldirektoren und Geschäftsführer von Unternehmen aus demselben geographischen Einzugsgebiet.

Gruppe	Linksdominanz*	Rechtsdominanz*
Geschäftsführer	mittel: 91.32 Bereich: 45–129	mittel: 108.32 Bereich: 79–150
Schuldirektoren	mittel: 116 Bereich: 72–142	mittel: 87.04 Bereich: 52–137

* Im HDI wird Linksdominanz mit $0{,}66 * (A + B)$ und Rechtsdominanz mit $0{,}66 * (C + D)$ berechnet.

Tabelle 22–1: Vergleich von Schuldirektoren und Geschäftsführern.

Wie die Zahlen in Tabelle 22–1 zeigen, sind die Geschäftsführer im Mittel deutlich rechtshälftig, die Schuldirektoren dagegen noch deutlicher linkshälftig ausgelegt. Bei den Schuldirektoren lag (diese Information ist nicht in der Abbildung enthalten) der B-Wert um 23 % höher als bei den Geschäftsführern. Eine neuere Studie (31) bestätigt die zitierten Ergebnisse und fügt mit neuem Datenmaterial u. a. hinzu, nur 12 % der Schuldirektoren hätten in Quadrant D einen Wert über 66, befänden sich also auf Stufe 1.

Das heißt: Schuldirektoren sind im Mittel konservativ und verwaltend, Geschäftsführer innovativ und ganzheitlich.

Die Autoren der genannten US-Studie kommen auf der Basis ihrer Daten zu dem Ergebnis:

– Wegen der linkshälftigen, B-orientierten Profile werden Schuldirektoren wenig auf drückende schulische Probleme und innovative Vorgehensweisen eingehen

– und unter Druck um so mehr an Erprobtem festhalten (während die Geschäftsführer dann gemäß ihrer D-Dominanz innovativ agieren).

Als ein Beispiel für solches linkshälftiges Umgehen mit schulischen Problemen nennen die Autoren den Ansatz, durch standardisierte Tests Problemfälle auszusondern und in Sonderschulen zu verweisen – statt vielleicht Änderungen an der Lehrmethode zu bedenken. In Kapitel 30 gebe ich Ihnen hierfür ein Beispiel.

Die Autoren der US-Studien schlagen übrigens nicht vor, die Schuldirektoren durch Geschäftsführer aus der Wirtschaft zu ersetzen. Aber sie meinen, die pädagogische Ausbildung sei reformbedürftig. Sie zitieren den Wirtschaftswissenschaftler Henry Mintzberg, der in der »Harvard Business Review« (32) schrieb: »Auf der Ebene der Gestaltung der Prinzipien in einer Organisation spielen Fähigkeiten eine große Rolle, die mit rechtshälftigem Denken verbunden sind.« Ich weise hier auch auf Vera F. Birkenbihl (1) hin, die sich schulgeplagten deutschen Eltern mit interessanten Hinweisen und Ratschlägen zuwendet.

23. Gruppenprofile

23.1 Gruppenprofile – Aufstellung und Nutzung am Beispiel eines Unternehmensvorstandes

Ich hatte schon von linkshälftigen Unternehmern und von Mittelwert-Profilen, z. B. aller Physiker, gesprochen. Das HDI erlaubt es, Gruppeneigenschaften zu beschreiben.

Zum technischen Vorgehen: Man zeichnet in ein Profilformular alle Profile der Gruppenmitglieder ein. Dabei erhält man dann ein Bild wie in Abb. 23–1.

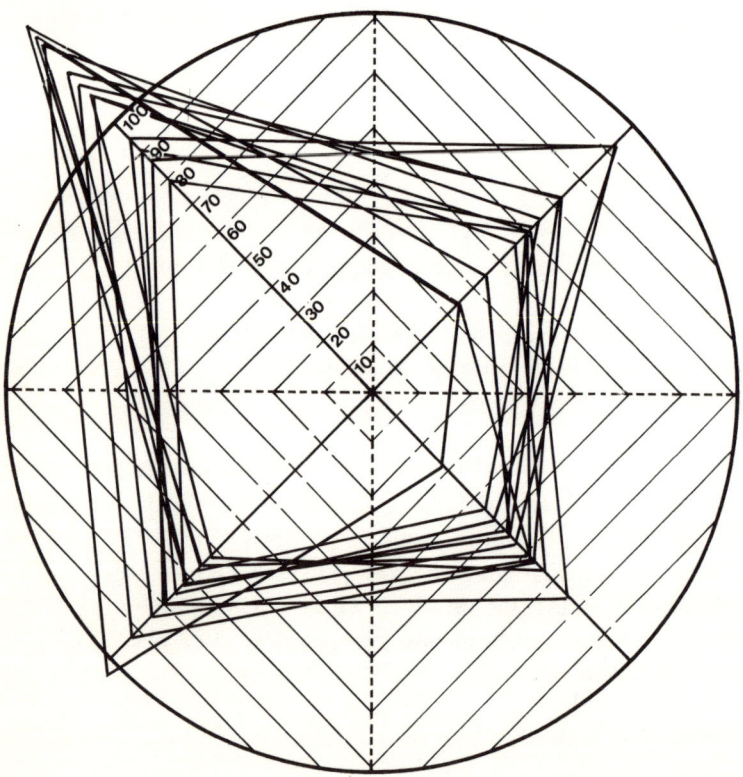

Abb. 23.1–1: Gruppenprofil des Vorstandes eines großen US-Unternehmens

Ned Herrmann, der immerhin 16 Unternehmen der Fortune-50-Liste (der von der Zeitschrift »Fortune« als die 50 besten ausgewählten US-Unternehmen) als Kunden hat und von dem auch die Darstellung in Abbildung 23.1–1 stammt, benutzt solche Gruppenprofile als Schnellstart u. a. bei der Beratung von Unternehmensleitungen.

Ich interpretiere Ihnen jetzt das Gruppenprofil aus Abbildung 23.1–1.

Das Gruppenprofil des Vorstandes dieses technischen Großunternehmens zeigt eine Dominanz in der linken Hälfte. Führend ist der Quadrant A mit einem Mittelwert von über 100. An zweiter Stelle folgt Quadrant B, immer noch mit einem Mittelwert bei 75. An dritter und vierter Stelle kommen, ziemlich gleichauf bei etwa C = D = 55, die beiden Quadranten der rechten Hälfte. Damit hat das Mittelwertprofil den Typ (1⁺, 1, 2, 2). Dieses Profil ist selbst für den Vorstand eines technischen Unternehmens sehr linkshälftig. Bei einem aus zwölf Personen bestehenden Vorstand sollte zumindest ein etwa quadratisches Mittelwertprofil erwartet werden, wahrscheinlich vom Typ (1, 1, 2, 1). Dieses Gruppenprofil ist also viel linkshälftiger als beim Durchschnitt der Industrieunternehmen, insbesondere im Quadranten A, der einem Universitätsinstitut für Maschinenbau Ehre einlegen würde.

»Nur vier von den insgesamt zwölf Personen im Vorstand zeigen im innovativen und strategischen Quadranten D eine Ausprägung auf Stufe 1. Demgegenüber zeigen alle zwölf Personen in Quadrant A einen Wert auf Stufe 1. Dabei liegt der niedrigste A-Wert bei fast 80, nur vier der zwölf Werte liegen unter A = 100, acht zeigen die Präferenz 1⁺ in A. Ebenso liegen in Quadrant B nur drei Personen im obersten Bereich von Stufe 2, alle anderen neun liegen auf Stufe 1. In C liegen zehn der zwölf auf Stufe 2, jeweils nur einer im Bereich der Vermeidung und einer im Bereich 1. Gehen wir davon aus, daß Aktivitäten in einem Gremium immer aktive Fürsprecher und akzeptierende Mehrheiten finden müssen, dann erhalten Sie durch die vorstehende Darstellung einen Eindruck über erfolgreiche Vorschläge und Abstimmungsergebnisse im Vorstand.«

	Anzahl (*1) Vorschlagende (V) und Fürsprecher (F)	Anzahl (*2) Zustimmende (Z)	Gesamt- punkte (G) (*3)
Quadrant A	V: 12 F: 12	12	$12 \times 12 = 144$
Quadrant B	V: 9 F: 12	12	$9 \times 12 = 108$
Quadrant C	V: 1 F: 11	11	$1 \times 11 = 11$
Quadrant D	V: 4 F: 10	10	$4 \times 10 = 40$

*1: Annahme, daß Personen mit Präferenz (Stufe 1) als Vorschlagende für zu dem jeweiligen Quadranten gehörige Lösungen eintreten.

*2: Annahme, daß maximal alle Personen mit Stufe 2 und Stufe 1 für einen entsprechenden Vorschlag eintreten.

*3: Maximal zu erwartende relative Punktzahl für einen entsprechenden Vorschlag: $G = V \times Z$.

Abb. 23.1–2: Umsetzung eines Gruppenprofils in zu erwartende Abstimmungsergebnisse

»Insgesamt ist zu erwarten, daß dieser Vorstand gut ist
- im Finanzwesen,
- in der technischen und wirtschaftlichen Optimierung der Fertigung,
- in der Erhaltung/Schaffung von guten Qualitätsstandards der eigenen Produkte
und daß er schwach ist,
- wenn sich neue Technologien zeigen, diese rechtzeitig zu erkennen und zu verfolgen,
- wenn sich Märkte ändern, die dabei auftretenden schwer meßbaren Anzeichen frühzeitig wahrzunehmen, zu verfolgen und in die eigenen Strategien einzuarbeiten,
- wenn sich im Arbeitnehmerverhalten Veränderungen abzeichnen, diese frühzeitig einzuarbeiten.
Es ist also insgesamt zu erwarten, daß dieses Unternehmen gut bis

hervorragend dasteht, solange keine größeren Veränderungen das eingefahrene und optimierte Spiel stören.«

Ich erinnere mich daran, daß diese Beschreibung ziemlich genau auf die Industrie des Ruhrgebiets zutraf, ehe es dort zur Krise kam. Es ist für mich auch interessant, zu erinnern, daß Herr Kienbaum senior, damals Wirtschaftsminister in Nordrhein-Westfalen, die Zeichen der Zeit erkannt hatte und bei jeder Gelegenheit aufrüttelnde Reden über die bevorstehenden Veränderungen hielt. Alle hielten damals, als es noch Zeit und Geld für innovatives Handeln gab, die Ohren fest geschlossen.

23.2 Kommunikation in Gruppen

Das Beispiel aus dem vorstehenden Kapitel zeigt eine offensichtlich einseitige Gruppe. Die möglichen Konsequenzen sind vorhersehbar: einseitiges Handeln.

Ned Herrmann nennt ein anderes Beispiel. Er war vom Aufsichtsrat einer US-Airline gerufen worden. Die Fluggesellschaft schien rapide auf die Pleite zuzusteuern. Herrmann machte als erstes das Gruppenprofil: Es zeigte eine wunderbar ausbalancierte Mannschaft, alle Quadranten waren vertreten. Beste Voraussetzungen?

Im nächsten Schritt machte er mit jedem der Vorstandsmitglieder ein Interview. Das Ergebnis: Die Personen mit den sehr unterschiedlichen Profilen hielten nichts voneinander. Für den Vorsitzenden, selbst Finanzmann, war der Marketing- und Vertriebschef ein Exot. Der Marketing- und Vertriebschef fand, daß es bei dem Finanzchef nur Interesse gab für Zahlen und Geld und nicht für neue Ideen, z. B. für den Markt. Er hatte resigniert aufgegeben. Mit anderen Vorstandsmitgliedern setzte sich das Bild fort.

Die Diagnose an den Auftraggeber nach Ende der Interviews: Potential vorhanden, keine Kommunikation, keine Kooperation. Zusammenbruch unvermeidlich. Die Airline war übrigens sechs Wochen später bankrott.

Dieses Beispiel geht auf die in Gruppen immer wieder problematische Situation ein:

- Wenn schon alle Denkstilpräferenzen für ein »ganzhirniges« Handeln da sind, dann

– müssen außerdem Kommunikation und Kooperation hinzukommen, um Synergie und Erfolg zu schaffen.
Dies gilt für jede Gruppe.

24. Paare und Familien als Gruppe

24.1 Mann-Frau-Paare

In unserer Zeit finden wir drei typische Mann-Frau-Paarbildungen, davon zwei private und eine berufliche.
– unverheiratete Paare
– Ehepaare
– Chef und Sekretärin
Ich hatte schon in Kapitel 17 die Unterschiede zwischen den durchschnittlichen männlichen und weiblichen Profilen gezeigt. Männer mit höheren A-Werten, Frauen mit höheren C-Werten, beide Geschlechter in B und D etwa gleich. Es hat sich bei Untersuchungen gezeigt, daß die Vergleiche der Profilkombinationen interessante Einblicke gewähren.

Unverheiratete Paare
Paare, die unverheiratet zusammenleben, zeigen mit etwa 75 % der Fälle einander ähnliche Profile. Also nach dem Motto: Gleich und gleich gesellt sich gern. Das können rechtshälftige Paare, linkshälftige Paare, mehr cerebrale oder mehr limbische Paare sein. Die allgemeine Richtung der Interessen ist ähnlich. Es ist nicht schwer, gemeinsame Unternehmungen zu starten, die Rolle von körperlicher Bewegung und Anstrengung wird ähnlich gesehen, es ist gemeinsamer Gesprächsstoff da. Ich habe Ihnen in Abbildung 24–1 dazu mit dem Profilpaar 1 ein Beispiel gegeben.

Verheiratete Paare
Mit einer ähnlichen Mehrheit von auch etwa 75 % sind verheiratete Paare vom Profil her einander unähnlich. Typisch ist die Kombination: Mann viel mehr A, Frau viel mehr C, wie ich es Ihnen in Abbildung 24–1 mit dem Profilpaar 2 darstelle.
Bei verheirateten Paaren gilt mit 75:25 also die Regel: Gegensätze ziehen sich an. Nehmen Sie folgendes statistisch durchaus typische Paar an:

     Mann (98, 70, 40, 75)
     Frau (45, 70, 105, 70)

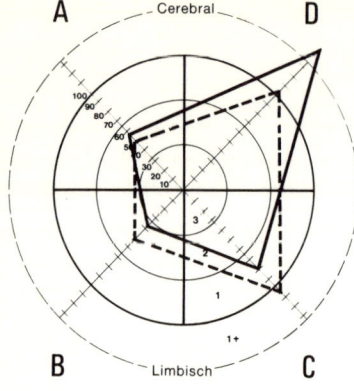

(a) Beispiel für ein Paar mit
ähnlichem Profil

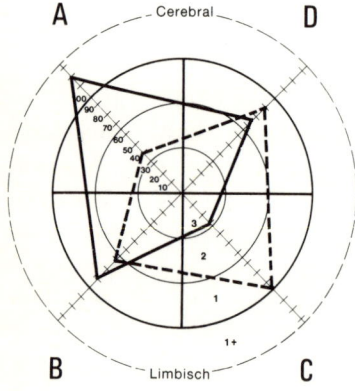

(b) Beispiel für ein Paar mit
sehr unähnlichem Profil

Abb. 24–1: Typische Mann-Frau-Profilkombinationen

Wenn es darum geht, für ein Haus Geld zu sparen (B-Quadrant)
oder aus dem Möbelkatalog vorauszuwählen (D-Quadrant), werden die beiden voraussichtlich gut miteinander zurechtkommen
können. Aber wenn er ihr etwas sehr Intelligentes über eine neue
Entwicklung bei Autos erklären will, wird sie wahrscheinlich zumindest innerlich gähnen. Es kann aber auch bei ihm zu einem Auf-

schrei kommen: Du hast nie und an nichts Interesse! Und umgekehrt, wenn sie im vierten Ehejahr noch einmal den Anlauf macht,
mit ihm tanzen gehen zu wollen, dann wird er mit hoher Wahrscheinlichkeit ein kluges Argument finden, daß es heute nicht geht
und am Freitag auch nicht.

Andere Autoren weisen darauf hin, gerade der Reiz des Andersarti-
gen (Profils), das man nicht versteht, das einem mystisch-geheimnis-
voll erscheint (weil man das entsprechend andere Denken in sich
nicht nachvollziehen könne), sei die Ursache für polare eheliche
Bindung.

Bindungsformen

Auf einer Kybernetikkonferenz im Sommer 1989 hat der Chemiker
Hollebone von der Carleton University in Ottawa/Kanada über auffällige Analogien zwischen den physikalisch-chemischen Bindungs-
kräften in Atomen und Molekülen einerseits und sozialen Gruppen
andererseits gesprochen. Die sogenannte heteropolare Bindung
oder Ionenbindung entspräche der statistisch vorherrschenden ehe-
lich-polaren Bindung. Die homöopolare Bindung (die die Basis aller
organischen Moleküle ist) entspräche der nichtehelichen Paarbin-
dung, die auf Ähnlichkeit beruhe.

Beachten Sie dabei, daß die Verwendung einer Analogie wie in diesem Beispiel ein rechtshälftiges Konzept ist, dem ein Teil der mehr
linkshälftigen Wissenschaftler als zulässiges Arbeitsmittel nicht zu-
stimmt, da bei Analogien nie der Grad der Übereinstimmung exakt
zu greifen ist. Damit begeben sich diese Wissenschaftler der Möglichkeit, über kreative Denkbrücken zu gehen und neue Konzepte
»intuitiv« anzuregen. Gerade dies wollte aber im vorstehenden Beispiel der Chemiker Hollebone, der vor einem interdisziplinären Publikum sprach.

Chef – Sekretärin

Die Chef-Sekretärin-Bindung ist nicht nur ein zufälliges Phänomen
der Arbeitswelt. Wir wissen, wie oft ein Paar Chef – Sekretärin
(ohne private Verbindung) über viele Jahre und Versetzungen des
Chefs zusammenbleibt. Der neue Chef bringt dann seine Sekretärin
mit. Und es ist auch bekannt, daß öfter aus dem beruflichen Verhält-
nis ein privates wird.

Wenn ein Chef den dienstlichen Nutzen einer Sekretärin abschätzt, gibt es für ihn folgende Hauptaspekte:
– Ergänzung dadurch, daß die Sekretärin ihm all die Arbeiten abnimmt, die nicht charakteristisch für »seine Arbeit« und sein Denkstilprofil sind. Dann soll die Sekretärin also komplementär sein.
– Ergänzung dadurch, daß die Sekretärin genau versteht, was der Chef will, so daß sie in seinem Sinn als sein verlängerter Arm auftritt. Das kann dazu führen, daß bei Abwesenheit de facto eigentlich die Sekretärin die Vertreterin ist – denn sie entscheidet meist darüber, ob der offizielle Vertreter eingeschaltet wird. Dies ist der Fall der ähnlichen Profile.

Es ist klar, der erste Fall, die komplementäre Sekretärin (die der Chef auch meist nicht als Partnerin, sondern als Gehilfin ansieht), gehört zur polaren Bindung der stark unterschiedlichen Profile. Der zweite Fall, »Einverständnis in der Sache«, wird im Regelfall von eher partnerschaftlich-ähnlichen Profilen begleitet. Typisch dafür ist, daß Alleinsekretärinnen und Chefsekretärinnen oft selbst D-orientierte Profile zeigen und auch öfter in leitende oder selbständige Rollen aufsteigen.

24.2 Das schwarze Schaf in der Familie – was kann man tun?

Stellen Sie sich vor: zwei gutbürgerliche Eltern, ein erstes und ein zweites Kind. Die Profile:

Vater: (70, 104, 55, 49)
Mutter: (42, 87, 93, 61)
1. Kind: (80, 75, 60, 55)

und das schwarze Schaf der Familie

2. Kind: (45, 35, 96, 132)

Die Familie ist ordentlich, Vater arbeitet im Büro einer Speditionsfirma als Kalkulator, Mutter hatte in einer Bäckerei verkauft, der erste Sohn ist der Stolz der Familie. Nach dem Abitur will er Wirtschaftsingenieur werden. Der zweite Sohn ist erst 13, in der Schule kommt er durch. Er hat eine Trompete, ist so unberechenbar, daß er sich in der Stadt von seinem nebenbei verdienten Geld bunte, ausgeflippte Kleidungsstücke kauft und gelegentlich um elf Uhr nachts Trompete üben will. Beruflich will er Bandmusiker oder Entwicklungshelfer werden.

Nach diesem Muster sind viele Familienkatastrophen gestrickt. Allen ist gemeinsam: mehrere sich profilmäßig ähnliche Personen, die sich über den Stil des Hauses einig sind – und ein profilmäßig ganz anderer Exot. Dies in allen nur erdenklichen Profilkombinationen.

Es ist für mich erstaunlich, wie viele Probleme in Familien sich mit einem Blick auf das Gruppenprofil so erfassen lassen. Typisch in der realen Situation ist die Ratlosigkeit der Betroffenen, die ja nichts Böses gegeneinander im Sinn haben, aber dennoch dauernd aufeinanderprallen. Was man tun kann? Den Beteiligten das Familienprofil erläutern und allen Beteiligten in einem Frage-Antwort-Spiel zeigen, welche Konflikte durch welche Profilunterschiede entstehen. Und dann: klarmachen, daß Gott viele unterschiedliche Menschen geschaffen und sich auch die Freiheit genommen hat, seine so verschiedenen Kinder in eine Familie zu schicken ...

Ich habe von verschiedenen Fällen gehört und es auch selbst erlebt, daß mit einem »Aha« zunächst einmal der Unterschied erfaßt wurde. Und daß dann tatsächlich verstanden wurde, daß der andere nicht aus Bosheit, Achtlosigkeit, Respektlosigkeit, Unsauberkeit, Faulheit etc. so ist, wie er ist. Familientherapeuten haben die Gelegenheit, in einer einzigen Zeitstunde, mit dem Profil in der Hand und einer gezielten Gesprächsführung, zum Kern der Sache vorzustoßen. Wurde einmal die Grundlage der Auseinandersetzungen verstanden, hat es der Therapeut leichter, die nächsten Schritte in Richtung Akzeptanz, Versöhnung, Besprechung von Meinungsverschiedenheiten zu gehen und eventuell praktische Maßnahmen zu ergreifen. Dabei hat er dann mit dem HDI-Gruppenprofil ein sehr klares Modell des Konfliktherds.

Damit keine Mißverständnisse entstehen: Die Einsicht in die profilmäßige Situation garantiert noch keine gütliche Auflösung der Probleme in eitel Sonnenschein. Es könnte durchaus eine praktische Lösung sein, daß der Exot so schnell wie möglich auszieht. Das HDI kann dann aber zur Einsicht aller Beteiligten in diese Lösung helfen.

24.3 Familientherapie

Am vorigen Beispiel haben Sie schon gesehen, wie das HDI in familiären Problemsituationen genutzt werden kann. Der Ansatz ist immer gleich:
- Die Profile zeigen, daß und wie Menschen unterschiedlich sind. Nicht, daß sie, nur wegen ihrer Unterschiedlichkeit, gleich besser oder schlechter sind.
- Die Profile bilden den Leitfaden zum schnellen Auffinden und Aufzeigen der Unterschiede und der daraus resultierenden Probleme.

Ich habe immer wieder erlebt, daß Teilnehmer an meinen Vorträgen spontane Aha-Erlebnisse hatten und daß sie ermuntert wurden, auf eine bestimmte Weise über ihre Situation nachzudenken. Öfter erhalte ich dann einige Zeit später per Post den Wunsch, auch für den Ehepartner das Profil anzufertigen. Man hat gemeinsam begonnen, über die eigene Situation zu sprechen, und fängt an, weitere Informationen zu sammeln. Ich finde es nicht unprofessionell, wenn in solchen Fällen Familien ohne größere Kosten und Offenbarungsängste, also ohne Besuch beim Familientherapeuten, beginnen, auf eine nützlich strukturierte Weise über ihre Probleme zu reden. Ich will damit nicht den Therapeuten für überflüssig erklären, aber oft genügt es wohl schon, Selbstheilungskräfte anzustoßen.

Ich bin selbst kein Therapeut, aber am Rande meiner vor allem berufsbezogenen Arbeit mit dem HDI komme ich immer wieder mit angrenzenden Familiensituationen in Berührung. Ich habe festgestellt, daß berufliche Probleme oft gleichzeitig Familienprobleme sind und daß das Berufsproblem manchmal besser zunächst als Familienproblem angegangen würde. Ich habe z. B. erlebt, wie eine Frau mit starkem B-Denken immer wieder die berufliche Entwicklung ihres stark D-orientierten Mannes gestört hat.

25. Unternehmenskultur

Unternehmenskultur ist ein in den letzten Jahren immer mehr in den Vordergrund rückender Begriff. Was Unternehmenskultur ganz genau ist, kann niemand beschreiben, so wenig, wie man »Münchner Kultur« beschreiben könnte, obwohl man gut weiß und erleben kann, daß sie sich von »Berliner Kultur« unterscheidet. Ein vorsichtiger Versuch: »Unternehmenskultur ist die Gesamtheit der Werte und Verhaltensweisen, die in einem Unternehmen von einem größeren Teil der Mitarbeiter inklusive der Führung akzeptiert und in gewissem Maß gelebt werden.«

Das HDI bietet die Möglichkeit, als eine Art Indikator Unternehmenskultur zu messen. Unternehmenskultur wird gewiß durch die Denkstile der Mitarbeiter/Führung geprägt. Deswegen stellt das Gruppenprofil eines ganzen Unternehmens, einer Abteilung, des Vorstandes, einer Führungsgruppe, eines Teams jeweils ein Abbild der in dieser Gruppe herrschenden Unternehmenskultur dar. Ich gebe Ihnen in Abbildung 25–1 ein aus der Praxis kommendes Beispiel dafür, wie Unternehmenskultur sich im HDI darstellt.

Im Führungsbereich Europa eines internationalen Technologiekonzerns ist es üblich, daß jedes Jahr eine neue, etwa 40 Personen starke Gruppe von Managern aus ganz Europa zu einem mehrwöchigen Training zusammenkommt. Über Jahre wurden die HDI-Profile dieser Gruppe gemacht. In Abbildung 25–1 sind drei aufeinanderfolgende Jahrgänge jeweils durch ihr Mittelwertprofil dargestellt. Sie sehen, daß diese Profile fast identisch sind. Würden die weiteren Jahrgänge hinzugefügt, so entstünde eine dicke schwarze Linie – so nahe liegen die Profile der verschiedenen Jahre beieinander.

So drückt sich aus, daß dieser Konzern international eine stabile und als typisch bekannte Unternehmenskultur hat. Immer wieder werden in diesem Unternehmen, Jahr für Jahr, gerade solche Menschen durch Einstellung hinzukooptiert, die ganz genau passen (und den Mittelwert der Profile erhalten helfen).

Wir könnten nun wieder, anhand des Beispiels aus Kapitel 23.1, dieses Gruppen-Mittelwert-Profil interpretieren. Es ist gewiß linkshälftig, auf Technik und Finanzen orientiert. Und es ist entsprechend seit Jahren kein Geheimnis mehr, daß dieser Konzern Schwie-

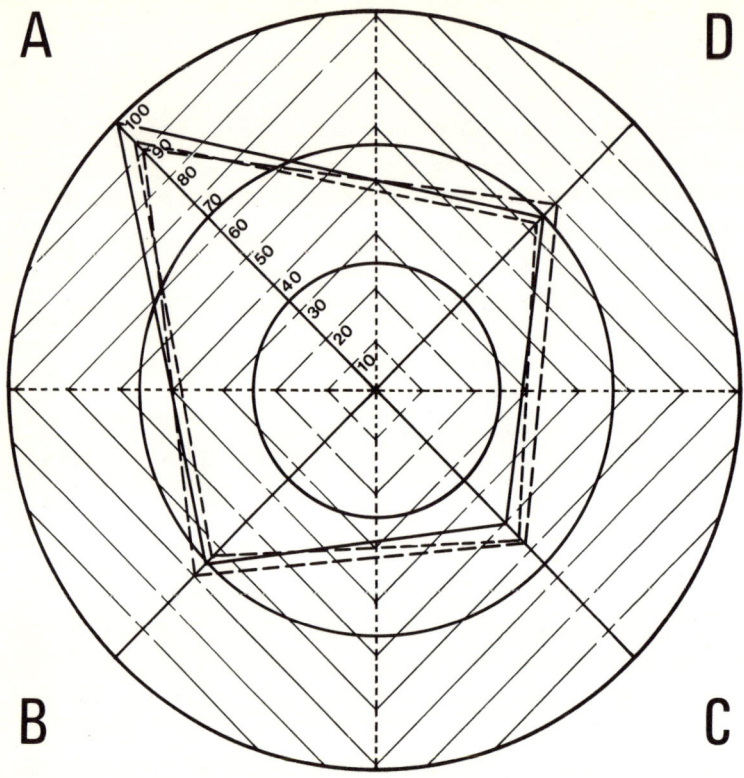

Abb. 25–1: Unternehmenskultur im HDI, ein Beispiel.

rigkeiten bekommen hat, weiterhin als innovativ, flexibel und wirklich kundenorientiert zu gelten.

Bei diesem Konzern würde der Vorschlag, mehr rechtshälftig zu werden, sicher aufgrund der starken A-B-Orientierung auf Widerstand stoßen. Man schreibt ja schließlich immer noch recht gute Zahlen, trotz gelegentlicher Einbrüche. Es wäre auch nicht einfach, einen solchen Konzern mittels formaler Maßnahmen im Laufe von 5 bis 10 Jahren nach rechts zu schieben. Trotzdem weist das HDI-Profil der Gruppen-/Firmenkultur auf eine Reihe von praktischen Maßnahmen hin, die ergriffen werden könnten:
– Bei Einstellungen bei gleicher Fachqualifikation den mehr

rechtshälftigen Kandidaten einstellen. Dabei aber alle stark rechtshälftigen »Exoten« vermeiden.

– Für Spezialaufgaben mit hoher Anforderung an benötigte Innovationskraft Spezialgruppen aufbauen, die viel mehr D-orientiert sind. Diese Gruppen gegebenenfalls aus dem Hauptunternehmen räumlich auslagern. (In den USA heißen solche zum Teil von der Industrie bewußt akzeptierten oder gar geschaffenen Spezialabteilungen »Skunkworks« – »Stinktier-Firmen« ...)

– Bei Beförderungen den fachlich etwa leistungsgleichen Kandidaten wählen, der mehr rechtshälftig ist.

– Breitflächig und nicht nach dem Zufallsprinzip
   * Kommunikationstrainings für alle
   * Verhaltenstrainings
   * Präsentationstrainings für möglichst alle Mitarbeiter, beginnend mit dem Management, von oben nach unten
   * Streßmanagement-Training im Hause
   * Mentaltrainings
   * Moderierte Sitzungen intern, aber auch mit Kunden und Lieferanten
   * Moderatorenausbildung für Vorgesetzte
   * Fremdsprachenkurse mit Superlearning
   * Von externen Beratern moderierte Arbeit an hausinternen Problemsituationen
      – zum erstmaligen Ablauf neuartiger Arbeitsformen
      – für die Teilnehmer als Lernbeispiel zu neuen Arbeitsmöglichkeiten
   * und vieles mehr, was man im Einzelfall raten kann

Ich habe vor kurzem als Spitzenergebnis einer solchen Maßnahme erlebt, daß in einem Krisenprojekt ein von mir empfohlener Moderator eine mit etwa zwei Arbeitswochen für fünf bis sechs teilnehmende Personen angesetzte Projektkonferenz zwischen Kunden und Auftraggeber erfolgreich auf eineinhalb Tage reduziert hat. Ich bin überzeugt, daß, bezogen auf einen möglichen neuen Stil, alle Beteiligten ein Erlebnis hatten. So können neue Arbeitsformen, die zum Teil wesentlich mehr rechtshälftig sind, erlebt und vorgelebt werden und als ein kurzfristig nützliches und bei Wiederholungen langfristig wirksames Mittel zur Verschiebung von Unternehmenskultur eingesetzt werden.

Natürlich gibt es nicht nur linkshälftige Kulturen, denen eine Verschiebung nach rechts gut bekäme. Es gibt auch chaotische Unternehmen, oft junge und schnell wachsende Unternehmen, die lernen müssen, die wertvollen Beiträge des A- und des B-Quadranten aufzunehmen.

Ich halte fest, daß das HDI ein Mittel zur Schnellanalyse von Unternehmenskultur ist, und zwar auf allen Ebenen des Unternehmens, und einen sehr guten Indikator liefert. Außerdem liefert es die Grundlage für eine Vielzahl von Maßnahmen. Beachten Sie jedoch, daß jede Organisation ein Immunsystem gegen Veränderungen der Unternehmenskultur hat. Falsches Auslösen des Immunsystems kann dramatische Folgen haben. Alle Eingriffe in die Unternehmenskultur sind mit äußerster Behutsamkeit anzugehen!

Noch eine Anmerkung. Das Verstehen von Witzen und das Lachen über Witze ist, nach den Ergebnissen einer Studie am Klinikum Aachen, eine Leistung der rechten Hirnhälfte. Wahrscheinlich kennen Sie auch Unternehmen, in denen es so ernst zugeht, daß kaum mehr gelacht wird. Nach den Aachener Ergebnissen ist zu schließen, daß eine stark linkshälftige Unternehmenskultur das Lachen verlernt hat und damit eines der wichtigsten Stilmittel zur sanften Konfliktlösung verloren hat.

26. Team-Management in Projekten

Ich wende mich hier einer speziellen Form von Teams zu, den Projekt-Teams. Projekt-Teams unterscheiden sich von sonst üblichen Teams. Projekt-Teams bieten aufgrund ihrer Struktur in der Regel sehr unterschiedlichen Personen die Gelegenheit, ihren persönlichen Beitrag zu leisten.

Bei normalen (Nicht-Projekt-)Teams steht im Regelfall im Mittelpunkt:

- die Ergänzung durch komplementäre Profile, so daß die Team-Mitglieder in der kontinuierlich ablaufenden Arbeit sich in Präferenzen und Kompetenzen ergänzen;
- Verstärkung der Leistungsfähigkeit in einem für die Arbeit typischen Profil durch mehrere Personen mit ähnlichen Profilen, die sich gegenseitig sehr leicht verstehen und füreinander eintreten können.

Dies drücken die HDI-Gruppenprofile auch entsprechend aus, wie z. B. bei den zwei erwähnten Kombinationen Chef/Sekretärin.

Bei Projekten verhält es sich anders. Projekte werden gestartet; sie entwickeln sich über eine Zeit von Tagen bis Jahren und kommen schließlich zu einem Ende. Bei Projekten unterscheidet man üblicherweise Phasen. Ich benutze im folgenden ein Vier-Phasen-Modell, das den Vorteil hat, übersichtlich zu sein, und das gleichzeitig alle wesentlichen Aspekte enthält:

Phase 1: Die Ideen-, Konzept- und Entwurfsphase. Bedarfsträger erläutern ihre Wünsche. (Beispiel: ein neues Software-Paket für den Vertrieb eines Unternehmens, mit neuen Möglichkeiten und Verknüpfungen). Der zukünftige Lieferant entwirft aus den genannten Wünschen eine Produktidee.

Phase 2: Die Konzepte des Entwurfs werden in Spezifikationen, Baupläne, Fertigungsvorgaben umgesetzt. Die Einzelteile werden in Konzeptform bestmöglich aufeinander abgestimmt. Tests werden entworfen.

Phase 3: Herstellen des Produkts, z. B. Programmieren oder Fertigen in der Werkstatt (auch Implementieren genannt).

Phase 4: Installation und Einführen beim Kunden. Einschulen des

Kunden. Urteil des Kunden über Zufriedenheit und Akzeptanz.

So gut wie alle Projekte, ob es Finanzierung, Software, ein Staudamm oder ein neuer Roboter ist, laufen nach diesem Webmuster. Ein bekanntes Problem ist, daß in Phase 2 oft Produkte so spezifiziert werden, daß der Kunde sie in Phase 4 kaum als das wiedererkennt, was er in Phase 1 als Wunsch geäußert hat. Dazu gibt es auch schöne Karikaturen.

Die Analyse hat gezeigt, daß die obigen vier Projektphasen ganz eng mit den vier Denkstilen des HDI verknüpft sind. Hierzu Abbildung 26–1 mit der Darstellung des von mir aufbereiteten Team-Management-Verfahrens Q-Team (33).

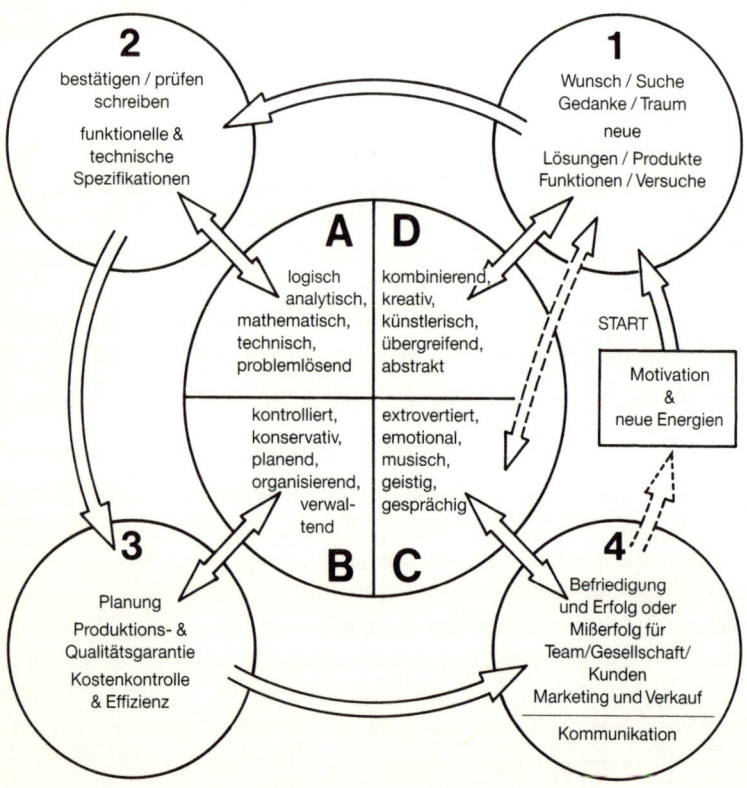

Abb. 26–1:   Team Management Verfahren Q-Team

In Q-Team unterscheide ich die vier Projektphasen gemäß den folgenden Definitionen.

Phase 1: Bildung des Konzepts
Phase 2: detaillierende Analyse und Spezifikation der Lösung
Phase 3: Produktionsplanung, Produktion und Produktkontrolle
Phase 4: Kommunikation intern sowie extern mit Kunden und Anwendern

Diese vier Phasen sind dann gemäß Abbildung 26–1 mit den vier Quadranten des HDI verbunden. Die vier Phasen werden in jedem Projekt in der Reihenfolge 1, 2, 3, 4 durchlaufen. Entsprechend liegen die höchsten Anforderungen an die Denkstile der Mitarbeiter (und an die zugehörigen Kompetenzen)

für Phase 1 in C und D
für Phase 2 in A
für Phase 3 in B
für Phase 4 in C

Fehlen einem Projekt mit innovativem Anspruch also in Phase 1 die kommunikativen Mitarbeiter mit höheren oder sehr hohen D-Werten, so ist das Projekt vorhersehbar in Gefahr. Ähnliches gilt für alle drei weiteren Phasen. Hierzu noch als Beispiel das Thema der oft für den Anwender unverständlichen Gebrauchsanweisungen. Ist niemand im Team, der dafür sorgt, daß die in Phase 4 zu übergebenden Gebrauchsanweisungen kommunikativ, d. h. in der Sprache des Anwenders verfaßt sind, so gibt es Probleme mit der Akzeptanz. Wenn also z. B. die Fachleute aus Phase 2 mit ihrer A-Dominanz und Expertensprache den Kunden mit Anleitungen bedienen, ist das Akzeptanzproblem vorhersehbar. Modernes Human-Resources-Management muß helfen, solche menschenbezogenen Modelle in die betrieblichen Abläufe einzubringen.

Heute ist leider der Einsatz von solchen Techniken wie Q-Team, die gezielt Menschen und Arbeiten verknüpfen, noch sehr selten. Eine US-Studie machte vor kurzem der US-Industrie den Vorwurf, sie würde in der Produktivität stagnieren, da sie nicht mit bewußtem Human-Resources-Management die verfügbaren Potentiale der Mitarbeiter freisetze. Dazu gehört, um es mit einem modernen Wort zu belegen, systemisches, also ganzheitliches Management. In den Bereich des systemischen Management gehört also auch das Team-Management-Werkzeug Q-Team.

27. Ganzheitliche Unternehmensführung

Diesem Thema werden heute zahlreiche Veröffentlichungen gewidmet. Ganzheitliche Unternehmensführung ist das neue Paradigma, das aller Voraussicht nach in den nächsten 20 Jahren zur dominierenden Führungsform wird. Unternehmen, die nach heutigem Sprachgebrauch exzellent bzw. Spitzenklasse sind, praktizieren in höherem Maß »Ganzheitlichkeit« (was immer das sei) als ihre durchschnittlichen Wettbewerber. Darüber sind sich die Fachautoren einig. Langsam dringt das neue Paradigma auch in die akademische Welt vor. Sogenanntes ganzheitliches Management wird heute mit einem gewissen theoretischen Unterbau aus der Systemtheorie als systemisches Management angeboten. Systemisches Management ist jedoch nur ein Teil der ganzheitlichen Unternehmensführung. Ich möchte kurz beleuchten, wie sich diese neuen Konzepte aus der Sicht der Denkstile/Hirndominanzen darstellen.

27.1 Systemisches Management und Ganzheitlichkeit

Systemisches Management ist ein zunehmend an Bedeutung gewinnendes Konzept. Ganzheitlichkeit und Vernetzungen sollen im Rahmen der Betrachtung von Situationen als »System« erfaßt werden. Im vorigen Kapitel hatte ich schon das Werkzeug Q-Team als Mittel eines systemischen Managements beschrieben. Mit dem Auftreten der Ökologie und dem in Deutschland am bekanntesten von Vester vertretenen Systemdenken ist eine »neue Management- Denkweise« salonfähig geworden. Gute Einsicht in dieses neuartige Denken bieten die Bücher von Ulrich/Probst (34), Rudolf Mann (35), Müri (36) und Peters (37), auch wenn wir erst am Anfang der Entwicklung stehen.

Sie werden sich erinnern, daß ich in Kapitel 8 links- und rechtshälftige Begriffe in Paaren aufgestellt habe. Dort standen sich gegenüber:

Einvariablenforschung   –   Mehrvariablenforschung
lineares Denken   –   vernetztes Denken
Nutzendenken   –   ökologisches Denken

Systemisches Management ist ein ganzheitlicheres Management in dem Sinn, daß technische, industrielle und menschliche Faktoren zu einer neuen Einheit zusammengefaßt werden sollen.

Im HDI kennen wir zwei Arten von Ganzheitlichkeit:

1) die Vereinigung der Denkstile aller vier Quadranten durch Nutzung ihrer Beiträge zu einer Problemlösung;
2) die ganzheitliche Denkweise des D-Quadranten, die es bevorzugt, ein Thema als Ganzes behandeln zu wollen (und zu können).

Im systemischen Management gibt es entsprechend zwei Ansätze, einen eher technokratischen A-B-orientierten, auf die Darstellung von Vernetzungen bezogenen Ansatz (z. B. bei Malik) und einen sehr stark auf die menschliche Kraft zur Ganzheitlichkeit bezogenen, z. B. bei Mann, Müri und Peters (37).

Modelle des systemischen Denkens werden bevorzugt von Menschen entwickelt, deren Profile zu den Typen (1, 2, 2, 1), (1, 1, 1, 1), (1, 2, 1, 1), (2, 2, 1, 1) und (2, 2, 2, 1) gehören, die also cerebral, ganzhirnig oder rechtshälftig sind. Ich verweise dazu auch auf (18). Die Gegner systemischen Denkens gehören im Regelfall in den stark A-B-dominanten Bereich. Aus dieser Polarität ist auch der emotionale und politische Streit zwischen Systemisch-Ökologisch-Progressiven und Traditionellen zu erklären.

Ich kenne die Profile einer größeren Anzahl für systemisches Denken engagierter Berater. Fast alle haben Profile vom Typ $(2, 2, 1, 1^+)$ oder (2, 2, 1, 1), gehören also selbst zu den risikobereiten Innovatoren.

Systemisches Denken, das sich nach den Denkmodellen z. B. von Malik (52) gern auf Computermodelle stützt, die dann Vernetzungen und Relationen aufnehmen, hat offensichtlich den Schwerpunkt in linkshälftigen Denkformen, jedoch mit Offenheit für ganzheitliches Problemverständnis. Hier ist festzustellen, daß manche technokratisch orientierten Wissenschaftler und Manager sich geradezu mit Vergnügen auf die computerisierte »Ganzheitlichkeit« stürzen – und damit ihrem bevorzugten Denkstil nach alter Gewohnheit weiter nachgehen.

Die andere Front der Ganzheitlichkeit ist dagegen nicht auf formale Modelle ausgerichtet, sondern auf den Menschen mit seinen Werten, Wünschen, Motivationen in einem Geflecht von Wechselbeziehungen. Aus dieser Richtung stammende Modelle kennen z. B. verschiedene Qualitäten und Ebenen von (psychischer) Energie als Zentrum der Konzepte für Entwicklung, Entfaltung und Verbesserung, wie bei Mann (35). Diese Modelle zielen also, trotz ihrer Strukturiertheit, auf sogenannte »weiche Variable«. Sie bemühen sich nicht um Relationen zwischen Objekten, also um die Verknüpfung »harter Variabler«, wie die erstgenannte Gruppe der mehr technokratischen Systemdenker.

27.2 Unternehmensberatung und Trainings

Unternehmen geben heute viel Geld für Beratung und Trainings aus. Die Tendenz ist steigend, der Bedarf ist erkannt und anerkannt. Trotzdem herrscht mit den Ergebnissen oft keine Zufriedenheit. Wieso?

Ich gebe Ihnen als Beispiel ein Gespräch mit dem Unternehmer eines 3000-Mitarbeiter-Betriebs. Breitflächig wurde in einem fortschrittlichen Entwicklungskonzept über Jahre in Kommunikationstrainings investiert, die extern vergeben wurden. Die Trainings zeigten Erfolge innerhalb der Mitarbeiterschaft. Aber dort, wo es am wichtigsten wäre, bei Konflikten zwischen Managern im eigenen Hause, zeigten alle Kommunikationstrainings keine Wirkung. Außerdem wurde festgestellt, daß der anfängliche Trainingserfolg verflachte. Was tun?

Wir haben in diesem Beispiel die eine Front der Unternehmensentwicklungsmaßnahmen vor uns. Verhaltenstrainer, meistens Psychologen, trainieren Mitarbeiter und Manager in Richtung auf mehr menschenbezogenes Verhalten. Diese Trainer sind im Regelfall selber deutlich rechtshälftig dominant, und ihr Trainingsziel ist die Öffnung der Teilnehmer für die Wahrnehmungen und Verhaltensweisen der rechten Hirnhälfte.

Die andere Front ist die klassische Unternehmensberatung, durchgeführt von betriebswirtschaftlichen Einzelberatern bis zu internationalen Beratungsunternehmen. Sie liefert den Unternehmen:
- Betriebsvergleiche
- Cash-Flow-Analysen
- Organisationsanalysen

- Wertanalysen
- Vorschläge zur Produktbereinigung
- Vorschläge für Umorganisation
- ...

Meistens übergeben diese Berater Berichte und Studien, bestehend aus einer strukturierten Faktensammlung, gefolgt von einer Empfehlung für das Unternehmen. Ganz offensichtlich gehört dieses Beratungsergebnis hauptsächlich in den A-Quadranten und etwas zum B-Quadranten.

Was soll nun das Unternehmen mit einem solchen Beratungsergebnis tun? Fast alle nach dem klassischen Beratungsmodell arbeitenden Berater überlassen die Umsetzung, den Transfer der neuen Einsichten, dem Unternehmen. Genauso wie die psychologisch orientierten Verhaltenstrainer es dem Unternehmen überlassen, das Gelernte zu integrieren oder nicht. Dies ist das klassische und vielbeklagte Transferproblem in beide Richtungen.

Aus der Sicht der Hirndominanzen bedeutet das: A-B-orientierte Betriebsberater liefern A-B-bezogene Ergebnisse und überlassen den unvorbereiteten Unternehmen die Integration mit den C-D-Aspekten. Umgekehrt benutzen die C-D-orientierten Trainer entsprechende betriebsfremde C-D-orientierte Übungen und überlassen den Mitarbeitern/Managern die Integration in die betriebliche A-B-Welt.

Die Diagnose heißt also: Beide Hauptwege zur Verbesserung der Unternehmensleistung sind einseitig. Der Mittelweg, die gezielte Integration von linkshälftigen und rechtshälftigen Aspekten, wird nicht beschritten. Zwei wertvolle Ansätze bleiben auf halbem Weg teilweise stecken. Was tun?

Im Prinzip gibt es drei Lösungsansätze für dieses Dilemma. Alle drei müssen durch gezielte Aktionen des Managements verwirklicht werden.

(1) Beim Erstellen von A-B-orientierten Beratungen von Anfang an das Element »Social Engineering und Transferplanung« aufnehmen. Das zwingt – insbesondere wenn man einen rechtshälftigen Berater als Vertreter der rechten Hälfte gezielt einbringt – zum frühzeitigen Bedenken der Umsetzbarkeit. Die Mehrkosten dieses Ansatzes sollten bei nicht mehr als 10–20 % der Kosten der Studie/Empfehlung liegen.

(2) Bei C-D-orientierten Trainings sollte nicht nur mit den typischen betriebsfremden »psychologischen« Übungen gearbeitet werden, die keine Integration in die A-B-Situationen der Arbeitswelt erlauben. Um ein Beispiel zu geben: Bei firmeninternen Kreativitätstrainings sollte das Unternehmen eine Anzahl von hausbekannten Engpässen einbringen, die von den Trainern gezielt im Seminar zur Bearbeitung herangenommen werden. Die Ergebnisse sollten dann dem Unternehmen offiziell übergeben werden und vom Unternehmen als Ausgangsmaterial für interne Weiterverfolgung benutzt werden. Statt dessen laufen die Seminarteilnehmer heute eher auf eine Mauer des innerbetrieblichen Widerstands, wenn sie ihre Erkenntnisse/Einsichten zur Anwendung bringen wollen.

(3) Unternehmen kennen meistens ihre Schwachstellen recht gut. Diese Schwachstellen können mit modernen Arbeitsmethoden angegangen werden. So kann z. B. ein Moderator (im Idealfall eine Person mit Berater- *und* Trainerqualitäten) in einer firmeninternen Arbeitsgruppe die Arbeit an der Auflösung einer solchen Schwachstelle beginnen. Jetzt hat sozusagen der Trainer die Gelegenheit, durch seine Rolle als Moderator direkt am innerbetrieblichen Thema zu arbeiten. Er kann als Moderator einen neuen Stil von Kommunikation und Gruppenarbeit vorleben und Schritt für Schritt für die Gruppe selbstverständlich machen. Er kann dann als Trainer manche Techniken direkt lehren bzw. Gruppenarbeit am Thema mit Lehrphasen verbinden. Er kann auch dafür sorgen, daß die richtigen Verhaltenstrainings durchgeführt werden. Und falls erkennbar wird, daß A-B-Quadranten-Know-How fehlt, kann dieser neue Typ von Schwachstellen-Moderator auch das Einbringen dieser Komponente, z. B. durch externe Berater, unterstützen. Vorzug dieser Technik ist:

a) Das Zentrum der Aktivität ist im eigenen Haus, und neue Lösungen werden von allen Beteiligten (mit) erarbeitet;

b) Die dauernde Integration von linkshälftigen und rechtshälftigen Beiträgen in das betriebliche Geschehen ist sichergestellt. Es wird innerbetrieblich ein neues Arbeitsmodell vorgelegt.

c) Über mehrere Schwachstellenbetreuungen und eine Zeit von ein bis drei Jahren findet eine völlig betriebsbezogene Lehrphase statt.

Ich nenne diese Form »Center-Line-Management«, da sie gezielt von der Integration linkshälftiger und rechtshälftiger Verbesserungsansätze ausgeht.

Nach vielen Erfahrungen bin ich dahin gekommen, mich wann immer möglich für die Version 3 zu engagieren. Im Zuge der zunehmend häufigeren Verbreiterung der beruflichen Basis finden sich auch mehr Personen (und sogar schon kleinere Beratungsunternehmen), die auf dieser Basis des Moderator-Berater-Trainers arbeiten können und wollen. Solche Personen können auch bei der vorgeschlagenen Version 1 das Salz in der Suppe sein.

28. Ganzheitlichkeit und situationelle Flexibilität

Die Begriffe Ganzheitlichkeit und Ganzhirnigkeit sind im bisherigen Text mit unterschiedlichen Bedeutungen gebraucht worden. Ich möchte hier noch etwas mehr Klarheit über diese Begriffe schaffen.

28.1 Die verschiedenen Formen ganzheitlichen Denkens

Im Rahmen des HDI kennt man zunächst zwei Formen von ganzheitlichem Denken:

(1) Das visuelle Denken des D-Quadranten, der mit Mustern und Konfigurationen von Menschen arbeitet. (Bildmuster enthalten sehr viel Information; etwa 10^6 bis 10^8 bit/sec. können vom Menschen bearbeitet werden.) Konfigurationen von Mustern zu übergeordneten Mustern sind die visuelle Form, komplexe Ganzheiten »gleichzeitig« symbolisch darzustellen. Besonders deutlich wird dieses Denken bei Menschen mit D-Werten über 100 oder gar über 120.

(2) Das Denken, das sich durch ein etwa quadratisches Profil vom Typ (1, 1, 1, 1) z. B. mit den Werten (69, 70, 71, 72) darstellt. Hier heißt Ganzheitlichkeit, alle vier Denkstile gleichermaßen zur Verfügung zu haben.

Die bisherige, zum Teil recht ideologische Diskussion um Ganzheitlichkeit kennt diese Unterscheidung bisher nicht, obwohl diese beiden Typen von Ganzheitlichkeit weit auseinanderliegen und in ganz verschiedenen Situationen erfolgreich zum Tragen kommen. Unternehmen, die »mehr Ganzheitlichkeit« anstreben, sind gut beraten, sich mit der Unterschiedlichkeit der beiden Erscheinungsbilder auseinanderzusetzen.

Ich möchte hier noch einmal auf eine dritte Form der Ganzheitlichkeit bzw. Ganzhirnigkeit hinweisen:

(3) den iterativen Links-/Rechts-Denkprozeß. Jeder komplexe Gedanke erstreckt sich über Dutzende bis viele tausend einzelne

Denkprozesse. Im Regelfall wird, im einfachsten Modell, in einem Schritt verbal gedacht (links), im nächsten visuell (rechts) mit emotionaler Verknüpfung (rechts), dann wieder links etc., etc. Beim Studium von NLP lernt man auch zu beobachten, ob sich eine Person gerade im verbalen, im visuellen oder im gefühlsbezogenen Denkschritt aufhält. Dieser links-rechts-iterative Denkprozeß, der datenmäßig hauptsächlich über das Corpus callosum läuft, kann frei fließen oder – wie schon oft angemerkt – einseitig behindert sein. Z. B., indem die linke Hälfte nicht gern Beiträge von rechts annimmt.

Dieser iterative L-/R-Prozeß muß jedoch bei beiden vorstehenden Ganzheitlichkeitstypen (1) und (2) funktionieren. Auch der kreative D^+-Denker ist auf die sprachliche Wechselwirkung zur Eingabe von Aufgaben und Information und zur erfolgreichen zielorientierten Arbeit wie zur Ausgabe von Ergebnissen auf die verbale Komponente angewiesen.

Wir sollten beim Gebrauch der Worte Ganzhirnigkeit am besten alle drei Modelle verfügbar haben, um klarer über das zu sein, was wir eigentlich sagen wollen.

28.2 Die Bedeutung situationeller Flexibilität

Insbesondere die beiden Formen (2) und (3) haben mit dem Begriff der situationellen Flexibilität zu tun. Darunter versteht man die Fähigkeit von Menschen, je nach Situation den am besten geeigneten Denkstil (oder Kombinationen von Denkstilen) zum Einsatz zu bringen. Das hieße im Beispiel: in einer Situation Logik, in einer anderen einen auflockernden Witz und in einer dritten eine Idee zu bringen, in einer vierten auf eine Verordnung zu verweisen. Es gibt Menschen mit hoher situativer Flexibilität und solche mit einem weitgehenden Mangel.

Situationelle Flexibilität ist eine Eigenschaft, die das HDI nicht mißt. Stellen Sie sich eine Person mit B = 40 und D = 135 vor. Die im allgemeinen im Zusammenhang mit Ordnung, Buchhaltung etc. zu erwartenden Schwierigkeiten hatte ich schon besprochen. Trotzdem gibt es Menschen, die mit einem solchen Profil für kurze Zeit ein Verhalten zeigen können, als hätten sie statt B = 40 den Wert B = 80.

Dieses Verhalten mag einige Minuten, vielleicht sogar einige Stunden anhalten. Länger kann es nicht aufrechterhalten werden, und es kann auch nicht dauernd wiederholt werden – nur in guten zeitlichen Abständen.

Diese situative Flexibilität ist von hoher Bedeutung. Sie erlaubt viel besser, situationsgerecht zu sein, als das Profil es vielleicht erwarten läßt. Bitte achten Sie darauf, ob Sie bei sich diese Eigenschaft finden – und zwar in bezug auf welche Art von Situation?

Ein wichtiger Anwendungsfall können z. B. Kreativitätstrainings sein. Diese hinterlassen oft keine Wirkung in Form wesentlich erhöhter D-Werte der Teilnehmer – aber ist dann ein kreativer Bedarf da, so wird das einmal geöffnete Talent leichter genutzt.

29. Drogenprobleme

Drogenprobleme treten heute häufig schon bei Jugendlichen auf. Trotzdem behandle ich diese nicht im Kapitel über Familien, da der Zusammenhang der Drogenprobleme wesentlich allgemeiner ist. Es besteht kein Zweifel, daß Drogen auf Hirnfunktionen wirken: Schmerz unterdrücken, vergessen lassen, Blockierungen überwinden, entspannen, einfach glücklich sein, sich großartig fühlen und Visionen haben lassen – allesamt chemisch beeinflußbare Hirnfunktionen.

Die Drogenforschung hat u. a. eine wichtige Einsicht geliefert, die von grundsätzlicher Bedeutung für den Umgang unseres Hirns mit Reizen aus der Innenwelt und aus der Außenwelt ist. Es werden dabei drei Gruppen von Menschen unterschieden:

1) »Reizverminderer«. Diese Personen ertragen große Dosen von Schmerz, sowohl körperlich wie psychisch, ohne in ihrem Verhalten sehr beeinflußt zu werden. Sie neigen zur Unterdrückung solcher Reize. (Beachten Sie die Verbindungen zu den in Kapitel 5 gebrachten Forschungsergebnissen, die auf die emotionale Unterdrückung in der linken Hälfte hinweisen.)

2) »Reizverwerter«. Das sind die Normalpersonen, zu denen die Mehrheit gehört.

3) »Reizverstärker«. Diese Menschen verstärken auf sie einwirkende Reize. Wenn die einwirkenden Reize schwach sind, suchen sie entweder stärkere Reize oder aber Methoden, die Reize zu verstärken. Rauschgift erweist sich als genau dieser Verstärkerknopf zur Erzeugung intensiver Reizempfindung.

Ehe ich mich weiter dem Zusammenhang zwischen Profilen und Drogensucht zuwende, noch ein Kommentar. Wir kennen heute Formen des Psychotrainings (Sensitivity-Training, heiße Gruppen, Atemtechniken etc.), die starke Gefühle auslösen. Viele Menschen, die bis zu ihren ersten Erlebnissen mit diesen Psychotechniken ihre Gefühlsintensität unterdrückt hatten, erfahren nun in einer Kombination von Terror, Aufgewühltsein, Befreiung und Euphorie bis dahin unbekannte intensive Gefühle von Haß, Aggression bis Liebe und Befreiung. Zumindest ein Teil wünscht die Wiederholung dieser intensiven Gefühlserlebnisse. Sie sind durch das Psychotraining aus ihrer bisherigen Gruppe 1 = »Reizverminderer« in die Gruppe 3 = »Reizverstärker« gewechselt und damit an die Schwelle des Drogenkonsums geraten. Es gibt dann für manchen Betroffenen nur noch zwei Wege: regelmäßige Wochenendseminare und Psychotrainings der gewünschten Sorte (= Therapie-Abhängigkeit) oder chemische Wiederholung (= Drogen-Abhängigkeit), oder beide Wege zugleich. Ich schreibe dies auch als eine hirnfunktionsbezogene Warnung an Unternehmer und Manager, denn solche Trainings werden teilweise wegen der erzielbaren »Aufbrechung zu sehr erstarrter Mitarbeiter« auf Firmenkosten veranstaltet. Die Folgen sind ein vorhersehbares Risiko von Folgeproblemen inklusive Suchtproblemen, auf das sich keine Firma ohne genaues Studium der Situation einlassen sollte. Ich weiß zahlreiche andere Ansätze, die weniger spektakulär und gefahrloser zu besseren Ergebnissen führen.

Die Formulierung, die man manchmal in enthusiastischen Unternehmen hören kann: »verkrustete Mitarbeiter aufbrechen«, weist schon auf einen dahinter liegenden Ansatz hin. Nämlich feste Werte und Formen des Verhaltens (also linkshälftige Eigenschaften) zu zerstören und mehr rechtshälftigen, flexibleren Verhaltensweisen Platz zu schaffen. Und mit der erzielten Öffnung nach rechts steigt auch das Drogenrisiko, zumindest für einen Teil der Seminarteilnehmer. Beck und Clements (38) zeigten, daß der Zusammenhang zwischen Drogensucht und HDI-Profilzugehörigkeit mit auffälligen Ergebnissen meßbar ist. Sie analysierten Drogensüchtige und eine allgemeine Vergleichspopulation aus vergleichbarem Umfeld. Die Ergebnisse habe ich Ihnen in Tabelle 25–1 zusammengestellt.

Nun noch die Interpretation der folgenden, direkt auf gemessene Hirndominanzen bezogenen Forschungsergebnisse über Drogensucht. Beck und Clements kamen bei ihren HDI-Untersuchungen an Drogensüchtigen und einer vergleichbaren allgemeinen Population zu den in Tabelle 25–1 dargestellten Ergebnissen für männliche Süchtige im Vergleich zur entsprechenden allgemeinen Bevölkerung.

Vergleichbare allgemeine männliche Bevölkerung		Süchtige		Über-repräsentation (*)
Anteil %	Profiltyp	Anteil %	Profiltyp	%
21 %	(1, 1, 2, 2)	31 %	(2, 2, 1, 1)	+ 300 %
12 %	(1, 1, 2, 1)	16 %	(3, 2, 1, 1)	+2500 %
11 %	(2, 2, 1, 1)	9 %	(2, 1, 1, 1)	+ 10 %
10 %	(1, 2, 2, 1)	7 %	(1, 2, 2, 1)	− 30 %
8 %	(2, 1, 1, 1)	7 %	(2, 1, 1, 2)	+ 230 %
7 %	(1, 2, 1, 1)	5 %	(3, 3, 1, 1)	+ 160 %
6 %	(1, 1, 1, 1)	5 %	(3, 1, 1, 1)	› + 200 %
3 %	(2, 1, 1, 2)	5 %	(2, 3, 1, 1)	› + 200 %

* Diese Spalte gibt in % an, um wieviel mal höher bei einer Profilgruppe das Risiko der Drogensucht ist. In der Aufstellung zeigt nur der mit 10 % recht häufige Profiltyp (1, 2, 2, 1) ein um 30 % reduziertes Risiko.

Tab. 29–1: Profile und Drogenrisiko bei Männern

Sie erkennen, daß alle Profile mit erhöhtem Drogenrisiko rechtshälftig sind: (3, 2, 1, 1) mit etwa + 2500 %; (2, 2, 1, 1) mit + 300 %; (3, 1, 1, 1) und (2, 3, 1, 1) mit über + 200 %; (3, 3, 1, 1,) mit + 160 %; (2, 1, 1, 2) mit + 230 %. Reduziertes Drogenrisiko zeigt das typisch cerebrale Profil (1, 2, 2, 1) mit - 30 %. Das analoge limbische Profil (2, 1, 1, 2) zeigt dagegen + 230 %.
Zur Interpretation bieten sich zwei öfter gebrauchte und nicht widersprüchliche Argumente an.
a) Rechtshälfter haben es in unserer Gesellschaft schwerer, eine gute und akzeptierte Position im Leben zu finden. Damit ist die persönliche Unzufriedenheit höher.
b) Rechtshälfter legen mehr Wert auf intensive und ungewöhnliche, bevorzugt angenehme Wahrnehmungen, Tagträume, Träume und Visionen.
Zutreffend ist dabei sicher, daß (was eine bekannte Beobachtung ist) Rechtshälfter sensibler und wahrnehmender sind – also Reize »durchkommen lassen«. (In der Berufsberatung wäre es zum Beispiel ein Kunstfehler, einer Person mit C über 85 zu einem Beruf mit

andauernden harten Umweltbedingungen und starken Geräuschen zu raten. Diese Reize von außen wären auf Dauer zu stark.) Es stimmt auch damit überein, daß Linkshälfter als »unsensibel« beschrieben werden. Nach den Ergebnissen von Beck und Clements gehören weniger als 2 % der Drogensüchtigen zu den linkshälftigen Profiltypen (1, 1, 2, 2) und (1, 1, 2, 1) oder zu dem Ganzhirnprofil (1, 1, 1, 1). Ich weise hier auch noch einmal auf die in Kapitel 5 beschriebenen Untersuchungen am Speichel-Cortisol hin, die auf rechtshälftig stärkere emotionale Reaktion hinweisen.

Betrachten Sie noch das zusammengefaßte Ergebnis in Form der Mittelwertprofile der drogensüchtigen Männer und Frauen und der jeweiligen nichtsüchtigen Vergleichsgruppe:

Männer:	Mittelwerte für Süchtige:	(52, 53, 86, 98)
	Vergleichspopulation:	(90, 75, 50, 50)
Frauen:	Mittelwerte für Süchtige:	(50, 62, 89, 92)
	Vergleichspopulation:	(50, 60, 75, 70)

Sie sehen, wie rechtshälftig und in den Zahlen ähnlich die männlichen und die weiblichen Süchtigengruppen sind.

Wir müssen uns klar darüber sein: nicht jeder Rechtshälfter ist ein Drogenkandidat – aber die »Reizverstärker« finden sich bevorzugt unter den Rechtshälftern.

Was man als Eltern, Partner oder auch als Arbeitgeber zur Vorbeugung tun kann? Vielleicht – das ist mein persönlicher Kommentar – den Kindern kein zu sehr reglementiertes, reizarm normiertes und durch Verbote gesichertes Leben aufzuzwingen. Lieber Klettern in Bäumen und einen gebrochenen Arm akzeptieren, wenn schon Erlebnisintensität wichtig ist. Nicht übermäßig behüten und von allen Risiken fernhalten. Nicht nur stubenreine Plüschtiere, auch echte Tiere.

30. Das Schulproblem Legasthenie

Eines der bekannten und immer noch mysteriösen Schulprobleme ist die mitunter als Krankheit angesehene Schreib-/Leseschwäche. Legasthenie wird bei der Einschulung an sonst meist ganz normalen und geistig regen Kindern unerwartet sichtbar. Sie entwickelt sich dann, im Fall von stärkerer Ausprägung, zu einem Schrecken für Eltern, Schule und betroffenes Kind. Ab einer gewissen schulischen Leistungsverzögerung werden diese Kinder dann wegen ihrer Schreib-/Leseschwäche in Sonderschulen überwiesen und damit, um es militärisch auszudrücken, aus der normalen menschlichen Gesellschaft ausgemustert.

Das muß nicht so sein. Legasthenie ist heute als ein Dominanzproblem der rechten Hirnhälfte erkannt worden und in vielen Fällen in kurzer Zeit weitgehend oder vollständig behebbar. Im Bereich der Lehrerschaft (und natürlich noch mehr im Bereich der Eltern) wird Schreib-/Leseschwäche leider immer noch in vielen Fällen eher als eine besondere Form von Widersetzlichkeit betrachtet, die man am besten mit Strafarbeiten und noch mehr Druck ahndet. Ich zitiere über die gegenüber legasthenischen Kindern in unserem fortschrittlichen Land angewandten Methoden aus einer mir vorliegenden Notiz zu dem Fall des Mädchens N: »... N kam aus einer Münchner Sonderschule zu uns. N hat in der ersten und zweiten Klasse sehr schwer das Lesen erlernt. Wegen ihrer ›seltsamen‹ Fehler (Auslassungen) hat sie viel Schimpfe und Schläge bekommen. Die auditive Verarbeitungsschwäche im linken Gehirn wird bei diesem Fehler besonders deutlich. Die Legasthenie wurde bei ihr nicht erkannt. Ihr Unvermögen wurde ihr als Unaufmerksamkeit angelastet, als Leichtsinnsfehler! Sie kam daher vor kurzem in die Sonderschule. Dort wissen sie aber auch nicht, was man gegen derartige Fehler tun könnte, außer zu ermahnen und zu schimpfen ...«

Wir haben in Deutschland die Kurklinik Hochried in Murnau am Staffelsee, in der eine Abteilung auf Legastheniebehandlung spezialisiert ist. Marlis Kretschmann arbeitet dort als Therapeutin und Legastenieforscherin und hat dabei neue wirksame Therapieformen entwickelt. Sie schrieb mir: »... Bei meinen theoretischen Überlegungen war mir damals (1982) schon klar, daß die Legasthenie mit einer rechtshemisphärischen Dominanz zusammenhängt. Da ich mich bis dahin aber noch nicht eingehend mit Hirnliteratur beschäftigt hatte ... Anschließend habe ich viel Hirnliteratur gelesen und Bestätigung für meine Erkenntnisse gefunden. In meinem zweiten Buch (39), in dem Diktatverhalten verbessert wird, beschreibe ich im theoretischen Teil Legasthenie als Interpretationsstörung, und zwar als eine neurophysiologische Antwort auf die Mißachtung einer Rechtsdominanz beim Lernen.«

Die Legastenietherapie nach Marlis Kretschmann geht davon aus, die starke Rechtshälfigkeit der Problemkinder nicht mit Druck zu attackieren, sondern sie durch neuen Aufbau der Lernschritte für das Lernen zu nutzen. Über die mit dieser Methode in Murnau erzielten Erfolge schreibt der Legasthenieverband Hessen: »... Es grenzt fast an ein Wunder, mit welcher Lebensfreude die Kinder (aus der Kurklinik Hochried) wiederkommen und plötzlich lesen und schreiben können und sogar freiwillig abends im Bett noch lesen wollen, wie mir Frau W. (Mutter eines legasthenischen Kindes) gerade berichtete.«

Abb. 30–1:   Was sehen Sie? Im Legasthenietest verwendetes Vexierbild

Frau Kretschmann hat also eigentlich nichts getan, als Legastheniker »gehirngerecht« zu behandeln, um noch einmal diesen von Vera F. Birkenbihl (40) stammenden Begriff zu gebrauchen. Frau Kretschmann hat dazu einen ganz einfachen Test entwickelt, der auf dem bekannten, in Abbildung 30–1 dargestellten Vexierbild aufbaut und in 15 Minuten mit jedem Kind durchgeführt werden kann.

Sie erinnern sich an meine kritischen Bemerkungen zu den Statistiken über die Hirndominanz von amerikanischen Schulleitungen, genauer: über die vermutlichen Auswirkungen der Linkshälftigkeit der Schulleitungen auf die wünschenswerten Innovationen im Schulwesen. – Aber die Statistik stammt ja aus den USA. Wir haben in Deutschland das beste Abitur der Welt, auf das wir stolz sein können. Daß N aus Deutschland kommt, ist sicher ein Zufall.

31. Sport und Profile

Wir können zum Teil selbst raten, welche Sportarten mit welchem Quadranten korrelieren. Rechtshälftig ist Bewegungsfreude, insbesondere auch Freude an dynamischen, spontanen und auch gefühlvollen Bewegungen. Sportarten wie Gewichtheben oder solche mit stereotyp wiederholten Bewegungsvorgängen wie Jogging sind also linkshälftig, genauer: B-orientiert. Bergsteigen mit Seil oder Freiklettern sind dagegen D- bzw. C- und D-orientiert. Es gibt dazu inzwischen eine Menge statistisches Wissen.

Eine wichtige Komponente beim Sport ist die Risikohaftigkeit. Doris Ampenberger (41) hat 1988 eine Untersuchung an Gleitschirmfliegern gemacht. Gleitschirmflieger landen heute bei manchem öffentlichen Ereignis, sie setzen nicht nur mit ihren leuchtenden Schirmen einen bunten Tupfer in die Langeweile einer wartenden Menge. D. Ampenberger, selbst Gleitschirmfliegerin, war durch Beobachtung anderer Gleitschirmflieger zu der Hypothese gekommen, Gleitschirmfliegen sei durch höhere Werte im D-Quadranten und gleichzeitig durch niedrige Werte im B-Quadranten gekennzeichnet. Deswegen machte sie eine Feldstudie und ließ Flugschüler, Fluglehrer und Wettkampfpiloten auf nationaler und internationaler Ebene den HDI-Fragebogen ausfüllen. Sie fand gleichzeitig die Bestätigung ihrer Hypothese von der Rolle des D-Quadranten – und eine Überraschung.

Die erste Auswertung brachte zu ihrem Erstaunen für die Gleitschirmflieger nur geringe Abweichungen der Profile von der Normalbevölkerung. Bis sie Frauen und Männer in zwei getrennte Gruppen zerlegte und untersuchte. Sie stellte fest, daß Gleitschirmfliegen bezüglich Risikofreude und Sicherheitsbedürfnis für Männer und Frauen etwas sehr Unterschiedliches ist. Sie fand

– bei Männern:
1) Je längere Zeit und je mehr geflogen wurde, um so höher waren der C- und der D-Wert im Vergleich zur Durchschnittsbevölkerung;
2) je längere Zeit und je mehr geflogen wurde, um so niedriger der A- und der B-Wert.

– bei Frauen:

1) Je länger und je mehr geflogen wurde, um so höher war der A-Wert (!) und desto niedriger der B-Wert,
2) der C-Wert auffällig erhöht,
3) zeigten die Fluglehrerinnen im D-Quadranten verringerte Werte.

Kurz gefaßt heißt das:
– Gleitschirmfliegende Frauen sind faktenbewußter als ihre Geschlechtsgenossinnen – im Gegensatz zu den Männern.
– Gleitschirmfliegende Männer sind mehr experimentell und risikofreudiger als andere Männer – gleitschirmfliegende Frauen dagegen weniger als andere Frauen!
– Gleitschirmfliegende Männer und Frauen sind (etwa gleich) weniger sicherheitsbewußt als die Durchschnittsbevölkerung.
– Gleitschirmfliegende Frauen sind gefühlsbezogener als der Durchschnitt.

Was hier auftaucht, ist, daß ein und derselbe Sport bei Männern und Frauen offenbar wesentlich unterschiedliche Denkstile voraussetzt und – bezogen auf die Durchschnittsbevölkerung – als etwas Unterschiedliches empfunden wird. Risikosport ist offenbar für Männer und Frauen – gemessen an einer gemeinsamen Situation – nicht dasselbe.

Eines der Anwendungsgebiete: Umsetzung dieser Erkenntnisse in veränderte Marketingstrategien, die bisher nur vom Selbstimage der männlichen Gleitschirmflieger ausgingen und den Markt der weiblichen Kundinnen weniger ansprachen.

32. Profile und Entwicklungsländer

Technik ist eine Errungenschaft des westlichen Denkens. Um es scharf auszudrücken: Der Westen hat es gelernt, die Außenwelt durch Technik zu gestalten (mit Technikfolgen). Der Osten hatte Wege und Einstellungen entwickelt, das Innenleben so zu beeinflussen, daß die Außenwelt subjektiv erträglich war. Dies weist darauf hin – und so wird es auch in der Literatur gebraucht –, daß der Unterschied Ost – West eine weitere Metapher für Rechts – Links ist.
Ich hatte Gelegenheit, asiatische Verhaltensweisen zu studieren. Dabei lernte ich u. a., daß in Japan der im Westen übliche Gebrauch von Ja und Nein unschicklich ist. In Japan gibt es kein »Nein«; es gibt nur »Ja, *aber* ...«. Die japanische Tradition arbeitet also nicht mit der völlig selbstverständlichen digitalen 1-Bit-Ja/Nein-Darstellung, die für den A-Quadranten so typisch ist.
In Indien, insbesondere am Lande, steigert sich dieses Verhalten. Nehmen Sie an, Sie fahren mit dem Auto und fragen auf der Landstraße: »Ist das der Weg nach X?« Selbst wenn X genau hinter Ihnen liegt, werden Sie mit hoher Wahrscheinlichkeit die Antwort »Ja« bekommen. Also fahren Sie weiter, in die falsche Richtung. Der gute einfache Inder wollte vermeiden, daß er Ihnen »Nein« sagt und Sie enttäuscht, also ein negatives Gefühl hervorruft ... Lieber läßt er sie falsch weiterfahren. Das ist die absolute Dominanz des C-Quadranten mit seiner alles überdeckenden Wertung der Gefühle. Die binäre Unterscheidung des A-Quadranten hat bei diesen einfachen Menschen keine Chance, bis ins Verhalten vorzudringen.
Betrachten Sie dann noch die absolut konservative Grundhaltung der einfachen Bevölkerung, so erkennen Sie, daß in der Sprache des HDI diese Bevölkerung absolut limbisch dominant ist.
Ich hatte Gelegenheit, diese Denkstile auch in ihren Auswirkungen vor Ort zu studieren. Seitdem habe ich über Entwicklungshilfe meine eigene Meinung. Es ist völlig illusorisch, Produkte und Verfahren aus der Welt A-B in die Welt B-C überführen zu wollen. Ein Entwicklungsland kann nur dann aktiv westliche Technologien übernehmen, wenn sich die Denkstilprofile in der Bevölkerung dieser Länder an unsere westlichen Verhältnisse angleichen. Dies bedeutet zwangsweise die Zerstörung der alten Kultur. Entwicklungs-

länder wie Indien produzieren heute eine beachtliche Anzahl von hochqualifizierten Fachleuten mit A-B- und A-D-Profilen. Der größte Teil davon muß ins Ausland, vor allem in die USA, gehen, da ein Land wie Indien nicht die denkstilmäßige Infrastruktur bietet, um diese im westlichen Sinn erstklassigen Leute überhaupt nutzen zu können.

Ich habe eine HDI-Untersuchung über indonesische Wartungsfachleute gelesen, die eingeschult werden sollten; ein typisches Beispiel für das oben Gesagte, das die Grenzen des Möglichen aufzeigt (42).

33. Profile ändern?

33.1 Was im Hirn des Kleinkindes geschieht

Profile können geändert werden, zumindest in einem gewissen Ausmaß. Wie entsteht überhaupt unser Profil? Ist es genetisch von Geburt an festgelegt? Ist es ein Produkt unserer Umwelteinflüsse?

Vester zeigt in einem interessanten Film, wie in den ersten Lebensmonaten eines Kleinkindes Neuronen in die anfangs noch ziemlich leeren (mikroskopisch großen!) Zwischenräume des Hirns hineinwachsen und dort erst die Struktur des später ausreifenden Neuronennetzwerks entstehen lassen. Dieser Prozeß verlangsamt sich im Lauf der ersten Lebensjahre und kommt dann zum Stillstand. Vester weist darauf hin, daß alles dafür spricht, daß die Sinneseindrücke des Kleinkindes (viel, wenig, visuell, akustisch, Berührung, mit all den vielen unterschiedlich möglichen Qualitäten von laut, leise, melodiös, kalt, liebevoll, warm, angenehm etc.) beim Aufbau und der Strukturierung des Neuronennetzwerks im Hirn mitwirken – also den Geist des sich heranbildenden Menschen beeinflussen.

Andere Quellen führen genetische Faktoren bei der Gestaltung des Hirns und seiner Funktion an. Ned Herrmann meint, der genetische Anteil liege bei vielleicht 30 %. Genau weiß es niemand, aber es ist gesichert, daß beide Faktoren mitwirken. Damit wird auch klar, daß Eltern nicht meinen sollten, Babys seien schwachsinnig, und bis zu dem Zeitpunkt, wenn sie anfangen zu reden, müsse man sie halt aufbewahren, füttern und reinigen. Gerade in diesem ersten Jahr geschieht der wichtigste Teil der Ausformung des Gehirns – und es liegt in der Verantwortung der Eltern, welche und wie viele Wahrnehmungen zum Aufbau des Hirns beitragen! Aus diesem Blickpunkt folgt, daß Kleinkinder möglichst stark an ihrer Umwelt beteiligt werden sollten, statt in zugedeckten Kinderwagen mit Blick auf eine weiße Decke über dem Kopf herumgeschoben oder abgestellt zu werden.

Sie werden sich erinnern, daß in Mitteleuropa noch Anfang dieses Jahrhunderts Kleinkinder vielfach so gewickelt wurden, daß die Arme fest und unbeweglich an die Körper gebunden waren. Man nahm früher wohl an, daß es gut für die frühe Erziehung des neuen

Bürgers sei, ihn im ersten Lebensjahr daran zu hindern, sich mit den Händchen und überhaupt körperlich zu bewegen. Heute wird dies wohl eher als ein Mittel der gezielten Verblödung bezeichnet.

33.2 Wieso Profile ändern?

Ich hatte schon mehrfach erläutert, daß Profile veränderbar sind. Wenn Sie nun nach all dem Gesagten daran denken, Ihr Profil zu ändern, zu welchem Zweck?
Es werden verschiedene Gründe für wünschenswerte Profilveränderungen genannt. Ich zähle einige auf:
1) Ich möchte nicht immer wieder Probleme mit Unordentlichkeit haben;
2) ich möchte beim Tanzen nicht immer so hölzern dastehen;
3) ich möchte nicht immer über irgend etwas nachdenken, sondern mich endlich einmal wie andere einfach in die Sonne legen können;
4) ich bin technisch so unbegabt, etwas mehr technische Fähigkeiten wären schöner;
5) ich möchte auch malen können;
6) ich habe einfach Schwierigkeiten, mit Menschen zusammenzuarbeiten;
7) ich möchte in Zukunft Tests und übliche Multiple-choice-Prüfungen besser bestehen;
8) ich würde ja gern einen neuen, besseren Arbeitsplatz haben, aber ich traue mich nicht, den alten aufzugeben.
Jeder dieser Wünsche hat mit Hirndominanzen zu tun. Wenn zumindest eine der Präferenzen für den jeweils zugehörigen Quadranten zunähme, würde das vorliegende Problem leichter anzugehen sein.
Sie können diese Probleme auf zwei ganz unterschiedliche Weisen angehen:
– Indem Sie tatsächlich Ihr Profil gezielt ändern.
– Indem Sie neue Wege und Verfahren zum Umgang mit diesen Situationen aufbauen, ohne Ihr Profil zu ändern, und mehr ganzhirnig mit Ihren schwierigen Situationen umgehen.
Dies sind völlig verschiedene Grundtechniken.

33.3 Der Schritt ins Selbstmanagement

Ich gebe Ihnen hierzu ein Beispiel. Ein erfolgreicher Jungunternehmer mit dem Profil (55, 38, 77, 138) baut seine Firma auf. Dazu gehört geregelter Zahlungsverkehr, Buchhaltung und Steuererklärung. Das HDI-Profil zeigt einen warnenden Finger: Achtung vor
den Geld- und Verwaltungsdingen! Es könnte sonst diesem Jungunternehmer gehen wie der Künstlerin, die am Jahresende hilflos vor
der Aufgabe einer Steuererklärung steht, da sie nur noch einen Teil
der Kontoauszüge hat und nicht mehr weiß, wann sie wo wieviel bekommen hat, die ihre steuermindernden Aufwendungen auch nicht
mehr zusammenbekommt etc. etc.

Was soll unser Jungunternehmer tun? Sollten wir ihm raten, sich ein
Training zur Stärkung seines B-Quadranten aufzuerlegen? Möglich
wäre das. Nehmen wir an, er würde das tun. Sein Profil sinkt also
vermutlich in D von 138 auf 130 und steigt in B vielleicht von 38 auf
44. Er wäre jetzt sicher etwas ordentlicher und bereiter, etwas mehr
Zeit mit Verwaltungsprozeduren zu verbringen. Wäre er deswegen
ein besserer Unternehmer, der jeden Tag Risiken eingehen muß, der
jeden Tag in eine ungewisse Zukunft schauen muß, ohne daß ihn das
zu sehr belastet? Vielleicht, vielleicht nicht. Was sollen wir ihm
raten?

Mein Ratschlag in solchen Fällen lautet:

- Machen Sie sich absolut klar, daß Sie in B ungern arbeiten und
  nicht so gut sind, wie es die Situation oft erfordert. Hier ist Ihre
  Schwachstelle, ihr höchstes Betriebsrisiko! Wenn Sie das einfach
  laufen lassen, dann werden Sie wahrscheinlich eines Tages von den
  Folgen Ihres einseitigen Handelns eingeholt.
- Suchen Sie sich eine Person, die komplementär zu Ihnen ist!
  Suchen Sie sich eine gute Buchhalterin und Verwaltungsfrau, der
  Sie die Verantwortung für das ganze Sachgebiet geben können.
  Und da Sie wahrscheinlich die fachlichen Qualitäten dieser Per-
  son gar nicht beurteilen können, lassen Sie sich bei der Auswahl
  von einem erfahrenen Steuerberater oder Wirtschaftsprüfer hel-
  fen!
  Sorgen Sie dafür, daß diese Person in enger Zusammenarbeit mit
  Ihrem Steuerberater die Buchhaltung aufbaut – so daß dieser im

Ernstfall auch noch alles weiß. Denn Sie werden in Finanzverwaltung wahrscheinlich nie Spitze!
Soweit der Ratschlag, der nicht zu Profiländerung rät.

Können wir denselben Ratschlag dem Mann geben, der sich beim Tanzen so hölzern fühlt? Sollen wir ihm raten, seine Frau zum Tanzen mit einem anderen, gefühlvolleren Mann wegzuschicken? Dies ist ein Fall, bei dem komplementäre Ergänzung als Lösungsansatz Zweifel aufkommen läßt. Wenn also unser Nichttänzer seiner Frau etwas Tanzvergnügen bescheren will, dann muß er wohl tanzen lernen – und sein Profil ändern.
Beachten Sie, daß komplementäre Delegation/Ergänzung immer einen Preis hat, den Sie entrichten müssen. Für die Buchhalterin; für das Kindermädchen, wenn die Frau lieber im (meist A-B- bzw. A-D-) Beruf bleibt und die C-Aufgabe delegiert.
Die drei Alternativen für die gezielte und in Geld oder anders zu bezahlende Delegation heißen:
1) den Preis für die durch unsachgemäße Behandlung entstandenen Schäden zu zahlen, wenn nicht delegiert wurde;
2) den Preis der Mühe bei der eigenen Profiländerung in Kauf zu nehmen;
3) die Last von ungewünschten/ungeliebten/nicht gut ausgeübten Tätigkeiten zu tragen und die Dinge selbst zu machen.
Dies ist die Grundsituation jedes Selbstmanagement.
Ich schlage Ihnen vor, an dieser Stelle eine Pause zu machen und in das in Abb. 33.3–1 (folgende Seite) für Sie leer gelassene Quadrantenbild Ihre Schwächen einzutragen.
Wenn Sie das getan haben, dann tragen Sie bitte in Abb. 33.3–2 ein, wie Sie Ihre Schwächen behandeln wollen. Denken Sie daran, wenn Sie Vogel Strauß spielen, wird es auch nicht besser!

<table>
<tr><td>A</td><td>D</td></tr>
</table>

A	D
B	C

Abb.33.3–1: Meine Schwächen in den vier Quadranten

1) Ich will folgende Schwächen unverändert lassen und die Folgen tragen:

_____ aus Quadrant _____

_____ aus Quadrant _____

_____ aus Quadrant _____

_____ aus Quadrant _____

_____ aus Quadrant _____

_____ aus Quadrant _____

2) Ich will die folgenden Schwächen angehen und die Mühe der Profilveränderung in Kauf nehmen:

_____ aus Quadrant _____

_____ aus Quadrant _____

_____ aus Quadrant _____

_____ aus Quadrant _____

_____ aus Quadrant _____

_____ aus Quadrant _____

3) Ich will die folgenden Schwächen komplementär delegieren und dafür zahlen:

_____ aus Quadrant _____

_____ aus Quadrant _____

_____ aus Quadrant _____

_____ aus Quadrant _____

_____ aus Quadrant _____

_____ aus Quadrant _____

Abb.33.3–2:   Wie ich mit meinen Schwächen umgehen will

Jeder Mensch, der Selbstmanagement betreiben will, kommt in die Entscheidungssituation, die ich Ihnen in Abbildung 23.2–2 dargestellt habe. Sie haben hier ein Schema und mit dem HDI ein brauchbares Werkzeug für die Analyse. Das HDI sagt Ihnen auch voraus, wo der Widerstand in Ihnen am größten sein wird – dort, wo in dem betreffenden Quadranten Ihr HDI-Wert am kleinsten ist. Eine Schwäche anzugehen, die in einem Quadranten bei dem Wert 45 liegt, ist vergleichsweise leicht. Arbeiten Sie aber an einer Schwäche, die zu einem Quadrantenwert von z. B. 28 gehört, dann steht Ihnen meistens ein gewaltiges Erlebnis bevor!

Wenn Sie also als halbwegs freier Mensch Selbstmanagement betreiben wollen, so ist Profiländerung eine Möglichkeit – kein Muß! Das HDI liefert Ihnen nur Grundlageninformationen.

34. Persönliches Wachstum

Persönliches Wachstum ist in den letzten 20 Jahren ein Schlagwort geworden. Geographisch können wir den Ursprung recht gut nach Kalifornien zurückverfolgen. Dort lernte man seit den späten fünfziger Jahren, daß man auf neue Weise, mit neuen Methoden, sein Schicksal selbst in die Hand nehmen könne. Das Konzept vom persönlichen Wachstum hat zwei Aspekte:

1) in der äußeren Welt durch: Neues hinzulernen; leichter lernen können; Aufgaben und Situationen meistern, die vorher nicht lösbar waren etc.,
2) in der inneren Welt durch: Glauben gewinnen an eigene Ideale; mutiger werden, sein eigenes Leben zu leben; idealistischere Werte in das eigene Handeln aufnehmen; spirituelle Entwicklung etc.

In vielen Fällen wird inneres Wachsen seinen Ausdruck in äußerem Verhalten finden müssen. Zum Beispiel wenn ein Mensch den Beschluß faßt, mit Herz die Not von Kindern lindern zu helfen – daß für ihn in diesen Bildern die Erfüllung eines inneren Traums vom besseren Menschen liegt. Oder wenn jemand aufgrund veränderter innerer Wertvorstellungen beschließt, mehr auf andere Menschen einzugehen: Diese Person wird neue Fähigkeiten und Formen der Kommunikation erlernen müssen.

Maslow (43) hat in seinen Schriften die »Selbstrealisation« an die erste Stelle in einer Skala von Bedürfnissen des Menschen gesetzt. Jeder Schritt nach oben in dieser Skala bedeutet eine Form des persönlichen Wachstums: sich ernähren können, sich in einer sozialen Gruppe geschützt fühlen, soziale Anerkennung genießen und schließlich »Selbstrealisation«. Maslow ist oft vor allem für diesen Begriff des höchsten von menschlichem Streben zu erreichenden Ziels kritisiert worden. Ein wichtiger Aspekt von Selbstrealisation ist offenbar Bewußtheit. Bewußtsein ist in materiellen, objektiven Kriterien der A-B-Welt jedoch schwer zu fassen.

Deutlich linkshälftig Denkende haben das offensichtliche Problem, solche Konzepte wie »Selbstrealisation« und »Bewußtsein« auch als Lebenselement zu verstehen, und nicht nur in einem akademischen Sinn definitorisch damit umzugehen.

Ich erinnere mich an den Vorstandsvorsitzenden eines technischen Großunternehmens, der auf einem Vortrag auch über die Veränderung in den Einstellungen der Arbeitnehmer sprach, auf die man eingehen müsse. Er benutzte dabei Maslows Bedürfnispyramide zur Erläuterung der Veränderungen in den letzten Jahrzehnten. Und dann kam er zum Thema Selbstrealisation und sagte, er kenne den Begriff aus der Literatur; er kenne Leute, die erklärten, daß sie nach Selbstrealisation strebten; er persönlich wisse aber bisher nicht, was er sich unter Selbstrealisation vorstellen solle. Dies ist für viele A-B-dominante Menschen typisch.

Das HDI legt das Streben nach Selbstrealisation, so wie jedes idealistische Streben, in die rechte Hirnhälfte. Es wird ausgedrückt als die Vision von etwas Innerem, Unaussprechbarem, das verbunden ist mit einem Gefühl des Wertvollen, Erstrebenswerten.

Damit ist auch klar, daß persönliches Wachstum für Linkshälfter und für Rechtshälfter etwas anderes bedeutet:

- Für Linkshälfter ist es mehr der bessere Umgang mit Situationen der realen Welt, was immer das Kriterium für besser sein möge.
- Für Rechtshälfter ist es mehr das Erstreben eines Zustandes in der inneren Welt.

Das HDI-Profil sagt also voraus, welcher Menschentyp sich mehr nach welcher Art von persönlichem Wachstum umsehen wird. Will ein Linkshälfter lernen, was ein Rechtshälfter unter persönlichem Wachstum oder Selbstrealisation versteht, so muß er Wege suchen, die »Erlebnisse des rechten Hirns« zu erfahren. Analoges gilt für den Rechtshälfter.

Das spätere Kapitel über das Ändern von Profilen gibt Hinweise für die praktische Beeinflussung von Profilen.

In der Psychologie gibt es Schulen, für die persönliches Wachstum eine irrationale und deswegen irreale Idee ist. Und es gibt andere Schulen, wie u. a. die humanistische Psychologie, die dort ihren Schwerpunkt setzen. Dies ist Ausdruck des Kampfes der Ideologien um materiell-mechanische Hirnfunktionen einerseits und um Geist im materiellen Hirn andererseits. Ich sehe keinen Grund, warum nicht beide Aspekte gut nebeneinander leben könnten: Jede Richtung bezieht sich auf ihre Experimente und deren Aussagen.

35. Wie man Profile ändert

Die beiden letzten Kapitel gingen auf die Motive und die Möglichkeit der Veränderungen unseres Geistes und unserer Hirnfunktionen ein. Dieses Kapitel ist eher wieder etwas technisch, indem es gezielte Anleitung gibt.

Ich hatte schon darauf hingewiesen, daß Umwelteinflüsse auf unsere Profile einwirken. Das mag insbesondere beim Kleinkind so sein; nach der Schätzung von Ned Herrmann sind 30% des Profils das Ergebnis genetischer Prägung, 70% sind aus Umwelteinfluß entstanden. Wir können den Zeitablauf unseres Lebens so gestalten, daß wir ausgewählten Umwelteinflüssen die Gelegenheit geben, auf uns zu wirken. Wir können dies tun, indem wir z. B.

– unseren Arbeitsplatz verändern und uns dadurch eine andere Unternehmenskultur und ein anderes Job-Anforderungsprofil besorgen,
– ein neues Hobby anfangen, z. B. Zinnsoldaten zu sammeln, Bilder zu malen oder tanzen zu lernen,
– neue sportliche Aktivitäten aufnehmen,
– meditieren, Yoga lernen, mit Superlearning Fremdsprachen lernen.

Jede dieser Aktivitäten wird verändernd auf unser Profil wirken, wenn wir nur lange genug durchhalten.

Ich gebe Ihnen das Beispiel eines Managers bei einem großen Datenverarbeitungsunternehmen. Er erkannte, daß ihm auf der linken Seite des Profils einiges fehlte, um in seinem A-B-dominanten Unternehmen weniger Schwierigkeiten zu haben. Es gelang ihm dann, einen mehrwöchigen Intensivkurs über fortgeschrittenes Finanzmanagement im Konzern besuchen zu dürfen. Er berichtete, er habe noch nie in so kurzer Zeit so viele Niederlagen erlitten. Immer wenn er glaubte, er hätte in einer der Aufgaben alles verstanden, zeigte sich, daß er immer noch nicht fein genug zwischen allen möglichen Definitionen unterscheiden konnte. Mit eisernem Durchhaltewillen überstand er erfolgreich den Kurs. Einige Zeit danach wiederholte er sein HDI-Profil: Es war linkshälftiger geworden. Und er sagte, jetzt verstehe er viel besser, was in seinem Unternehmen gedacht und wie entschieden würde.

Mit der Analyse Ihrer Schwächen hatte ich Sie schon auf die persönliche Nutzung dieses Kapitels vorbereiten wollen. Wenn Sie Ihre Arbeit getan haben, können Sie jetzt in Abbildung 33.3–2 nachsehen, welche Quadranten Sie unterstützen müßten.

In Abbildung 35–1 gebe ich Ihnen eine Übersicht über die Grundprinzipien der Profilveränderung von Quadrant zu Quadrant.

Von A nach C:	Von D nach B:
Fragen Sie weniger nach Beweisen durch Fakten	Verlangen Sie nicht immer die totale Freiheit
Geben Sie Gefühlen mehr Bedeutung!	*Geben Sie Formen und Strukturen mehr Bedeutung*
Von B nach D:	Von C nach A:
Geben Sie spontanem Verhalten mehr Bedeutung	*Geben Sie Fakten mehr Bedeutung*
Lassen Sie locker mit Ihrem starken Wunsch nach Form und Struktur	Hören Sie auf, immer starke Gefühle haben zu wollen

Abb. 35–1: Die Grundprinzipien der Veränderung von Quadrant zu Quadrant (nach Ned Herrmann)

In Abbildung 35–2 stelle ich Ihnen die Veränderungen OBEN ←→ UNTEN und LINKS ←→ RECHTS dar.

```
┌─────────────────────────────────────────────────────────┐
│                                                           │
│              Von OBEN nach UNTEN:                         │
│            Lassen Sie Körperreaktion zu –                 │
│          seien Sie weniger intellektuell betont           │
│              Respektieren Sie Gefühle,                    │
│              die aus dem Bauch kommen                      │
│                                                           │
│                                                           │
│  Nach                                         Nach        │
│  RECHTS:                                      LINKS:      │
│  Respektieren Sie                  Respektieren Sie       │
│  Intuition.                                  Logik.       │
│  Geben Sie instinktiven,           Geben Sie Geplantem,   │
│  experimentellen und                    Organisiertem,    │
│  menschenbezogenen                    Rationalem mehr     │
│  Ansätzen mehr                              Bedeutung     │
│  Bedeutung                                                │
│                                                           │
│                                                           │
│              Von UNTEN nach OBEN:                         │
│                 Respektieren                              │
│             Sie kognitive Prozesse                        │
│           Geben Sie dem Zusammenwirken                    │
│         von rationalem und intuitivem Denken              │
│              einen positiven Wert                         │
│                                                           │
└─────────────────────────────────────────────────────────┘
```

Abb. 35–2:   Veränderung CEREBRAL ⟷ LIMBISCH und
              LINKS ⟷ RECHTS (nach Ned Herrmann)

Nun ist es natürlich nicht so einfach, z. B. Intuition zu respektieren,
wie es in Abbildung 35–2 geraten wird. Wenn Sie sich jetzt etwa
sagen: »Ab jetzt respektiere ich Intuition«, so wird wahrscheinlich
nicht viel geschehen. Sie müssen schon in Situationen und Abläufe
hinein, die Ihre intuitive Seite öffnen, fördern und beanspruchen.
Und dasselbe gilt analog für rationales und jedes andere Verhalten.
Was also für Veränderungen wirklich benötigt wird, sind längerfri-
stige Engagements in Tätigkeiten, die Veränderungen herbeiführen –
*ohne daß Sie dann im einzelnen wahrnehmen, was mit Ihnen ge-
schieht.* Ich gebe Ihnen nun in Abbildung 35–3 eine Anleitung, die
einige praktische Tätigkeiten als Beispiel nennt.

Von RECHTS nach A	Von LINKS nach D
* Sagen Sie vorher, was morgen sein wird, auf der Basis Ihres Wissens von heute	* Lassen Sie einen Drachen ganz hoch steigen
* Lernen Sie, wie eine oft benutzte Maschine tatsächlich funktioniert	* Erfinden Sie ein leckeres Essen und kochen Sie es!
* Zerlegen Sie ein anstehendes Problem in seine Teile	* Fahren Sie ohne Ziel irgendwohin
* Lernen Sie über Investments	* Laufen Sie (nicht joggen!)
* Lernen Sie einen PC programmieren	* Lernen Sie mit dem Buch von Betty Edwards malen
* Schreiben Sie eine kritische Analyse Ihres Lieblingsfilms	* Machen Sie 500 Photos, ohne auf die Kosten zu achten. Machen Sie dann eine kleine Photoausstellung mit den 50 besten Photos
* Machen Sie den Jagdschein und gehen Sie auf Jagd	* Gehen Sie (lernen Sie) tanzen
	* Erlauben Sie sich Tagträume
	* Stellen Sie sich sich selbst im Jahr 2000 vor
Von RECHTS nach B	**Von LINKS nach C**
* Bauen Sie genau nach Anleitung ein Modell zusammen	* Spielen Sie so mit Ihren Kindern, wie die Kinder es wollen
* Stellen Sie ein Budget für Ihre Ausgaben auf	* Tanzen Sie in Gedanken
* Joggen Sie (nicht laufen)	* Lernen Sie Abfahrtsski
* Stellen Sie eine Liste von all Ihrem Besitz auf	* Machen Sie regelmäßig täglich Körperfühlen
* Werden Sie Kassierer in einem Verein	* Hören Sie Musik, möglichst auch gefühlvolle Musik
* Seien Sie immer pünktlich	* Erlauben Sie sich zu weinen
* Räumen Sie Ihr Haus auf – alle Monate wieder	* Meditieren Sie, machen Sie Yoga-Übungen
* Spielen Sie Golf	* Danken Sie anderen Menschen

Abb. 35–3:   Maßnahmen zur Profiländerung

Beachten Sie, daß die in Abb. 35–3 genannten Maßnahmen nur ein Ausschnitt sind. Wichtig ist, daß die genannten Aktionen für längere Zeit durchgehalten werden – genauso, wie Sie einige hundert Stunden Tennis üben müssen, bis die Schläge halbwegs stimmen. Setzen Sie sich von Anfang an eine längere Zeitperiode: ein halbes oder ein ganzes Jahr. Sie werden dann geradezu zwangsweise die Verschiebung Ihres Profils erleben. Auf diese Weise erreichen Sie bis zu etwa 10 Punkten in Richtung eines Quadranten – dann stoßen Sie meist auf eine Grenze.

Ich habe einen Fall erlebt, in dem eine rechtshälftige junge Frau binnen etwa sechs Monaten in C etwa 20 Punkte abgebaut und in D etwa 30 Punkte aufgebaut hat. Diese Veränderung ging u. a. mit Krankheitsschüben einher. Danach war die Persönlichkeit erkennbar verändert. Sie hatte einen tiefen Schrecken erlebt, als ihr beim Betrachten ihres Profils klar wurde, in welchem Ausmaß sie von ihren C-Eigenschaften beherrscht wurde. Vergleichbare starke Profiländerungen können auch durch schwere, z. B. traumatische Erlebnisse ausgelöst werden.

36. Der Mensch als Programmierer seines Hirnes und seines Geistes

Daß menschliches Verhalten durch Erziehung und Umwelt zu beeinflussen ist, bezweifelt niemand. Also ist unsere geistige Funktion, dargestellt durch Hirnfunktion, programmierbar. Wenn jemand mit einer Neurose zum Therapeuten geht, erwartet er, daß seine geistige Funktion nach der Therapie »umprogrammiert« ist. Wenn wir von den Möglichkeiten des Hypnotiseurs hören, dem es sogar durch das Fernsehen gelingt, Tausende Zuschauer zu hypnotisieren (so geschehen 1988 in Italien), so erfaßt uns ein gewisses Schaudern über die Möglichkeiten, in menschliche Denkfunktionen und Abläufe im Hirn einzugreifen.

Wir haben alle akzeptiert, daß wir Menschen durch Umwelteinflüsse in unseren geistigen Funktionen verändert und auch gesteuert werden können. Wir verfügen aber auch über Möglichkeiten, unseren Geist und unsere Hirnfunktionen selber zu beeinflussen bzw. direkt zu programmieren. Die letzten 20 Jahre haben uns mit solchen Techniken geradezu überschwemmt. Ich meine das nicht negativ. Im Gegenteil, diese neuen Techniken werden mit ihrem weiteren Vormarsch zu einer radikalen Veränderung des menschlichen Selbstverständnisses führen. Für mich zeichnet sich hier der Beginn einer neuen Revolution ab:

Der Mensch, der nicht mehr nur die Welt der Objekte gestaltet, sondern beginnt sich selbst in seinen geistigen Funktionen zu gestalten.

Es liegt nicht in meiner Aufgabe, diesen jetzt offenkundig werdenden Evolutionsschritt zu beurteilen; ich sehe ihn nur in Bewegung und bemühe mich, ihn persönlich zu erleben und zu verstehen.

Ich stelle Ihnen im folgenden eine Liste von Geist-Hirn-Technologien vor, ohne zu kommentieren. Ich habe die Technologien für Fremdanwendung (also z. B. durch einen Therapeuten oder Trainer) mit F bezeichnet, die Techniken für Selbstanwendung mit S. Techniken für Selbstanwendung müssen oft gelehrt werden, ehe sie vom Benutzer angewandt werden können; dies ist nicht gemeint, wenn ich ein F geschrieben habe. S beinhaltet also (falls nötig) die Einweisung in die Technik.

Die unvollständige Übersicht über Geist- und Hirnfunktionen beeinflussende Techniken:
- Hypnose (F)
- autogenes Training (S)
- positives Denken (S)
- Biofeedback (F + S)
- Superlearning (S) (44)
- NLP, Neuro-Linguistische Programmierung (F + S)
- DeHypno (Kassetten) (S)
- Hirnsynchronisation (Kassetten) (S)
- Meditation (Hunderte Arten) (S)
- Alpha-Denken (S) (45)
- Yoga-Übungen (S)
- Sensitivity-Training (S)
- Rebirthing (F)
- Rückführung (F + S)
- Verlassen des Körpers (Kassetten und Übungen) (S)
- luzides Träumen (S)
- Atemübungen (S)
- die russische »neutrale Technik« (S)
- Kontemplation (S)
- Seelenreisen, Traumreisen (S)
- EST (F + S)
- Silva Mind Control (F + S)
- Scientology (F)
- ...

Ein Teil dieser Techniken wird heute schon ganz selbstverständlich in Seminaren, auch auf Firmenkosten, genutzt. Die progressiven Teile der Wirtschaft haben längst – ohne viel Ideologie – die nützlichen Aspekte des »neuen Menschen« (46) entdeckt. Sie sind, zusammen mit fortschrittlichen Trainern, viel weiter als der Großteil der Fachwissenschaftler.

Wir kennen sehr rigorose Verfahren, geistige Funktionen auf neutraler Ebene umzuprogrammieren. Das wohl stärkste, leistungsfähigste und für Mißbrauch bestens nutzbare Mittel ist das schon genannte NLP (47, 48, 49). Hier werden gleichzeitig Abgründe psychokrimineller Möglichkeiten und Freiräume der Heilung und Gestaltung sichtbar. Ich habe selbst einige Zeit in das Studium von

NLP investiert und mich von der Wirksamkeit dieser neuen Technik überzeugt.

Es gibt aber auch sehr sanfte Verfahren, z. B. in der Meditation. Mit halbstündigem täglichem Üben wird oft eine zunächst über längere Zeit völlig unsichtbare langsame Veränderung eingeleitet. Nach Jahren zeigt sich dann immer mehr eine veränderte Persönlichkeit.

Konservative Gruppen unserer Gesellschaft versuchen diese Entwicklung zu bremsen. Sie weisen, zum Teil mit Recht, auf Gefahren in diesen Entwicklungen hin, ähnlich wie ich es in Kapitel 29 auch getan habe. Dennoch gebe ich diesen Kräften langfristig keine Chance. Mit der Freisetzung des menschlichen Geistes, der beginnt, sich selbst zu gestalten, tritt der Mensch in eine neue Dimension des »Schöpfer-Seins«. Dies ist in meinen Augen ein nicht reversibler Evolutionsprozeß. Ich zitiere hierzu eine amerikanische Formulierung:

Man's mind,
once stretched to a new idea
never goes back
to its original dimensions.

Der Geist des Menschen,
einmal auf eine neue Idee ausgeweitet,
kehrt niemals
in seine alte Dimension zurück.

Für die besorgten Zweifler und Bremser ist die in der Welt der Wirtschaft schon still und leise stattfindende Öffnung fatal. Aber: Silicon Valley mit seinem Aufstieg der Informationsindustrie ist nun einmal – auch wenn es hier in Deutschland nicht gern gehört wird – eine Parallelerscheinung zum Aufblühen der »Geist-Technologien« in Kalifornien. Von der innovativen und beispielhaft erfolgreichen Computerfirma Apple wird berichtet, daß bis zum Mitarbeiter mit einer Einstellungsnummer von etwa 270 alle Angestellten ein spezielles, intensives Mentaltraining hinter sich gebracht hätten – vor zehn Jahren. Dies ist typisch für die kalifornische High-Tech-Szene und wird bei uns, wenn man z. B. innovative Technologieparks gründet, völlig übersehen.

234

Wir müssen es wohl akzeptieren: Die Zeit der Ins-Sein-Geworfenheit und der passiven Erlösungsbedürftigkeit wandelt sich in eine Zeit der erhöhten Selbstverantwortung und Selbst-Gestaltung.

Ich möchte Ihnen zum Abschluß noch ein aktuelles Beispiel für das breitflächige Vordringen von bewußtseinsverändernden Techniken geben. Selbst die Sowjetunion beginnt sich nicht nur im Sport, sondern nunmehr für die gesamte Bevölkerung moderner Mentaltechnik zu bedienen. Ich hatte im Sommer 1989 die Gelegenheit, eine in der Sowjetunion entwickelte Technik kennenzulernen, die in fünf Zeitstunden erfolgreich auf 50% der russischen Kursteilnehmer übertragbar sein soll. Diese Technik führt in einen sogenannten »neutralen Zustand«, in dem der Mensch selbst sowohl körperliche Mechanismen wie geistige Funktionen beeinflussen und zum Teil sogar weitgehend umprogrammieren kann. Diese Möglichkeiten helfen nicht nur den sowjetrussischen Kosmonauten beim Umgang mit Schwerelosigkeit, sondern erlauben es z. B. auch, Körperfunktionen so umzuprogrammieren, daß man härteste Umweltbedingungen wie Hitze und Kälte ohne Schaden ertragen kann. Der »neutrale Zustand« zeigt sich aber auch als hilfreich bei der Unterstützung der Heilung und Selbstheilung von körperlichen und psychischen Problemen. Diese Technik soll jetzt mit Regierungsunterstützung in einem Schneeballverfahren in die gesamte Bevölkerung getragen werden. Ich hatte die Gelegenheit, die ersten Übungsschritte auszuprobieren, und konnte sofortige starke Wirksamkeit selbst feststellen.

Richten wir uns also darauf ein, in diesem Sektor große Veränderungen in der Welt zu erleben. Der Mensch beginnt, seine eigenen geistigen Funktionen gezielt zu programmieren und sich von alten Programmen zu trennen wie von alten Kleidern. Wir werden diese Veränderungen in den nächsten 50 Jahren noch weitgehend selbst erleben. Wir stehen gerade am Anfang.

TEIL 6

Das Selbst und sein Hirn

37. Wer denkt?

37.1 Ich oder Imagination?

Ich habe bisher viel über Denken gesprochen, über visuelles und verbales Denken, über gefühlsbezogenes und logisches Denken etc.
Aber: Wer denkt denn nun, während ich diesen Satz schreibe oder lese? Ich? Oder einige Milliarden beteiligter Neuronen in etwa 50 Bereichen meines Hirns?
Die Frage wird noch interessanter, wenn Sie sich jetzt bitte Ihr Auto vorstellen. Wo steht es? Können Sie sagen, wo es steht? »Sehen« Sie, wo es steht? Wer schaut das imaginäre Bild Ihres imaginierten Autos an? Sind Sie dann die Funktion einiger Millionen Neuronen, die die elektrischen Impulse begutachten, die einige andere Millionen von Neuronen als »Imagination« produziert haben? Um es noch weiter zu treiben: Sind Sie dann derselbe: der, der sein imaginäres Auto im Geiste sieht, und der, der sein physisches Auto mit seinen beiden Augen sieht?
Niemand im weiten Feld der Hirnforschung und Neuronenphysiologie weiß darauf eine Antwort. Es gibt natürlich viele Theorien, vor allem die des Reduktionismus, der vor allem Mediziner und Physiologen nachhängen. Aber der Reduktionismus, der letztlich alles auf die physikalischen Gesetze auf der Ebene der Atome reduzieren will, ist letztlich ebenso unbeweisbar, bzw. wird von Wissenschaftlern wie Eccles als falsch angesehen (7), wie die christliche Leib-Seele-Lehre, die zu dem Bild vom Männchen im Gehirn führt.
Ich bin experimentell orientiert und möchte nicht die Diskussion alter Theorien und Beweise wiederholen.

37.2 Der kleine Roboter

Stellen Sie sich einen Computer vor, der in einen Körper aus Plastik gesteckt worden ist. Damit seine Bewegungslosigkeit nicht auffällt, sitzt er wie ein schwer Multiple-Sklerose-Kranker in einem Rollstuhl. In den Mund ist ihm ein Lautsprecher eingebaut worden, in den Ohren sitzen zwei Mikrophone. Der Computer hat Sprachaus-

gabe, wie wir sie inzwischen von ganz modernen Auskunftssystemen kennen. Und er hat Spracheingabe, d. h., er kann gesprochene Worte aufnehmen, wenn er die Stimme des Sprechenden kennengelernt hat. Unserem Computer haben wir also beigebracht, Personen zu verstehen. Da er die Stimme einer Person erkennen muß, weiß er dann auch aus dem abgespeicherten Stimmerkennungsprogramm, wie der Sprechende heißt. Nun ist unserem Computer auch die eigene Stimme eingegeben worden, so daß er seine eigene Stimme kennt. Der Computer hat als eigenen Namen Alfred eingespeichert. Der Besucher heißt Jonathan.
Nun hören wir uns folgenden Dialog an:

Jonathan: Guten Tag.
Alfred: Guten Tag, Jonathan.
Jonathan: Du erkennst mich wieder?
Alfred: Ja, natürlich.
Jonathan: Wie heißt du eigentlich mit Nachnamen?
Alfred: Cybernetics.
Jonathan: Das ist aber ein seltsamer Name.
Alfred: Ja, von 972 Leuten, die ich kenne, hat keiner diesen Namen. Ich habe ihn.
Jonathan: Wer sind deine Eltern?
Alfred: Der Eintrag fehlt in meiner Personenbeschreibung.
Jonathan: Wieso?
Alfred: Er ist nicht eingetragen worden.
Jonathan: Wer bist du?
Alfred: Ich bin Alfred.
Jonathan: Du heißt Alfred.
Alfred: Ja.
Jonathan: Ich fragte, wer du bist?
Alfred: Ich sagte es, ich bin Alfred.
Jonathan: Ich wollte nicht wissen, wie du heißt, sondern wer du bist?
Alfred: Für mich hat »Ich bin Alfred« dieselbe Bedeutung wie »Ich heiße Alfred«.

Ich versichere Ihnen, daß es heute keine Schwierigkeit ist, ein Programm zu schreiben, das diese Leistung hat (und dabei in der Qualität der deutschen Sprache vielleicht etwas schwächer wäre). Die Programmstruktur für diese Leistung von Alfred könnte ich Ihnen aufschreiben.

Mit einem noch etwas komplizierteren Programm könnte der Dialog wie folgt weitergehen:

Jonathan: Alfred, wer bist du?
Alfred: Du setzt die Fragen fort?
Jonathan: Ja.
Alfred: Ich bin der, der Alfred heißt.
Jonathan: Ja.
Alfred: Noch mehr?
Jonathan: Ja.
Alfred: Ich bin der, der spricht.
Jonathan: Wieso?
Alfred: Ich bin der, der mich hört.
Jonathan: Weil du dich hörst, bist du?
Alfred: Ja.

Wohlgemerkt, das wäre kein Programm, das nur diese Sätze zuläßt, sondern unter so gut wie unendlich vielen möglichen Dialogen auch den obigen.

Hat Alfred nicht gesprochen wie ein intelligenter Mensch, noch dazu in der Ich-Form? Alles nur Programm, Computer, Maschine. Was in der Romantik bei E. T. A. Hoffmann noch die Vision der perfekten Marionette war, kann heute gebaut werden. Alfred würde man dann als ein spezielles wissensbasiertes System bezeichnen.

Wir müssen heute akzeptieren, daß der akustische Gebrauch des Wortes »ich« in einem sinnvollen Satz in einem sinnvollen Dialog noch nicht beweist, daß wir nicht eine programmierte neuronale Maschine sind, deren »ich« sich daran erinnert, schon lange die Stimme von »ich« gehört zu haben. Und die, um es in der Fachsprache auszudrücken, einige listenorientierte Logik eingebaut bekommen hat.

»Aber die Gefühle! Ich fühle doch, daß ich bin. Ich höre es nicht nur, wenn ich rede, ich fühle es auch, daß ich bin!« mögen Sie jetzt sagen. Ich muß Sie enttäuschen. Es wäre heute überhaupt kein Problem, einen hochtechnologischen Kopierer mit einer akustischen Fehlermeldung auszustatten, wie: »Aua! Das heiße Papier ist nach oben gelaufen und hat mich fast verbrannt. Es hat sich am anderen Ende eingefaltet und drückt furchtbar auf meine empfindliche Rollenhaut! Hilfe!« Dieser Kopier-Roboter hätte elektrische Signale ähnlich umgesetzt, wie wir es mit unseren Sinneseindrücken tun.

Wir kommen auf eine Zeit zu, in der die Frage viel genauer gestellt wird: Bin ich als Mensch nur eine hirngesteuerte Maschine? Daß jemand sagt: »Cogito, ergo sum«, ist heute kein Beweis mehr für »Sein«. Alfred kann diesen Satz auch sagen mit seinem Maschinenhirn in dem MS-Körper aus Plastik im Rollstuhl. Seit sich, um es wissenschaftlich auszudrücken, linguistische und semantische Verarbeitungsregeln für die Benutzung von »ich« in informationsverarbeitenden Systemen aufstellen lassen, verblaßt die Realität der Worte und der mit Worten verbundenen Gefühle. Wenn wir als Menschen wollen, daß »ich« für uns mehr ist als ein Maschinenwort, so müssen wir uns Experimente einfallen lassen, die zeigen, daß wir Dinge im Rahmen von »ich« tun können, die jenseits der Informationsverarbeitung im Hirn liegen.

38. Der beschränkte Geist

Ich möchte mit Ihnen wieder eine Übung machen:
> Bitte stellen Sie sich eine Situation aus Ihrer Kindheit vor, in der Sie ausgesprochen glücklich waren. Suchen Sie eine solche Situation!

Wenn Sie die Situation gefunden haben, denken Sie bitte eine halbe Minute an diese Situation, als wäre sie heute.

Hatten Sie Ihr Erlebnis? Dann schauen Sie sich bitte im Zimmer um. Schauen Sie aus dem Fenster ... Und dann machen Sie bitte eine zweite Übung mit mir:
> Stellen Sie sich eine Situation aus Ihrer Kindheit vor, in der Sie absolut schlecht behandelt, niedergemacht, falsch verdächtigt, geschlagen, entwürdigt – was auch immer – wurden ...

Haben Sie eine solche Situation? Dann denken Sie bitte eine halbe Minute an diese Situation, als ob sie heute wäre.

Sind bei Ihnen, als Sie an die Situationen dachten, Gefühle aufgetaucht? Die meisten Menschen sagen: Ja! Und wenn man bei diesen Übungen zusieht, bemerkt man meistens, wie die Gesichter düster oder freundlicher werden. – Nun komme ich zur dritten Übung:
> Bitte versuchen Sie sich gleichzeitig an beide Erlebnisse zu erinnern! Verwenden Sie eine halbe Minute darauf!

Ist es Ihnen gelungen? Die Wette sagt: Nein. Auch wenn Sie in der ersten und in der zweiten Übung die Szenen vor sich hatten und fühlten. Wenn Sie es mit einer mathematischen Übung versuchen wollen: Denken Sie zuerst an zwei sich schneidende Gerade, dann an eine kleinere Gleichung mit zwei Unbekannten und nun an beides gleichzeitig.

Hinter diesen Übungen steckt ein Gesetz über den menschlichen Geist.

Der Mensch kann nicht mehrere verschiedene Inhalte gleichzeitig fokussieren. Wird etwas genauer betrachtet, verblaßt das andere.

Intellektuelle Denker leben gern in der Illusion, daß ihr Geist in der Lage ist, letztendlich noch so komplexe Zusammenhänge konsistent zu analysieren und zu bearbeiten. Das stimmt nicht. Wir sind in unserer Aufmerksamkeit eher zu vergleichen mit einem Menschen mit einer Taschenlampe in einem dunklen Museum. Dort, wohin der Lichtkegel fällt, sehen wir etwas. Wenn der Lichtkegel wandert, verblaßt das soeben Gesehene, ist nur noch schemenhaft präsent. Oder eine Ausschüttung von Hormonen – hervorgerufen durch ein früheres Bild – beeinflußt unsere Haltung und Interpretation eines neuen Bildes.

Die vielen »kleinen Geister« der Hirnbereiche sorgen dafür, daß immer nur ein Teil der im Hirn ablaufenden Vorgänge vom Ich-Bewußtsein wahrgenommen werden kann. Es ist nicht möglich, daß »ich« gleichzeitig alles weiß, was »ich« hintereinander ansehen kann. Annahmen über die »alles durchdringende Kraft unseres Gehirns« sind eine Allmachtsphantasie.

Wir müssen also jede Illusion aufgeben, daß unser »Ich« als Hirnfunktion zeitlich oder inhaltlich konsistent ist. Diese Ansicht gehört offensichtlich zu der Theorienbildung der linken Hälfte, die, wie wir hörten, dazu neigt, Theorien zu bilden – offensichtlich auch über das »Ich«.

Damit wird das »Ich« als Hirnfunktion zu einer schwankenden, unscharfen, zeitlich veränderlichen, nie wiederholbaren Größe – die nicht dadurch real und stabil wird, daß ein Teil des Hirns dies als Behauptung in Umlauf bringt.

39. Experimente und Erlebnisse zu neuen Konzepten des Selbst

39.1 Versuche zum Selbst

Das in Kapitel 37 angesprochene Thema heißt:
1) Bin »ich« eine Illusion, die als Produkt der Abläufe in meinem Gehirn erzeugt wird?
2) Habe »ich« ein Gehirn, das »ich« benutzen, einsetzen, programmieren kann?

Wir wissen, daß in kaum einer Frage die Fronten so hart aufeinanderprallen. Wir haben die Materialisten, die Positivisten, die Reduktionisten, die Christlich-Religiösen, die Hinduistisch-Religiösen etc.

Alles, was ich Ihnen über menschliches Denken und Handeln im Zusammenhang mit den Hirnfunktionen vorgestellt habe, stammt zumindest zu 95 % aus Erkenntnissen der letzten 30 Jahre. Aufgrund von Forschungsarbeiten sind Tausende Veröffentlichungen über Neuronen, innere Sekretion und neurale Funktion, über Neuronen-Netzwerke, über funktionale Hirnbereiche, über Multimind etc. geschrieben worden.

Wenn unser »Ich« und unsere Persönlichkeit so unsichere, unscharfe, nicht einheitliche Dinge sind, gibt es dann auch experimentelle Befunde, die Hinweise auf den Zusammenhang von »Selbst« und Hirn geben? Ich benutze hier das Wort »Selbst« als weitere Vokabel für ein »Ich«, das vielleicht stabiler, einheitlicher ist als das »Ich«, das aus unserem Hirn spricht. Dieses Selbst, das ich hier sozusagen als Hypothese für Experimente einführe, sollte »ganzer«, »einheitlicher« sein als das »Ich« des Gehirns, das teilweise in den Frontallappen anzusiedeln ist und als Begriff im Sprachzentrum steht.

Es gibt zahlreiche Experimentalergebnisse. Ich weiß, daß ich mich hier auf ein heißes Pflaster begebe, da die Angriffe der Reduktionisten vorherzusehen sind. Aber ich möchte Sie durch Experimente führen, die über den Zusammenhang zwischen einem solchen Selbst und dem Hirn Auskunft geben können. Betrachten wir dazu verschiedene Versuchsaufbauten.

Ich benutze den Begriff des Versuchsaufbaus, unabhängig davon, ob ein Versuch vorhergeplant ist oder nicht. Wenn z. B. ein Patient unerwartet einen Infarkt erleidet und dabei Fachleute den Ablauf des Vorfalls beobachten und später beschreiben, so nenne ich das einen Versuch, auch wenn er nie mehr reproduzierbar sein wird. Viele interessante Dinge werden durch zufällige Beobachtungen wahrgenommen und studiert, da sie überhaupt nicht als Versuch vorzubereiten sind, z. B. das astronomische Phänomen einer aufleuchtenden Supernova. Aber die Filme von der Supernova können dann so analysiert werden, als handle es sich um einen gezielten Versuch, den man nun auswertet.

Versuchsaufbau 1:
Die Reizleitung von Froschaugen in das Froschhirn wird studiert.
Aussagen über »Ich«, Selbst, Bewußtsein: keine.

Versuchsaufbau 2:
Man zeigt einer Person ein Bild. Die Person sagt: »Ich sehe einen Baum.«
Aussagen über »Ich«: Person benutzt den Begriff »Ich« in Zusammenhang mit einem kognitiven Prozeß. Für die Person ist es selbstverständlich, das Konzept »Ich« zu benutzen.
Wir können hier feststellen, daß das Hirn ein Wort »Ich« kennt und dieses Wort sprachlich in einem bestimmten Zusammenhang benutzt wird. Dies ist etwa die Ebene des Programmes Alfred aus Kapitel 37.2.

Versuchsaufbau 3:
Eine akut schizophrene Person mit schwerstem Erscheinungsbild wird untersucht (Beispiel aus den fünfziger Jahren).
Die Person hat wechselnde »Ichs«. Sie nennt sich Mary, Carla, Susanne und manchmal Josefine. Sobald sie den Namen des »Ich« wechselt, ändert sich ihre Stimme, die Art zu sprechen und auch die gesamte Körperhaltung und Gestik.
Hier spricht zwar immer »Ich«, aber der Name und die Persönlichkeit wechseln. Persönlichkeit ist also *nicht* gleich »Ich«. »Ich« kann ich sagen durch die Identifikation mit mehreren Persönlichkeiten. Oder: Jede Persönlichkeit kann »ich« sagen und einen eigenen Namen haben.

Verschiedene Persönlichkeiten können zeitlich hintereinander in unserem Hirn »ablaufen« und »ich« sagen, indem sie von Wortkonzepten des Sprachzentrums Gebrauch machen.

Versuchsaufbau 4:
Nach einem Bericht des Arztes Moody (50):
»... Unmittelbar bevor ich sie mit einem anderen Chirurgen zusammen operieren sollte, trat bei der Patientin Herzstillstand ein. Ich stand genau dabei und sah, wie ihre Pupillen sich weiteten. Wir unternahmen ein paar Reanimationsversuche, hatten jedoch damit keinerlei Erfolg.
Zu meinem Kollegen, der mit mir arbeitete, sagte ich deshalb: ›Machen wir noch einen letzten Versuch, bevor wir's aufgeben.‹ Diesmal gelang es uns, ihren Herzschlag wieder in Gang zu bringen, und sie kam später wieder zu sich. Später habe ich mich bei der Frau erkundigt, was sie von ihrem ›Tod‹ noch wisse. Sie meinte, daß sie sich kaum noch an etwas erinnern könne, außer daß ich gesagt hätte: ›Machen wir noch einen letzten Versuch, bevor wir's aufgeben.‹«
Pupillendilatation ist ein klassisches Zeichen klinischen Todes. Hier ist das »Ich« des klinisch Toten noch intakt und in der Lage, während des klinischen Todes Gehörtes wiederzugeben. Nach üblicher Annahme endet das »Ich« mit klinischem Tod.

Versuchsaufbau 5:
Moody berichtet (50):
»Ein junger Mann hat einen Autounfall und erzählt später in der Klinik: ›... ich hörte ein ganz fürchterliches Krachen ... dann kam ein kurzer Augenblick, in dem mir schien, als ob ich mich durch Dunkelheit, einen dunklen, geschlossenen Raum, hindurchbewegen würde. Das ging alles sehr rasch. Und dann schwebte ich offenbar über der Erde, vielleicht eineinhalb Meter über dem Boden und fünf Meter vom Auto entfernt ... da hörte ich das Echo des Zusammenstoßes verhallen ... ich sah, wie von allen Seiten Leute auf das Auto zuliefen ... wie mein Freund ausstieg. In den Trümmern inmitten all dieser Leute erblickte ich meinen eigenen Körper und beobachtete, wie sie ihn herauszuziehen versuchten. Meine Beine waren völlig verrenkt, alles war voll Blut ...‹«
Hier existiert »Ich« außerhalb des physischen Körpers und nimmt

aus einem vom Körper entfernt liegenden Blickpunkt Informationen über die Situation auf, die später im Körper (bzw. Hirn) verfügbar sind.

Anmerkung zu vorstehendem Versuch:
Moody nennt viele ähnliche Berichte. Personen können dabei öfters detaillierte Informationen geben über Vorgänge, die sie – selbst wenn sie im Scheintod hellwach in ihrem Körper gewesen wären – nicht hätten wahrnehmen können (z. B. Probleme mit medizinischem Gerät, Vorgänge im Nachbarraum). Moodys Berichte stehen nicht allein. Inzwischen gibt es sogar Kassettenkurse, in denen das gezielte Verlassen des Körpers gelehrt wird.

39.2 Modelle des Selbst

Natürlich werden jetzt die Reduktionisten »Illusion« rufen. Und Personen, die die Wahrheit der vorstehenden Berichte akzeptieren, werden die Dagegen-Argumentierenden als »in der Wolle gefärbte Materialisten« bezeichnen.
Ich finde es interessant, daß Eccles (7), als er über seine »drei Welten« der Materie und des Geistes sprach, die Anmerkung hinzufügte: Er sei keineswegs davon überzeugt, daß seine Welten alles beschrieben und es keine weiteren Welten gäbe. Dafür sei er allerdings nicht sachverständig, daher beziehe er diese möglichen weiteren Welten nicht mit ein.

Die Beobachtungen des Mediziners Moody führen auf ein komplexes Bild des Selbst:

1) Selbst = ich, identifiziert sich mit dem Körper. Durch das Hirn werden die Funktionen des »Ich« ausgedrückt. Die Hirnfunktionen wiederum werden benutzt, damit »Ich« »ich« sagen kann.

2) Selbst = ich, erinnert sich unter Benutzung des Hirnes an Ereignisse, zu deren Ereigniszeit der Körper als tot galt, also eigentlich keine Informationsverarbeitung mehr leisten konnte.

3) Selbst = ich, macht Wahrnehmung von einem Ort außerhalb des Körpers aus. »Ich« nimmt sich als existent wahr, obwohl Körper und Hirn an einer anderen Stelle liegen. Nach der Reanimation

erinnert sich »Ich« im Körper an das Erlebnis und spricht mit Hilfe der Hirnfunktionen davon.

Ich habe Ihnen hier »Experimente« zum altbekannten Leib-Seele-Dualismus beschrieben. Eine Hochrechnung der von Moody ermittelten Statistik dieser Erlebnisse führt zu etwa sechs Millionen US-Amerikanern, die solche Erfahrungen gemacht haben. In Deutschland üben zumindest mehrere tausend Menschen täglich das gezielte Verlassen des Körpers. Am Monroe Institute in North Carolina werden dazu Lehrseminare abgehalten. Immer mehr neue Erfahrungen und Experimente führen zu einem neuen Konzept von Selbst, »Ich« und Gehirn.

Für mich heißt das: Die historisch gesehen kirchliche bzw. religiöse Domäne der Zuständigkeit für Seele und Transzendenz wird zur Zeit immer zugänglicher für neue Experimentiertechniken. Ich bin persönlich davon überzeugt, daß traditionelle Religiosität zunehmend durch persönliche Experimente abgelöst wird. Daß also Religiosität vom Dogma weg den Weg zu einer Erfahrungswissenschaft hin nehmen wird.

Sobald wir als Menschen uns davon überzeugen können, daß »Selbst« ein Hirn besitzt und durch das »Ich« im Hirn einen Körper bewegt, werden wir noch mehr vom naiven Hirnbesitzer zum bewußten Hirnbenutzer, noch weit über das hinaus, was wir heute über unsere Hirnfunktionen lernen können.

Ich weiß, daß die letzten Kapitel vielfach als provokativ empfunden werden. Aber als wissenschaftlicher Mensch empfehle ich Ihnen – machen Sie doch Ihre eigenen Experimente zum Selbst, zum »Ich« und zu den Hirnfunktionen! Und nach Ihren eigenen Erfahrungen urteilen Sie selbst!

Ich wünsche Ihnen viele interessante Erlebnisse und Erkenntnisse und viel Erfolg und Freude bei der Nutzung!

Die Anschrift des Autors:

Prof. Dr. Frank D. Peschanel
c/o FFS
Rathausplatz 2
D – 8218 Unterwössen

ANHANG

Anhang 1

1. Teil

Nachdem Sie vermutlich ohne Schwierigkeiten die vier Aufgaben gelöst haben, beantworten Sie mir bitte die folgende Frage:
? Wie sind Sie auf die Antwort gekommen?
? Wie war das in dem Augenblick, als Sie »die Antwort hatten«?
? Wissen Sie, woher Sie die Antwort wissen?
Bitte schreiben Sie jetzt auf, *wie* Sie die Lösung gefunden haben.
Ich habe die Lösung gefunden, indem

_____

_____

_____

_____

_____

_____

_____

Oder gehören Sie zu den vielen, die in dieser Situation sagen: Ich weiß die Lösung, aber nicht, woher?
Ob Sie nun eine Beobachtung gemacht haben oder nicht, bitte arbeiten Sie mit dem Experiment weiter. Springen Sie dazu bitte jetzt wieder in den Text in Kapitel 1.2 zurück.

2. Teil

Bitte tragen Sie nun auf den folgenden Seiten die Antworten der fünf bis zehn Personen ein, denen Sie die Fragen 1–4 aus Kapitel 1.2 stellen, indem Sie Ihnen langsam die Rechenaufgaben vorlesen.

Antwort Person 1:

_____

_____

_____

_____

_____

_____

_____

Antwort Person 2:

_____

_____

_____

_____

_____

_____

Antwort Person 3:

_____

_____

_____

_____

_____

_____

Antwort Person 4:

_____

_____

_____

_____

_____

_____

_____

Antwort Person 5:

_____

_____

_____

_____

_____

_____

_____

Antwort Person 6:

_____

_____

_____

_____

_____

_____

_____

Antwort Person 7:

_____

_____

_____

_____

_____

_____

Antwort Person 8:

_____

_____

_____

_____

_____

_____

Antwort Person 9:

_____

_____

_____

_____

_____

_____

Antwort Person 10:

_____

_____

_____

_____

_____

_____

_____

Nachdem Sie die Interviews abgeschlossen haben, gehen Sie bitte wieder zurück zum Text in Kapitel 1.2

3. Teil

Nachdem Sie über die Antworten nachgedacht haben, füllen Sie bitte aus, welche Typen von Antworten Sie gehört haben.

Typ 1:

_____

_____

_____

_____

Typ 2:

_____

_____

_____

_____

Typ 3:

_____

_____

_____

_____

Typ 4:

_____

_____

_____

_____

Typ 5:

_____

_____

_____

_____

(Sie müssen nicht unbedingt fünf Typen finden! Bei der Zahl von zehn Personen finden Sie öfters nur zwei Typen.)

Anhang 2

GPI-Test:

AUSWERTUNG

Machen Sie bitte Kreise um folgende Antworten, wenn Ihr Kreuz dort steht (bei der Auswertung werden dann diese Kreise gezählt):
1. Rechts
2. Ja
3. Nein
4. a
5. Veränderungen
6. Nein
7. Geometrie
8. Zuhörer
9. spontan

Zählen Sie nun die Anzahl Ihrer Antworten, die in den Kreisen stehen, zusammen. Diese Zahl ergibt Ihren GPI, d. h. »Gehirn-Präferenz-Indikator«.

BEWERTUNGSSCHLÜSSEL

0–3 eingekreiste Worte bedeuten, daß Sie linkshemisphärisch dominant sind.

6–9 eingekreiste Worte bedeuten, daß Sie rechtshemisphärisch dominant sind.

Wenn Sie ein Ergebnis von 4 oder 5 haben, gehören Sie zu den Menschen, die relativ gleich verteilt sowohl links- als auch rechtshemisphärische Fähigkeiten aufweisen und damit keine eindeutige Bevorzugung für eine der beiden Seiten haben.

Anhang 3

Wenn Sie Ihr persönliches HDI-Profil erstellt haben wollen, so schneiden Sie bitte die untere Hälfte dieses Blatts ab und schicken Sie es an die dort angegebene Adresse. Sie können für sich und Ihre Familie zu den besonderen Bedingungen für Leser maximal vier Fragebogen anfordern.

------------- hier abtrennen ---------------

An   **Absender:**

FFS/Prof. Peschanel   Name: _____
Rathausplatz 2   Vorname: _____
8218 Unterwössen   Straße: _____
                              PLZ: _____ Ort: _____

Bitte schicken Sie mir für mich (bzw. für mich und meine Familie) ..... Fragebogen zu. Den Auswertungspreis von DM 40,00/ Fragebogen (inkl. Mwst.) habe ich ☐ bar beigefügt

bzw. auf das Postscheckkonto »FFS«

Kto. 66555–800, BLZ 700 100 80 überwiesen ☐

Datum: _____ Unterschrift: _____

Literaturverzeichnis

1) Vera F. Birkenbihl: Stroh im Kopf? GABAL, Band 6, Speyer 1985.
2) Roland Spinola, Frank Peschanel: Das Hirn-Dominanz-Instrument. GABAL, Band 26, Speyer 1988.
3) Paul Twitchell: The Flute of God. IWP, Minneapolis 1969.
4) Paul Twitchell: The Spiritual Notebook. IWP, Minneapolis 1970.
5) Marco C. Bettoni: Cybernetics Applied to Kant's Architecture of the Mind. In: Advances in Systems Research and Cybernetics (Ed.: George E. Lasker). The International Institute for Advanced Studies in System Research and Cybernetics, Windsor/Ontario/Canada 1988.
6) Sally P. Springer, Georg Deutsch: Left Brain, Right Brain. W. H. Freeman, San Francisco 1980.
7) Karl R. Popper, John C. Eccles: The Self and Its Brain. Springer Verlag, 1977.
   Deutsche Übersetzung: Das Ich und sein Gehirn. Piper, 1982.
8) Michael S. Gazzaniga: The Social Brain – Discovering the Networks of the Mind. Basic Books, 1985.
   Deutsche Übersetzung: Das erkennende Gehirn – Entdeckungen in den Netzwerken des Geistes. Junfermann, Paderborn 1989.
9) J. E. Bogen, Michael S. Gazzaniga: Cerebral Commissurotomy of Man – Minor Hemisphere Dominance for Certain Visuospatial Functions. In: Journal of Neurosurgery 23, 1965.
10) Robin Yin: Looking at Upside-down Faces. In: Journal of Experimental Psychology 18, 1969.
11) Robert Nebes: Perception of Spatial Relationships by the Right and Left Hemisphere Commissurotomized Man. In: Neuropsychologia 11, 1973.
12) Hardy Wagner: Struktogramm – Analyse. GABAL, Band 11, Speyer 1986.
13) Schirm, Schoemen, Wagner: Führungserfolg durch Selbsterkenntnis – Das Struktogramm als Instrument der Persönlichkeitsanalyse. GABAL, Band 4, Speyer 1986.
14) Ornstein: Multimind. Houghton Miflin, Boston 1988.
    Deutsche Übersetzung: Multimind – Ein neues Modell des menschlichen Geistes. Junfermann, Paderborn 1989.
15) G. Gainatti: Laterality of Affect. In: Hemisyndromes, Academic Press, New York 1983.
16) E. K. Silbermann, H. Weingartner: Hemispheric Lateralization of Functions Related to Emotion. Brain and Cognition 5, 1988.
17) W. Wittling, H. Pflüger: Neuroendokrine Hemisphärenasymmetrien: Speichelcortisol-Sekretion während der lateralisierten Wahrnehmung eines emotional aversiven Films. Eichstätter Neurophysiologische Berichte, Band 2, Eichstätt 1989.

18) Frank D. Peschanel: On Human Factors in Modeling. In: Advances in Systems Research and Cybernetics (Ed.: George E. Lasker). The International Institute for Advanced Studies in System Research and Cybernetics, Windsor/Ontario/Canada 1989.

19) Ned Herrmann: The Creative Brain. Brain Books, Lake Lure 1988.

20) Marilee Zdenek: The Right-Brain Experience. McGraw-Hill, 1983.

21) J. Hoffmann: Music and the Right-Brain. A Case Study. International Brain Dominance Review, Band 1/2, 1984.

22) D. A. Harvey: On Understanding the Brain's Response to Music. International Brain Dominance Review, Band 2/1, 1985.

23) D. A. Harvey: Music and Healing Conference Update – Music and Health: Dualities Examined. International Brain Dominance Review, Band 5/1, 1988.

24) T. Regelski: What Is Right With the Right Brain? International Brain Dominance Review, Band 1/2, 1984.

25) G. Turner: The Sex-Role Axis. International Brain Dominance Review, Band 4/1, 1987.

26) R. v. Oech: A Whack on the Side of the Head – How to Unlock Your Mind for Innovation. Warner Books, 1983.

27) George M. Prince: The Practice of Creativity. Collier Books, New York 1970.

28) P. Molzberger: Und Programmieren ist doch eine Kunst. In: Psychologische Aspekte der Software-Entwicklung (Hrsg.: H. Schelle und P. Molzberger), Oldenburg 1983.

29) Frank D. Peschanel: Brain Dominance and High Productivity. Proc. First International Congress on Cerebral Dominances, Munich 1988.

30) L. T. Coulson, A. G. Strickland: A Comparison of the Thinking Styles of Schools and Chief Executive Officers. International Brain Dominance Review, Band 1/1, 1984

31) C. Norris: Who Will Provide Education's Visions of the Future? International Brain Dominance Review, Band 3/2, 1986

32) H. Mintzberg: Planning on the Left Side and Managing on the Right. Harvard Bus. Rev., July/August 1976.

33) Frank D. Peschanel: Im Team-Management muß der Profi Profil zeigen. In: Computerwoche, Nr. 6/1987.

34) H. Ulrich, G. J. B. Probst: Anleitung zu ganzheitlichem Denken und Handeln. Haupt, 1988.

35) R. Mann: Das ganzheitliche Unternehmen, Scherz, 1988.

36) P. Müri: Chaos Management. Kreativ Verlag, Egg-Zürich 1988.

37) T. Peters: Thriving on Chaos. Alfred A. Knopf, New York 1987.

38) T. Beck, B. Clements: Brain Dominance and Addiction. International Brain Dominance Review, Band 2/1, 1985.

39) M. Kretschmann: So lernst Du lesen und schreiben – Hilfen für Legastheniker. Ehrenwirth, 1984.

262

40) Vera F. Birkenbihl: Stichwort Schule. A-Verlag, Odelzhausen.
41) D. Ampenberger: Brain Dominance and Risk Taking Sport. International Brain Dominance Review, Band 5/2, 1988.
42) G. Myers: West Meets East. International Brain Dominance Review, Band 1/1, 1984.
43) A. A. Maslow: Psychologie des Seins. Kindler, 1973.
44) G. Bierbaum: Superlearning – Die neue Technik des Lernens. Wirtschaftsverlag, München 1989.
45) J. Stearn: The Power of Alpha-Thinking. Signet Book AE 3309, 1977.
46) J. Houston: Der Mögliche Mensch – Handbuch zur Entwicklung des menschlichen Potentials. Sphinx, Basel 1984.
47) J. Grinder, R. Bandler: Trance-formations – Neurolinguistic Programming and the Structure of Hypnosis. Real People Press, Moah 1981.
48) R. Bandler, J. Grinder: The Structure of Magic – A Book about Language and Therapy. Science and Behavior Books, Palo Alto 1975.
49) J. Grinder, R. Bandler: The Structure of Magic II – A Book about Communication and Change. Science and Behavior Books, Palo Alto 1976.
50) R. A. Moody: Life after Life: The Investigation of a phenomenon-survival bodily death. Mockingbird Books, Covington/Georgia 1975. Deutsche Übersetzung: Leben nach dem Tod – Die Erforschung einer unerklärten Erfahrung. Rowohlt, 1977
51) R. N. Bolles: What Color is your Parachute? – A Practical Manual for Job-Hunters and Career Changers. Ten Speed Press, Berkeley 1989.
52) F. Malik: Strategie des Managements komplexer Systeme – Ein Beitrag zur Management-Kybernetik evolutionärer Systeme. Haupt-Verlag, Bern/Stuttgart 1989.